【清世祖福臨朝服像】

崇德八年（一六四三）八月二十六日，福臨以六歲之齡登極，建元順治。

【順治皇帝半身朝服像】

福臨是清朝入關後的第一位皇帝，順治朝只歷時十八年，卻有不少內治上的貢獻值得一述。

圖上：【清太宗皇太極朝服像】

崇德八年八月初九日，福臨的生父皇太極暴卒，引發了清朝的繼統危機。

圖下：【永福宮莊妃朝服像】

福臨的生母博爾濟吉特．布木布泰，是關係到清朝早年存亡的關鍵人物，也是對他人生影響最大的人之一。

圖上：【山海關】

山海關，又名「榆關」或「臨榆關」，是明代薊州鎮之東部要隘，東北地區與中原內地的交通樞紐，自古為兵家必爭之地。

圖下：【吳三桂畫像】

明朝遼東寧遠總兵官吳三桂在入京歸附李自成途中，聽到愛妾陳圓圓被大順軍將領劉宗敏掠去、父親劉襄遭收押索餉的消息後，一怒之下立即回師重返山海關，並遣人致書多爾袞借兵求援，迎清軍入關。

【多鐸入南京圖】

順治元年（一六四四）十月，清朝命豫親王多鐸為定國大將軍，同孔有德、耿仲明率兵征討南明弘光政權。次年五月十五日，清軍進入南京。

圖上：【史可法像】

順治二年（一六四五）四月，多鐸統領清軍圍攻揚州城，以紅衣大砲猛轟。史可法率城中軍民固守，城陷之日，他自殺未死，勸降不從，最後壯烈殉國。

圖下：【鄭成功像】

鄭成功，鄭芝龍長子，受南明隆武帝器重，賜姓朱，故人稱「國姓爺」。在國恨家仇的劇變下，鄭成功棄文就武，畢生抗清，先是盤據廈門成為東南沿海的巨患，後又東渡臺灣建立新的復明基地，揭開了清鄭和戰的漫長歷程。

【多爾袞像】

多爾袞是皇太極的同父異母弟，福臨的叔父。據說努爾哈齊死時，曾有意讓多爾袞繼承汗位，可惜他因故錯失了機會；皇太極死後，他本有資格競奪皇位，後為顧全大局，同意讓福臨為君，自己與濟爾哈朗共同輔政，進而獨攬朝綱。多爾袞攝政期間，正是明清易代的關鍵時刻，軍國大事多由其代決，成為清朝事實上的最高決策者。

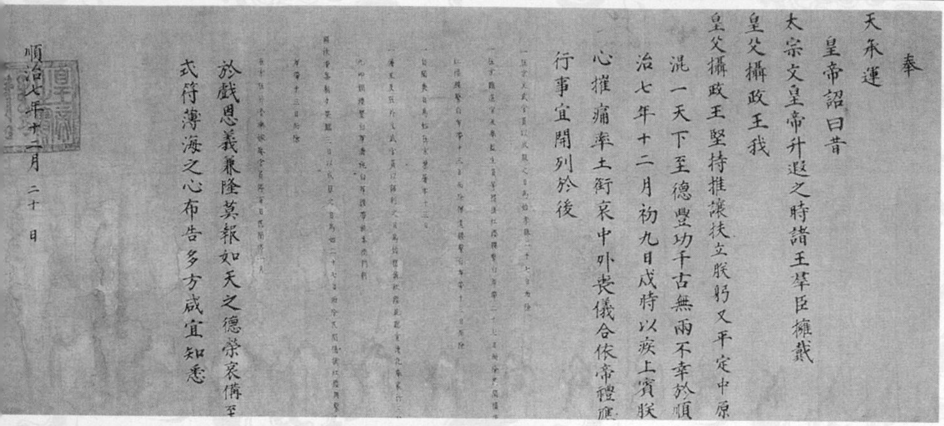

奉
天承運
皇帝詔曰昔
太宗文皇帝升遐之時諸王羣臣擁戴
皇父攝政王我
皇父攝政王堅持推讓扶立朕躬又平定中原
混一天下至德豐功千古無兩不幸於順
治七年十二月初九日戌時以疾上賓朕
心摧痛率土銜哀中外喪儀合依帝禮應
行事宜開列於後
於戲恩義兼隆莫報如天之德榮哀備至
式符薄海之心布告多方咸宜知悉
順治七年十二月　二十　日

王貝勒貝子公等備辦
皇上竟以　朝廷自居令其日侍府中
會口稱亡主遺言欲亂國政陵端重王敦達親王暨侍衛大臣等
遂將蘇什綸羅會正法額克沁吳拜遂拜從重治罪視以此恩之顧有
心臣等俱畏威吞聲不敢出言此等情形
皇上不知謹冒死奏聞今以伊功大配享
太廟送本內一應弔評之事皆臣等畏隨唯諾之故以致如此伏願
皇上重加處治罷伊母子　廟享狀遺命在朝大臣詳細會議衆口僉同反從
恩諸王大臣皆有盛言不意伊之近侍蘇沙哈占代木凡勒首言伊主在日私
造帝服藏貯御用珠寶曾向何羅會吳拜蘇拜蘇什綸羅會商議欲背
皇上帶伊兩固山移住永平府又首言何羅會曾遇舊主爾親王子罵云該殺的
鬼種等語朕聞之即令諸王大臣詳細審問逐件皆實故將何羅會正法
事蹟有見誅戮之事果具其告
天地
宗廟
社稷將伊母子併妻罷追封撤　廟享停其恩赦布告天下咸使聞知

圖上：【皇父攝政王以疾上賓哀詔】

順治七年（一六五〇）十二月初九日，攝政王多爾袞在邊外打獵時，猝死於喀喇城。待多爾袞的柩車還京後，順治皇帝發布哀詔，按照帝禮為之舉行隆重喪儀。

圖下：【多爾袞母子併妻罷追封撤廟享詔書】（局部）

順治八年（一六五一）正月二十六日，多爾袞被追尊為「義皇帝」，廟號「成宗」，與其元妃同祔太廟。但短短兩個月內，風雲不變，順治皇帝下詔將多爾袞削爵，撤出他及其母、妻廟享，開除宗室，追奪封典，斷絕後嗣，籍沒家產人口入官，並掘毀其陵墓，凌虐其遺體，然後斬首暴屍示衆。

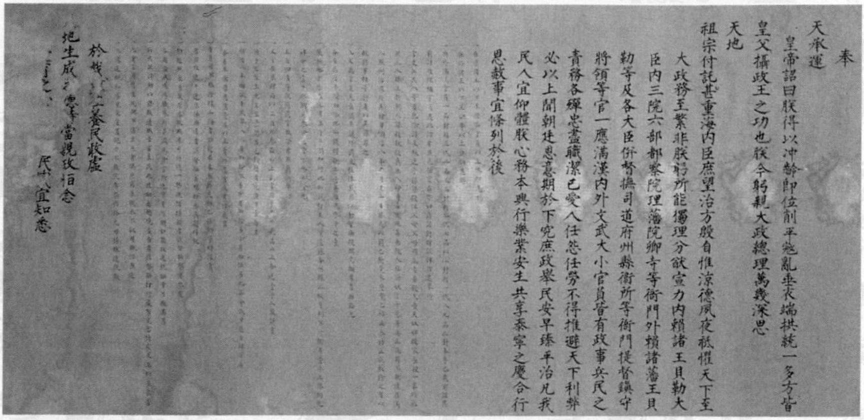

奉
天承運
皇帝詔曰朕得以沖齡卽位削平寇亂垂衣端拱統一多方皆
皇父攝政王之功也朕今躬親大政總理萬幾深思
天地
祖宗付託甚重海內臣庶望治方殷自惟涼德夙夜祗懼天下至
大政務至繁非朕躬所能獨理分猷宣力內賴諸王貝勒大
臣內三院六部都察院理藩院卿寺等衙門外賴諸藩王貝
勒等及各大臣併督撫司道府州縣衛所等衙門提督鎮守
將領等官一應滿漢內外文武大小官員皆有政事兵民之
責務各殫忠盡職潔己愛人任怨任勞不得推避天下利弊
必以上聞朝廷恩意期於下究庶政舉民安早臻平治凡我
民人宜仰體朕心務本興行樂業安生共享泰寧之慶合行
恩赦事宜條列於後

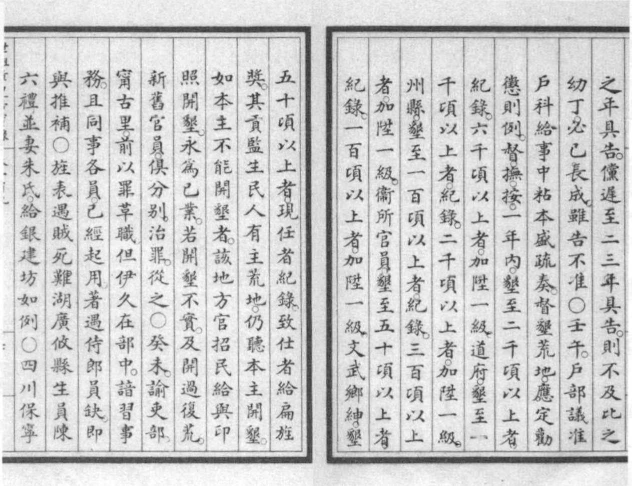

之年具告。儻遲至二三年具告。則不及比之
幼丁必已長成。雖告不准○壬午。戶部議准
戶科給事中粘本盛疏奏。督墾荒地。應定勸
懲則例。督撫按一年內墾至二千頃以上者。
紀錄。六千頃以上者。加陞一級。道府墾至一
千頃以上者。紀錄。二千頃以上者。加陞一級。
州縣墾至一百頃以上者。紀錄。三百頃以上
者。加陞一級。衛所官員墾至五十頃以上者。
紀錄。一百頃以上者。加陞一級。文武鄉紳墾
五十頃以上者。現任者紀錄。致仕者給扁旌
獎。其貢監生民人有主荒地。仍聽本主開墾。
如本主不能開墾者。該地方官招民給與印
照。開墾永為己業。若開墾不實。及開過復荒。
新舊官員俱分別治罪。從之○癸未。諭吏部。
甯古里前以罪革職。但伊久在部中。諳習事
務。且同事各員已經起用。著遇侍郎員缺。卽
與推補○旌表遇賊死難湖廣攸縣生員陳
六禮並妻朱氏。給銀建坊如例○四川保甯

圖上：【順治皇帝親政大赦詔書】

順治八年正月十二日，福臨御太和殿舉行親政大典，並頒布恩詔，大赦天下，減免積欠錢糧及部分州縣賦稅。

圖下：【清世祖章皇帝實錄·督墾荒地勸懲則例】

福臨親政後，開始大力推行鼓勵屯田墾荒的政策。順治十四年（一六五七）四月初十日，清廷公布了《督墾荒地勸懲則例》，按墾荒數量給予地方官獎勵。

圖上：【山東曲阜孔廟】

順治皇帝了解「尊孔崇儒」可以治理中國的道理，立下「以文教定民」原則。他在親政之後，不僅隆盛祭孔禮儀，重用可靠漢人，而且以文字獄、禁結社、科場案整頓士風，杜絕明朝「官驕士橫」的現象。

圖下：【顧實汗像】

顧實汗是「國師」的音譯，又作固始汗，為明清之際厄魯特蒙古和碩特部首領。透過顧實汗居中牽線，清廷得以與西藏的宗教領袖接觸。

【五世達賴喇嘛覲見順治皇帝圖】

五世達賴喇嘛於順治九年（一六五二）三月應清廷迎請，動身前往北京，沿途得到清朝官員隆重接待。同年十二月十五日，達賴至京，順治皇帝在南苑會見他，賜坐、賜茶、賜宴，極為優禮，後又在太和殿中設專宴款待過達賴，也讓他和自己一同登朝登座，位於群臣之上。次年二月，達賴以水土不服為由，辭歸。

圖上：【皇清和碩榮親王壙誌】（底部）

順治十四年（一六五七）十月，董鄂妃生下一子，為福臨的第四子，尚未及取名，即在次年正月夭亡，後被追封為榮親王，安葬於北京東面的薊縣黃花山下。其壙誌底部鐫有冊封文，首句說「和碩榮親王，朕第一子也」，顯示福臨似有立董鄂妃之子為皇太子的意思。（于善浦攝影）

圖下：【御製哀冊】

順治十七年（一六六〇）八月十九日，董鄂妃病逝，對福臨來說是無比沉重的打擊。他悲慟至極，不惜屈尊為愛妻親撰行狀與哀冊，字裡行間流露出濃烈的情感。

制曰和碩榮親王朕第一子也生於順治十四年十月初七日
卒於十五年正月二十四日甚生數月云爰稽典禮追封和
碩榮親王以八月二十七日窆於黃花山父子之恩君臣之義
備矣嗚呼朕乘乾御物勅
天之命朝夕祇懼思
祖宗之付託冀胤嗣之發祥惟尔誕育克應休禎方思成立有期
詎意厥齡不永興言鞠育深軫朕懷爲尔卜其兆域爰設殿
宇周垣窀穸之文式從古制追封之典載揚輿情特述生歿
之日月勒於貞珉尔其永安於是矣

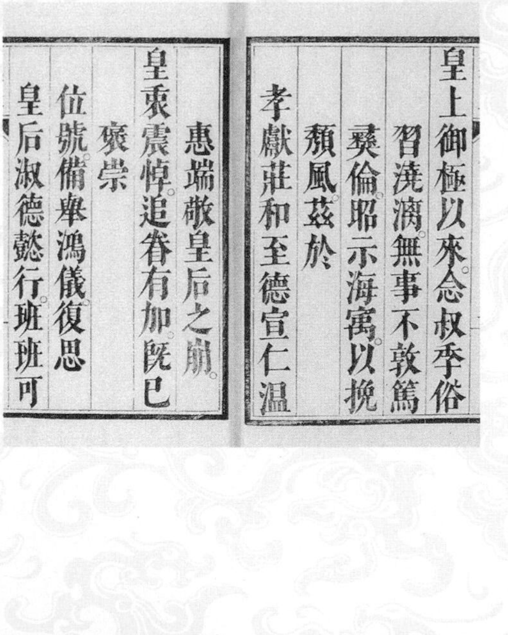
皇上御極以來念叔季俗
習澆漓無事不敦篤
彝倫昭示海寓以挽
頹風茲於
孝獻莊和至德宣仁溫
惠端敬皇后之崩
皇衷震悼追眷有加既已
褒崇
位號備舉鴻儀復思
皇后淑德懿行班班可

圖上：【湯若望像】

湯若望（Johann Adam Schall von Bell），德國人，耶穌會傳教士，通曉天文、曆法、數學、機械等多門學科，深得順治皇帝的喜歡和優待。福臨平日以滿語尊稱這位西洋神父為「瑪法」，曾授予他「通玄教師」的稱號，又為其教堂御筆親書「通玄佳境」匾額。

圖下：【清孝陵全景】

順治十八年（一六六一）正月初七日，福臨因感染天花，在紫禁城內養心殿溘然長逝，享年二十四歲。他死後遺體火化，寶宮安葬於今河北省遵化市昌瑞山主峰南麓的孝陵。（劉滿倉攝影）

圖上：【孝惠章皇后朝服像】

孝惠章皇后，博爾濟吉特氏，是皇太后布木布泰的姪孫女、廢后的姪女，福臨的第二位皇后。順治十五年（一六五八）正月，福臨藉口她奉侍婆婆禮節不周，下令停止其中宮箋表，欲再次廢后。後遭皇太后勸阻，未遂。

圖下：【康熙皇帝便服寫字像】

福臨的第三子玄燁，順治十一年（一六五四）三月十八日出生，生母為孝康章皇后佟佳氏，八歲時繼承皇位，建元康熙，俗稱康熙大帝。他在位六十一年，文治武功兩盛，為清朝開創了盛世。

【敬佛碑】拓片

福臨御筆正書「敬佛」二字，碑額篆書「敬賜法海禪寺」，順治十七年三月十六日刻。

【墨筆山水】軸

順治十二年（一六五五）十一月初一日，福臨御筆所繪，賜予漢人大學士傅以漸。

實用歷史叢書

親切的、活潑的、趣味的、致用的

遠流出版公司

國家圖書館出版品預行編目資料

順治寫眞 / 陳捷先著. -- 初版. -- 臺北市：
遠流, 2006[民95]
面； 公分. -- (實用歷史叢書；191)

ISBN 957-32-5816-1(平裝)

1. 清世祖 - 傳記

627.15 95012048

實用歷史叢書⑲

順治寫眞

作　者——陳捷先
主　編——游奇惠
責任編輯——陳穗錚・傅郁萍
發 行 人——王榮文
出版發行——遠流出版事業股份有限公司
臺北市100南昌路2段81號6樓
電話／2392-6899　傳眞／2392-6658
郵撥／0189456-1
香港發行——遠流(香港)出版公司
香港北角英皇道310號雲華大廈4樓505室
電話／2508-9048　傳眞／2503-3258
香港售價／港幣106元
法律顧問——王秀哲律師・董安丹律師
著作權顧問——蕭雄淋律師
2006年7月16日　初版一刷
行政院新聞局局版臺業字第1295號
售價新台幣 320 元　（缺頁或破損的書，請寄回更換）

ISBN 957-32-5816-1
YLib 遠流博識網
http://www.ylib.com　E-mail:ylib@ylib.com

■實用歷史叢書□

191

順治寫眞

陳捷先／著

《實用歷史叢書》

出版緣起

王榮文

・歷史就是大個案

《實用歷史叢書》的基本概念，就是想把人類歷史當做一個（或無數個）大個案來看待。

本來，「個案研究方法」的精神，正是因爲相信「智慧不可歸納條陳」，所以要學習者親自接近事實，自行尋找「經驗的教訓」。

經驗到底是教訓還是限制？歷史究竟是啓蒙還是成見？——或者說，歷史經驗有什麼用？可不可用？——一直也就是聚訟紛紜的大疑問，但在我們的「個案」概念下，叢書名稱中的「歷史」，與蘭克（Ranke）名言「歷史學家除了描寫事實『一如其發生之情況』外，再無其他目標」中所指的史學研究活動，大抵是不相涉的。在這裡，我們更接近於把歷史當做人間社會情境體悟的材料，或者說，我們把歷史（或某一組歷史陳述）當做「媒介」。

・從過去了解現在

爲什麼要這樣做？因爲我們對一切歷史情境（milieu）感到好奇，我們想浸淫在某個時代的思考環境來體會另一個人的限制與突破，因而對現時世界有一種新的想像。

通過了解歷史人物的處境與方案，我們找到了另一種智力上的樂趣，也許化做通俗的例子我們可以問：「如果拿破崙擔任遠東百貨公司總經理，他會怎麼做？」或「如果諸葛亮主持自立報系，他會和兩大報紙持哪一種和與戰的關係？」

從過去了解現在，我們並不眞正尋找「重複的歷史」，我們也不尋找絕對的或相對的情境近似性。「歷史個案」的概念，比較接近情境的演練，因爲一個成熟的思考者預先暴露在眾多的「經驗」裡，自行發展出一組對應的策略，因而就有了「教育」的功能。

・從現在了解過去

就像費夫爾（L. Febvre）說的，歷史其實是根據活人的需要向死人索求答案，在歷史理解中，現在與過去一向是糾纏不清的。

在這一個圍城之日，史家陳寅恪在倉皇逃死之際，取一巾箱坊本《建炎以來繫年要錄》，抱持誦讀，讀到汴京圍困屈降諸卷，淪城之日，謠言與烽火同時流竄；陳氏取當日身歷目睹之事與史實印證，不覺汗流浹背，覺得生平讀史從無如此親切有味之快感。

觀察並分析我們「現在的景觀」，正是提供我們一種了解過去的視野。歷史做為一種智性活動，也在這裡得到新的可能和活力。

如果我們在新的現時經驗中，取得新的了解過去的基礎，像一位作家寫《商用廿五史》，用企業組織的經驗，重新理解每一個朝代「經營組織」（即朝廷）的任務、使命、環境與對策，竟然就呈現一個新的景觀，證明這條路另有強大的生命力。

我們刻意選擇了《實用歷史叢書》的路，正是因為我們感覺到它的潛力。我們知道，標新並不見得有力量，然而立異卻不見得沒收穫；刻意塑造一個「求異」之路，就是想移動認知的軸心，給我們自己一些異端的空間，因而使歷史閱讀活動增添了親切的、活潑的、趣味的、致用的「新歷史之旅」。

你是一個歷史的嗜讀者或思索者嗎？你是一位專業的或業餘的歷史家嗎？你願意給自己一個偏離正軌的樂趣嗎？請走入這個叢書開放的大門。

厚積薄發，引人入勝

王思治

今人有將其各類生活照片彙集成冊，名之曰「寫眞集」，意在去其鉛華，或矜持作態，或矯揉造作，而以眞實的本來面目示人。

陳捷先教授新著《順治寫眞》，顧名思義，本書之寫作，既要遵循歷史著作務必求眞求實的根本要求，文字又要平實可讀，有如「寫眞集」所表現之眞實面貌。有別於通常所見之歷史人物傳記，旁徵博引，考訂史跡，文字拘泥而乏味，非專業史學者，往往難於卒讀。

要用簡潔平實的行文敘述順治帝生平及順治朝史跡，並非易事。這需要對客觀存在的歷史演進脈絡，當時各種政治軍事力量之間的爭鬥與格局，各營壘中歷史人物及其人際關係，均能了然於胸，掌握大量可信史料，且融會貫通，方能娓娓道來，運筆行文，如數家珍，敘事明快而引人入勝。陳捷先教授，清史名家，學術造詣深厚。《順治寫眞》之最顯著特點，正如上述。本書所寫，事事均有豐富史料可稽；文筆流暢，文風樸實，讀來輕鬆，興趣盎然。

清朝開國，歷太祖努爾哈齊、太宗皇太極，至世祖福臨才取得全國政權。一六一六年，努爾哈齊建元天命，建國號曰「金」（史稱後金）。一六三六年，皇太極改元崇德，改國號曰「大清」，清朝登上歷史舞台。崇德八年（一六四三年），皇太極崩逝，六歲的皇九子福臨繼統，改明年爲順治元年（一六四四年）。四月，清軍與明寧遠總兵吳三桂合軍，山海關大戰，擊敗李自成領導的大順農民軍。五月初二日，清攝政王多爾袞進入北京城，宣布清廷「定鼎燕京」，迎順治帝由瀋陽遷都北京。十月初一日，順治帝親詣南郊，告祭天地，即皇帝位，「表正萬邦」，「以綏中國」，君臨天下，「仍用大清國順治紀元」。清朝由東北一隅的地方政權，發展成中國的統治者，建立起我國歷史上最後一個封建王朝。

明崇禎十七年，即清順治元年，歲在甲申。這一年，明亡清興，清朝紀年自本年始。

明清鼎革，順治朝歷史紛繁，時人說：「明亡，天下分裂。」在當時中國腹地上，四個政權先後同時並存：入據北京及華北的清；退往陝西的李自成大順軍；四川有張獻忠領導的大西軍；而黃河以南及江南、湖廣、西南，仍爲南明所有。南明相繼建立的弘光、隆武、永曆三個政權，其存續時間與順治朝相始終。清廷爲完成國家統一，其軍事決策、政治謀略、用人之要，事事繁難。又因順治帝年幼，睿王多爾袞攝政專權，繼統之爭，餘波未息。更因以剃髮易服定順逆，首崇滿洲，清廷實施了多項弊政，諸如圈地、逃人法等等。本書對如此紛亂的順治一朝歷史，不用章節體，而列子目五十，始於〈順治皇帝的家世〉，終於〈順治皇帝的學養〉，一事一題，依時敘事。每一子目文字不長，但首尾完整，讀者既可獲知某一歷史事件的原委，而連綴五十子目，則是順治朝之史跡與順治帝其人，一目了然。

作者敘述紛繁的歷史事件，以化繁爲簡見長，有如舉重若輕。如〈皇位繼承紛爭〉一題，述太宗皇太極暴卒，無立嗣君之遺命，於是諸王爭立，而最具力量問鼎皇位者，一爲睿王多爾袞，一爲太宗長子肅王豪格。各自的擁立者活動頻繁，事態嚴竣，形勢緊張。書中舉出有關議立嗣君的滿洲高層貴族會議的兩條關鍵史料，對其記載不明而產生的疑點，從八個方面，逐一剖析，層層深入，於是豪格「性柔」退出會議之隱情，多爾袞不敢強自爲君之顧慮，太宗五宮后妃中唯有莊妃生有一子福臨，因之得以繼承皇位，而莊妃對多爾袞也施加了多方面的壓力。作者指出，多爾袞讓福臨爲君，避免八旗力量的大分裂，清朝才有後來入關統治全中國。一場關係如此重大的皇位繼承紛爭，作者以其簡練的敘述，便清晰地呈現在讀者面前。

順治帝在位十八年，前七年由睿王多爾袞「代天攝政」。多爾袞死，順治帝親政，十八年正月「病患痘」，去世，年僅二十四歲，其執政實際上只有十年多一點的時間。本書分列多個子目，敘述順治帝之用人行政、崇佛而不佞佛、鍾情董鄂妃、妻妾子女，以及學業素養等等。這樣，《順治寫眞》將少年天子有如常人之七情六欲、品格愛好，如實再現。皇帝也是血肉之軀的人。

本書前言〈順治朝的清史值得研究嗎？〉，著重說明研究順治帝的意義。結語〈我評順治〉則是全書點睛之筆。作者針對一般人都對順治帝的「看法不佳，評價不好」，闡釋己見，指出「福臨在親政之初，實在做了一番傑出的表現」，例如他採取改剿爲撫或剿撫兼施的手法，扭轉全國戰局：實行墾荒與減免賦稅的政策，改善國計民生；整肅吏治，嚴懲貪官；任用漢官，鞏固統治。入關後諸多弊政，「的確是禍國殃民，福臨難辭其咎」，然而，其功大於過。福臨又是一個感情豐富的人，也是富有責任感的人，爲清朝作出了不少貢獻，康乾盛世，清朝享國二百六十八年，都與其奠基工作有關。陳捷先教授給予了順治帝正確的評價與歷史定位，我同意他的看法！

【推薦人簡介】王思治，一九二八年生，研究生班畢業，主要研究中國古代史、清史。原任中國人民大學校學術委員會副主任、清史研究所學術委員會主任，現任中國人民大學清史研究所教授、博士生導師（歷史學），滿學研究會副會長。一九八七年赴美國哈佛大學、哥倫比亞大學、夏威夷大學訪問及講學。著有《清史論稿》、《清朝通史・康熙朝卷》、《兩漢社會性質問題及其他》、《承德避暑山莊》（合著）等書，並主編過《清代人物傳稿》（上編），發表中國史學論文約百篇。

〈前言〉

順治朝的清史值得研究嗎？

一般人以為清朝建立於滿族入關、定鼎中原的順治元年（一六四四），這是錯誤的，因為在順治皇帝還沒有出生、清兵還沒有入關時，順治皇帝的父親清太宗皇太極就在盛京瀋陽建立了大清皇朝，時間是明思宗崇禎九年（一六三六），清朝採用的第一個年號叫崇德。

在崇德之前，皇太極的父親努爾哈齊還建立過一個名為後金的汗國，後人說後金汗國用的年號是天命。天命朝歷時十一年（明神宗萬曆四十四年至熹宗天啓六年，即一六一六～一六二六），因努爾哈齊病死而由皇太極繼任大汗，改年號為天聰，天聰十年（一六三六）因建立更大皇朝乃改國號為清，改年號為崇德。這是關心清史的人最起碼的常識，不能不知。

有人以為滿族在關外奮鬥建國的歷史不重要，可以不放在清史研究中，這也是錯誤的，因為清朝很多制度、很多史實，如果我們不了解關外的發展情形，根本就無法深入探究。以入關後的第一個皇帝的順治時代爲例，我們就可以舉出很多實證。例如掌管宮禁事務的機關內務府，在順治皇帝入關定都北京後就設立了，當時因爲在關外爲帝王服務的單位一時不能變革，加上明朝太監亂國，清朝就以內務府取代了明朝太監的十三衙門。《清會典》裡說內務府「掌上三旗包衣之政令與宮禁之治」，這裡的「包衣」是滿洲語，原作booi，boo是「家」的意思，i是虛字「的」，合起來是「家的」，有「家奴」、「家丁」等意，原是旗籍的名稱。清人在入關之前，凡有所獲的部落俘虜，都編爲「包衣」，分屬八旗，後來皇帝自將三旗，即鑲黃、正黃、正白，稱爲「上三旗」；入關後，上三旗的包衣屬內務府，其他「下五旗」的包衣分別隸屬各王府。由此可知：不了解關外制度，像內務府這樣機構的成立背景就無由得知。又如內三院（內國史院、內祕書院、內弘文院，或簡稱爲內院）與內閣、翰林院的關係以及在順治、康熙兩朝的演變與運作情形，如果我們不清楚天命至崇德年間的始設、擴展以及入關後的滿漢文化衝突等事實，同樣的我們也不能看出這些中央機構的實況異同。他如清朝入關後的圈地政策，在華北各地把若干荒田與民人土地圈爲莊田、牧場，以安置東來旗人，或作酬庸之用，也是與關外計口授田等事有關。清初另一弊政是剃（薙）髮，大爲損害了漢人的自尊心，也嚴重破壞了漢人的傳統習俗，因而引起大規模的反清反滿抗爭。其實這一政令，滿洲人在關外即已嚴格執行，天命三年（一六一八）以後，對於降附的漢人一律命令剃髮，以分別順逆，作臣服與否的標誌。總之，以上數事僅是清初大事的一小部分，但是已足以說明關外清史的重要性了。

還有人對順治一朝歷史的看法，認爲乏善可陳，最多也只有太后下嫁、董小宛入宮、皇帝出家逃禪等事，比較引人興趣，這一點更是大錯特錯。孝莊后有沒有下嫁多爾袞、順治皇帝是不是眞不愛江山當了和尚，這些事爭議還很多，甚至可以說是於史不符的事件。實際上，順治一朝確有不少內治上的貢獻是値得一述的。像平定南中國反清勢力，鞏固了清朝統治政權；懲貪除霸，安定了社會人心；減稅免捐，減輕了人民的經濟負擔；推行漢化政策，使滿洲融入漢人傳統世界，也緩和了民族間的對立；擊敗來侵俄軍，保衛了邊疆領土的完整。順治皇帝自身也不是一位傀儡君主，他在抑制旗權、伸張皇權上也有很好的表現。他在婚姻與事業方面，也樹立過自主的權威。他的學養也不輸一般帝王，精通儒釋兩家，對西洋宗教也有一定的認識。他的書法畫藝也有稱道之處，比起中國史上很多皇帝，絕無遜色，只是天不假年，生不逢辰，不能多所發揮而已。順治朝的歷史是値得研究的，也是應該去研究的。

順治一朝只歷時十八年，實際上福臨（順治皇帝本名）在十八年正月初七日就死去了，應該僅只十七年，而其中頭七年由多爾袞攝政，皇帝眞正理政的時間十年多。本書雖以順治皇帝一生事功生活爲主要敘述對象，但也兼談順治一朝大事，否則「寫眞」就不能是全面的了。

　　我這本小書也就是在以上一些想法與看法下著手撰寫的，希望讀者能重視順治朝的歷史，對當時的史事與對順治皇帝的觀點能作些正面的修正。我要感謝內子侯友蘭與好友韋慶遠、馮爾康、王思治、閻崇年、倉修良、成崇德、郭成康、莊吉發、劉耿生、劉景輝、葉達雄諸位教授的鼓勵，也要感謝游奇惠、陳穗錚、傅郁萍三位小姐及陳龍貴老弟在出版事務上的幫忙，否則這本書不能如此快速問世的。

二〇〇六年元月

目錄

順治寫真
陳捷先◎著

1 順治皇帝的家世

順治皇帝姓愛新覺羅，名福臨，他當了皇帝以後，按照中國漢人習俗，改用了新年號叫「順治」，後人以年號爲名，俗稱他爲順治皇帝。他的家世算得上顯赫而又高貴。且不說他家始祖有天女所生的一說，那是不可信的神話，我們就姑妄聽之吧！事實上，他的祖父卻眞的是不折不扣的民族英雄，大清皇朝的奠基者，名字叫努爾哈齊。

努爾哈齊生於十六世紀中葉的一個建州女眞家族中，當時明朝已走上衰亡之途，中國東北地區女眞部落林立，互相鬥爭，紛亂不堪，就連建州女眞中也四分五裂，各求發展，社會很不安定。努爾哈齊生長在這樣的環境中，經歷了苦難的磨練與勤奮的學習，使他養成了堅忍不拔的精神與應付混亂世局的能力。

明神宗萬曆十一年（一五八三），他的家庭中發生了劇變，他的父親塔克世與祖父覺昌安二人，突然死於古勒山城戰役的兵火，父祖二人可能是因爲幫明朝作嚮導而罹難，事後遼東總兵官李成梁令士兵尋獲二人屍體，歸還了努爾哈齊，並賜給努爾哈齊敕書、馬匹，授他職官，以示補償之意，當年努爾哈齊二十五歲。

努爾哈齊取得這些政治資本之後，先以討伐不共戴天的殺父仇人爲名，到處攻打鄰近的部落，大清帝國的龍興事業從此開啓了。努爾哈齊起兵時，憑藉實在不多，但是他的拚鬥精神令人折服，尤其正確的運用了「順者德服、逆者兵臨」的政策成功，所以在四年多的時間中，他就完成了統一建州女眞的事業。

其後近三十年中，他以各種不同手段對付蒙古、朝鮮與明朝。蒙古人與他們在生活習俗上有相似處，所以用盟誓、通婚爲主，消滅敵對勢力，必要時再以兵戎相見，因而取得相當好的成果。對朝鮮則力求安定與和平，使自己女眞的實力不到國外去消耗。對明朝先是竭盡恭順之能事，以求得明廷的信任，等到自己勢力壯大後則改變態度，興兵征明了。他掌握了時局的變化，正確估量自己的實力，務實的擬定策略、審愼的採取行動，因而他行事成功機會爲多，失敗的較少。

努爾哈齊還創建了八旗制度，把分散女眞的社會、軍事、行政、生產都統制了起來，成爲一個有生氣的社會整體，因而形成了滿族共同體，也使女眞各部落的發展得到了不少改進。努爾哈齊又發明了滿洲文，不但記錄了早年滿洲艱苦奮鬥的史實，同時促進了滿漢文化間的交流，尤其對於滿洲人自尊心的提高有著極大的裨益。萬曆四十四年（一六一六），努爾哈齊在國家規模的條件具備下，建立了後金汗國，也爲日後的大清帝國奠定了堅實的基礎。

後金天命十一年（明天啓六年，一六二六），努爾哈齊病逝，繼承他當後金大汗的就是順治皇帝的生父皇太極。皇太極是努爾哈齊第八子。生於明萬曆二十年（一五九二），在繼任大汗前就經常隨父出征，參加過征烏喇等戰役！尤其在薩爾滸山大戰中立過奇功，使他的實力與地位不斷升高。皇太極出任後金汗時用的是天聰年號，天聰十年（一六三六），他改後金國號爲大清，也改了天聰年號爲崇德，他在兩個年號下當了十七年的國家首領，這期間他銳意改革、勵精圖治，使得國家力量大增，戰敗了蒙古，降服了朝鮮，並幾度進侵明朝內地華北地區，取得與明朝分庭抗禮、競爭天下的局面。他是一位極有智慧的統治者，能審時度勢，掌握有利時機，處理國家文武事務。特別他能正確看待漢人文化，與他父親大不相同的以寬大心懷接納漢人，這可能是他成功的關鍵所在。

皇太極在位期間，就是以專制主義的皇權統治來取代父家長制的汗權統治。他在漢人大臣與漢人制度的幫助下，向官僚政治體制的目標邁進了一大步，這對日後清朝入關建立全國統治的政權也是有助力的。

總之，皇太極不但把八家分權的後金汗國改變成了中央集權式的大清皇朝，同時在政治、軍事、經濟、文化各方面也有了長足的發展與進步。他爲了伸張皇權，在宮闈制度上也作了新的建設。崇德元年（一六三六），他下令「五宮並建，位號既明，等威漸辨」。順治皇帝的生母被封爲西宮永福宮側福晉莊妃，位居五宮之末；不過在皇太極病逝之時，莊妃是五宮中惟一生有皇子的福晉，因此莊妃母子的地位不同了。後來在皇位繼承的爭端中，皇太極雖有年長兒子如豪格等人，既有功勳爵位，又有軍事經濟實力，但他們的母親不是五宮后妃，因此他們無緣繼承。福臨佔有這一優勢，又在生母莊妃的靈巧運作下，成功的當上了皇帝。

順治皇帝眞的人如其名，他幸福的降臨在一個帝王之家，六歲的時候在一場原本慘烈的繼統之爭中，沒有把握的他卻幸運的登上了皇位。

2 順治皇帝的生父生母

順治皇帝在清朝眾多的皇帝中，不算是傑出的皇帝；不過，所有的清朝皇帝都沒有一個比得上他有一位傑出的生父與傑出的生母。

順治的生父已如前述是建立大清皇朝的皇太極，我個人以為：皇太極在中國史上成就之高、作用之大、地位之重要，比起秦皇、漢武等名君來，他是決不遜色的。在政治方面，他除了打壓旗權，把原有八家八旗自主的勢力，納入了正規的政治體制之內以外，他又仿照明朝的制度建立了六部、都察院等中央政府機關，一則利用滿蒙漢三大民族中的優秀分子來參與政權，讓勝利成果由大家分享。再則也藉以作政體上的改革，加強專制君權。在民族方面，努爾哈齊晚年滿漢民族之間的衝突嚴重，造成政局與社會上的不安。他繼任大汗之後，幾天之內，先降諭給逃亡的以及所謂「私通明國」的漢人赦免，宣稱既往不究，不再濫殺無辜，這給當時歸降與被俘的漢人無異是一份安全保證。他又下令改善漢人地位，提倡「滿漢一體」，將漢人「編戶爲民」，不受差別待遇。不久再舉行考試，選出適用的漢人，爲政府與人民服務。不少漢人由農奴變爲自由民，這些變革迅速又適時，因而收拾了很多人心，爲他效力。這些政治與民族方面的措施，對國家實力的增強與前進發展都有所助益。皇太極成功的務實政策，還可以在軍事上證實。他發現滿洲旗兵長於野戰，但不適合攻打堅城，特別有火砲裝備的堅城，於是他就改變策略，一面努力仿照西洋槍砲，發展熱兵器；一面改攻城爲圍城，不作窮兵黷武的無謂犧牲。皇太極很知道當時的富民之道首在農桑，所以他對土地利用與增加生產，極爲重視。改變漢人農奴爲自由民已經對後金的生產力有了提升的作用，他又以祖先傳統的掠奪手段來增加財富，多次入關到明朝內地華北地區，固然有軍事目的，擾亂明朝地方秩序；但是在大量的金銀財寶、人口牲畜以及緞匹成衣的取得上，對國家財經實力的增加，當然是有極大的裨益。皇太極在文化上的表現，更屬不尋常。雖然他強調滿洲的騎射、語言、部分服飾是國家的根本，固有的薩滿教信仰也照樣奉行。不過在國家的官制、爵位、禮儀以及住屋、飲食、時令習俗等方面，都明顯的有了華化或漢化的跡象，尤其興辦學校，舉行科舉，翻譯漢文書籍等事，更足以說明他開始把政治組織、人民生活與大清發展，納入了中國傳統文化系統之中。同時他又在漢文化影響下，革除不少滿洲陋習，如雜婚、亂婚、殉葬一類的事都下令禁止。他也不排除佛教、道教與喇嘛教，眞做到了宗教信仰自由。這些政策對緩和民族衝突是至爲需要的。

儘管皇太極尊重族群，讓大家分享勝利成果。他也尊重別人的既得利益，不會隨意的去加以侵害。他對別族傳統文化更無排斥之心，甚至加以提倡。不過，他的「取借」外來文化政策也不盲從，更不是全盤的仿照外人，他是有選擇性的，有益的才採行，無益的則不學。

由於皇太極在執政期間，重視人才、體恤百姓、接受諫言、辦事勤勞務實，所以在十七年的享國統治中，他強化了清朝的軍事實力，發展了社會經濟，緩和了民族衝突，成就與貢獻實在很多。

順治皇帝的生母，更是一位了不起的女性。她姓博爾濟吉特，名叫布木布泰，生於明萬曆四十一年（一六一三），死於康熙二十六年（一六六八），享年七十五歲。她是蒙古科爾沁貝勒寨桑的女兒，天命十年（一六二五）嫁給滿洲努爾哈齊的第八子皇太極爲妻，時年十三歲。第二年，她的丈夫皇太極就繼承後金汗國的汗位，她先後爲皇太極生下三女一男，最小兒子叫福臨，也就是本書要談的主人翁順治皇帝。

布木布泰在皇太極改國號爲大清，改年號爲崇德後，被尊爲五宮的后妃之一，她位居最後，稱爲西宮永福宮莊妃。順治皇帝登基後，尊生母爲皇太后，康熙皇帝是她的孫子，因此到康熙時代，她被尊爲太皇太后，她死後諡號「孝莊」，所以史書中稱她爲「孝莊文皇后」。

皇太極「五宮並建」時，五宮后妃全是蒙古人，其中皇后博爾濟吉特氏哲哲、東宮大福晉海蘭珠與西宮側福晉布木布泰三人都來自蒙古科爾沁部，而且具有至親關係，哲哲是海蘭珠與布木布泰的姑母，海蘭珠是布木布泰的親姊姊，姊妹二人的年齡相差四歲。五宮並建顯示皇太極受了漢人影響，在妻室中分出嫡庶等的級等區別；布木布泰雖位居五宮之末，但她的能力並不低於其他后妃。而且她又是一位「嗜好古學」的人，她的見識一定不淺，對事物分析能力也不會太差。在大清皇朝成立後不久，政府爲「辨等威，明貴賤」，制定冠服制度，布木布泰與她的侍女蘇麻喇姑都參與了衣冠式樣的製作工作，這件事可視爲莊妃不但具有這方面的天才，同時也透現出皇太極對她的信任與重用。

皇太極於崇德八年（一六四三）突然病逝，由於事先未留遺言，繼承人選乃發生爭執，皇太極的弟弟多爾袞與長子豪格都有意登大位，鬥爭激烈，布木布泰便聯合了皇后與其他大妃，並外結皇家專掌的兩黃旗兵力，打敗了豪格，與多爾袞妥協，而讓福臨爲君，迅速的解除了繼統的危機。她的應變能力之強，由此可見一斑。康熙皇帝後來稱讚他的祖母（布木布泰）說：「佐太宗文皇帝（按：指皇太極），肇造丕基；啓世祖章皇帝（按：指福臨），式廓大業。」實在是於史有據的公論。

清朝入關後，布木布泰在輔佐順治皇帝登基理政、推舉康熙皇帝繼承大統以及對抗多爾袞與鰲拜等四大輔政大臣的旗權反動運動等工作上，也作出過極大極多的貢獻，這些將待以後各節再論。

3 福臨清宮

順治皇帝愛新覺羅・福臨，生於清崇德三年正月三十日（一六三八年三月十五日）戌時，他是皇太極的第九子。據清代官書《清實錄》的記述，這位皇帝出生前後有很多異象，像是：

> 孝莊文皇后方娠時，有紅光繞身，衣裾間如有龍盤旋狀，女侍皆驚以爲火，近視之，不見，如是者屢，眾皆大異。誕之前夕，孝莊文皇后夢一神人抱一子授之，曰：此統一天下之主也。……次日，上誕生，視之，頂中髮一縷聳然高起，與別髮迥異。是日，紅光照耀宮闈，經久不散，香氣瀰漫數日。

這些描述是專制時代帝王出生時常見的形容場景，不能盡信。不過，順治皇帝出生時的大環境是値得我們深入了解一下的。皇太極一生娶的妻妾至少有十五人，其中蒙古籍至少七人，滿洲籍至少五人，不知氏族的二人。蒙古籍的妻妾到改國號爲大清時沒有一個爲皇太極生過男孩，滿洲籍倒有烏喇納喇氏生過豪格、洛格；鈕祜祿氏生過格博會；葉赫納喇氏生有碩塞；納喇氏生高塞；伊爾根覺羅氏生有常舒；顏扎氏生有葉布舒；另一庶妃生有韜塞，共八人，其中洛格、格博會早夭，到皇太極登上後金汗位時共子三人，葉布舒、碩塞尙不過十歲，豪格則年十九，且有了軍功產業。不過，到崇德改元、五宮並建時，顯然滿族福晉們地位降低，她們所生的兒子，特別像豪格這樣年長的兒子更是吃了虧，變成了庶子身分，對皇位繼承的影響很大。

崇德改元建宮以後，第一個爲皇太極生子的東宮大福晉宸妃海蘭珠，她是莊妃布木布泰的親姊姊，比莊妃晚九年嫁給皇太極，當時已二十六歲，在滿蒙社會十二、三歲女子就出嫁的當時，海蘭珠算是高年新娘了。不過這位宸妃以知書文靜出名，頗得皇太極鍾愛，給她的宮名叫「關睢宮」，取自《詩經》中「關關睢鳩」名句，充分表明皇太極對她的眞情至愛。她在宮中地位僅次於姑母中宮皇后，可以說是列爲諸妃之首。崇德二年（一六三七）七月初八日，宸妃爲皇太極產下一男，這是五宮后妃中第一次傳出誕生皇子的喜訊，加上皇太極對宸妃的眞愛，第二天他就做了一個與太祖努爾哈齊、禮親王代善等人同處一室，而看到「祥雲絢爛，稠疊三層」的「非常之貴徵」的夢。快樂之餘，皇太極在同月十六日頒詔大赦。詔書中有：「自古以來，人君有誕子之慶，必頒大赦於國中，此古帝王之隆規。今蒙天眷，關雎宮宸妃，誕育皇嗣，朕稽典禮，欲使遐邇內外政教所及之地，咸被恩澤。」從詔書中我們可以看出，皇太極已稱這位新生兒爲「皇嗣」了，顯然有立他爲繼承人的心意。那二年來瀋陽的朝鮮使臣回國後也說：「聞長子不肖，故以上年所生子有立嗣之意云。」文中「長子」指豪格，「上年生子」即關雎宮宸妃所生的男嬰。不但如此，宸妃的娘家也發動了蒙古諸部如巴林、札魯特、四子部、奈曼等首長，或親自來盛京瀋陽、或派專使爲皇太極「誕生皇子」行慶賀禮，進獻禮物，一時清宮中熱鬧非凡。可惜事不如願，這位新生皇子竟在次年正月間夭折，連個名字都還沒有取好便離開人世了。這件事令皇太極與宸妃在精神上都受到嚴重打擊，朝廷裡的禮樂事也不舉行了，不少親貴與官員因私自作樂而受到懲罰，可見皇太極把喪子事看得多嚴重。宸妃因悲傷過度而得病，終於在崇德六年（一六四一）棄世，得年三十三歲，也是紅顏薄命人了。

宸妃海蘭珠的妹妹布木布泰，在五宮中原本無名，但是在宸妃之子死後的第三天，卻爲皇太極生下了一男，這是五宮后妃中所生的第二位皇子，而且是在第一位皇子剛去世時誕生的，顯然有特別的意義。布木布泰在天聰三年、六年、七年（一六二九、一六三二、一六三三），分別爲皇太極生了三位名爲雍穆、淑慧、端獻的女兒，現在一舉得男，而且又在宸妃生的小皇兒夭折之後來到清宮，當然受到相當的歡迎。從他的名字叫「福臨」就可以知道他父親皇太極對他的期望如何了。這位小皇子還真是有福氣，後來竟真的成了大清皇位的繼承人，清朝入關的第一代君主順治皇帝。

4 皇位繼承紛爭

崇德八年（一六四三）八月初九日夜晚，皇太極在忙碌了一天之後，在瀋陽清寧宮的御榻上突然「暴逝」。第二天，諸王貝勒將他的梓宮暫時安放在崇政殿內，下令全國舉哀三天，全體官員素裝服孝，以表哀痛。朝中同時規定，初十日一天，王公大臣都要齋戒，此後七天之內，諸王率八旗長官每日黎明哭臨一次，十三天之內全國禁止屠宰。

皇太極死後，由他六歲的兒子福臨繼承大位，其原因清代官書《清實錄》中有此一說：

（福臨）嗜觀書史，……不由師授，解悟旁通，博於經籍，以是太宗皇帝（按：指皇太極）甚鍾愛而屬意焉。

這一說法我個人以爲是日後清朝史官的溢美之詞，不能盡信。另外《清朝野史大觀》一書中，提到福臨能繼承大位是別有原因的，該書〈蕭牆禍〉一節中說：

太宗崩，子世祖福臨幼沖，於是武英郡王阿濟格、豫王多鐸，建議國基未固，須立長君，以多爾袞嗣位。太宗皇后博爾濟吉特氏偵知，脅多爾袞入宮，立其子，以居攝餌之，遂定。……

上文所述，有部分是實情，但多爲附會之談，也不足憑信。現在我們就可靠史料，來看看當時的實情吧。

在努爾哈齊晚年，大汗繼承問題就有明爭暗鬥的現象。後來制訂了八家共推的辦法，即八旗親貴共同推舉一位領導人，這領導人如果在上臺後倒行逆施，不聽諍諫，大家仍可以罷免他，另舉新人。不過當努爾哈齊死後，顯然並沒有公正的執行這一辦法，皇太極多少是靠自己的實力與諸兄弟妥協後上臺的。而皇太極在統治期間，並沒有「敬兄長、愛子弟」，相反的，一個一個的把有權勢的領旗貝勒打倒了。阿敏以對汗不敬與想要自立等罪名被幽禁死去。莽古爾泰則因欲圖謀逆而被追罪沒籍，終致「暴死」。就連爲人謙讓的長兄大貝勒代善，最後也遭到斥責處治，「四王共治」的局面變成了皇太極一人「南面獨坐」，中央集權的專制政體逐漸的代替了八旗制度。加上後來又採行漢制，仿照設立明朝的中央政府機關，皇太極已經大權獨攬了。在汗位繼承方面他已想採用漢人立嫡立長的古制，他在國家正式的詔書中稱宸妃之子為「皇嗣」就是一個明證。宸妃之子不幸早夭，皇太極忙於與明軍在山海關的大戰，更沒有想到他會那麼早死，所以他一直沒有提出皇位繼承制度，也沒有指明他的接班人，因此，在他死後，皇位繼承立即起紛爭。

當時有資格繼承皇位的只有三人：

一是代善。他是努爾哈齊的嫡子，皇太極的長兄，在努爾哈齊病死時就傳說他有當攝政來輔佐多爾袞的事，又有他「讓國」給皇太極的記述。不過到皇太極逝世時，他的兩紅旗實力已遭到皇太極的削弱，他的有權勢的兒子岳託、薩哈廉等人又相繼死亡，自己也年過花甲，暮氣沉沉，因此他雖是輩分長地位高，但在很多情勢上已不如別人了。

二是多爾袞。他是努爾哈齊得寵的幼子，也有傳說當時努爾哈齊要傳位給他。他在兄長皇太極治國期間，表現得極好，可謂功勳卓著，對處理軍國大事，能力也強。在皇太極病死時，他的兄弟阿濟格與多鐸也都擁有重兵，兩白旗是他的基本後盾，其他黃、紅、藍旗中也有他的支持者。他自己又有當皇帝的野心，因此他是當時爭繼人物中最值得注意的一位。

三是豪格。他是皇太極的長子，很有戰功，天聰六年（一六三二）時就晉升為和碩貝勒的高貴身分。崇德元年（一六三六）晉封為肅親王，掌管戶部，地位不亞於他的伯叔。他是從兩黃旗出身的，後來又成爲正藍旗領旗主宰，這幾旗支持他的人很多，因此他的聲勢浩大，是繼承機會最大的一位。

繼承皇位是特等大事，當然在皇太極死後不久，大家就開始積極活動了。先是兩黃旗大臣們集會於豪格之家，表示要支持豪格爲君。這些黃旗的大臣如此表態，是希望皇帝仍由黃旗的人擔任，自己的既得利益與名位都能保持。同樣的，白旗的大臣也籌劃擁立多爾袞、阿濟格、多鐸等人，甚至還「跪勸睿王（按：指多爾袞），當即大位」，並且確也有一些其他旗的人願意他接下皇帝的大位。

皇太極死後五日，多爾袞先採取了行動，他在三官廟中召見黃旗中極有分量的大臣索尼，向他徵詢對皇位繼承人的想法。索尼直接的回答說：「先帝有皇子在，必立其一，他非所知也。」他的態度很明確：不支持多爾袞。皇太極的兒子共有十一人，不過在他生前已有三人早夭，剩下的八人當中，只有豪格有實力，有地位，而且年紀已達三十五歲。其他如福臨才六歲，最小的么兒博穆博果爾三歲，索尼所謂的立皇子當然是指豪格，因爲皇太極的另外一位心腹將領也向索尼表示「長子豪格當立」。

多爾袞私下爭取兩黃旗代表人物索尼的支持失敗，繼承事只好交由諸王貴族集會解決。八月十四日清晨，兩黃旗的將領在開會前先發制人，發動精銳軍隊，全副武裝，張弓挾矢，把集會的崇政殿「環立」了起來。後來八旗親貴與大臣們先後到達會場，會議一開始，索尼與鰲拜就搶先發言，提出「立皇子」的意見。多爾袞見情勢不利於己，立即以八和碩貝勒共議國政，外臣不與聞爲由，大聲的命令索尼等人退下。至於後來繼續開會的內容，有以下兩種記述：一是《清史稿・索尼傳》的說法：

> ……英親王阿濟格、豫親王多鐸勸睿親王（按：指多爾袞）即帝位，睿親王猶豫未允。豫親王曰：「若不允，當立我，我名在太祖遺詔。」睿親王曰：「肅親王亦有名，不獨王也。」豫親王又曰：「不立我，論長當立禮親王（按：指代善）。」禮親王曰：「睿親王若允，我國之福。否則當立皇子。我老矣，能勝此耶？」乃定議奉世祖（按：指福臨）即位。……

另一記述此事的是當時當人質留住瀋陽的朝鮮人，他們在《瀋館錄》中記道：

> 十四日，諸王皆會於大衙門。大王（按：指代善）發言曰：「虎口（按：指豪格）帝之長子，當承大統云。」則虎口曰：「福小德薄，非所堪當。」固辭退去。定策之議，未及歸一。帝之手下將領之輩，佩劍而前曰：「吾屬食於帝，衣於帝，養育之恩，與天同

大，若不立帝之子，則寧死從帝於地下而已。」大王曰：「吾以帝兄，常時朝政，老不預知，何可參於此議乎？」即起去，八王（按：指阿濟格）亦隨而去，十王（按：指多鐸）默無一言。九王（按：指多爾袞）應之曰：「汝等之言是矣。虎口王既讓退出，無繼統之意，當立帝之第三（按：應作「九」，下同）子，而年歲幼稚，八高山（按：指八旗）軍兵，吾與右眞王（按：指濟爾哈朗）分掌其半，左右輔政，年長之後，當即歸政。」誓天而罷去。所謂第三子，年今六歲。……

根據以上兩種說法，我個人有一些想法：

第一，多爾袞與豪格都是想繼承大統的人，怎麼都表現謙讓不爭而收場？尤其是豪格在兩黃旗大軍支持下，紅、藍旗也未必不擁立他的情形下，就如此「性柔」的退場，實在出人意外，也一定是另有隱情的。

第二，豪格、代善、阿濟格等人都提前離開，可能是怕火拚事件發生，自己會先遭殺害。不然總會在會場上有些唇槍舌戰的。

第三，事實上我們應該深一層看當時的情勢，多爾袞看出兩黃旗矢死效忠皇太極家族，代善又說了模稜兩可的話，藍旗中也未見出面大力支持，而殿外大軍環立，他若堅持繼承，必然會發生血戰，豪格可能勝算提高。

第四，皇太極統治期間，不斷加深漢化，傳嫡傳長、父死子繼的觀念已經被多數人接受，兄終弟及已是不合時宜了。

第五，莊妃布木布泰是孝端皇后的姪女，另外麟趾宮、衍慶宮的兩位大妃也是來自蒙古，這些后妃在這場繼統之爭中必然會產生重大作用，莊妃的兒子當上皇帝當然是她們樂見的事，而滿蒙聯盟關係重要，滿清要想南下征明，蒙古的支援是不能少的。

第六，豪格的母親不是五宮后妃之一，按滿洲舊俗是不能繼承大位的；而當時豪格又身為正藍旗領旗貝勒，畢竟與兩黃旗不同。兩黃旗的將領擁立「先帝之子」當然也未必非指豪格不可。

第七，多爾袞想出讓福臨為君，自己與濟爾哈朗共同輔政，應該不是當場的靈感，可能是事先設計好的，這與野史裡所說的「脅」、「餌之」也許有些關係，而且多爾袞的妻子又是莊妃的妹妹，正好說明莊妃可以對多爾袞施加多方面的壓力。

第八，多爾袞在處理福臨繼承大位的事件上相當成功，也提供給後人一個有價值的啓示：有實力參加鬥爭的人，如果不顧全大局，不捨棄一己的某些利益以彌合紛爭，凝聚力量，問題會變得更嚴重。多爾袞在當時若以武力奪得皇位，能否成功，還在未定之天，而清朝八旗力量大分裂是必然的，蒙古支持滿洲的力量也會因之減少，且不說後來入關統治中國，就是在關外的存在可能都會發生問題。

5 爭繼餘波

崇政殿宗親大會雖已決定了福臨出任國君；但是多爾袞與豪格兩人都有不甘心之感，因而又產生爭繼後的一些骨肉相殘慘事。

依照滿洲習俗，當新君即位時，諸王貝勒大臣都須對天發誓，表明效忠領袖。福臨被推舉為皇位繼承人，當然也不能例外，代善等親王貝勒先共立誓書說：

嗣後有不遵先帝定制，弗殫忠誠，藐視皇上幼沖，明知欺君懷姦之人，互徇情面，不行舉發，及修舊怨，傾害無辜，兄弟讒構，私結黨羽者，天地譴之，令短折而死。

接著大臣阿山、葉臣、英俄爾岱等也對天發誓說：

我等如謂皇上幼沖，不靖共竭力，如效力先帝時，而諂事本主，豫謀悖亂，讐陷無辜，見賢而蔽抑，見惡而徇隱，私結黨羽，構啓讒言，有一於此，天地譴之，即加顯戮。

此外，諸王貝勒大臣爲服從多爾袞與濟爾哈朗擔任攝政王也對天發誓，說些「如不折服者，天地譴之，令短折而死」的話。同樣的，多爾袞與濟爾哈朗也向大家表示他們會秉公輔政，決不「妄自尊大，漠視兄弟」，否則會「短折而死」。他們都對天發了重誓，理應相安無事，平安收場。可是沒有想到就在發誓後第三天，即八月十六日，代善的兒子碩託與孫子阿達禮叔姪二人，到處奔走，爲多爾袞游說，希望大家支持多爾袞當皇帝。他們肯定的告訴多爾袞：「王正大位，我當從王。」當然他們也向大家長代善表明心意。碩託等爲何如此從事這項活動呢？一方面因爲多爾袞沒有反對，另一方面是他們在皇太極時代都受到不好的待遇，特別是碩託幾次被降爵、削爵，心懷憤恨，因而反對皇太極家族再掌政權。代善對兒孫說得很清楚：「既立誓告天，何出此言？更勿生他意！」可是碩託等執意「策反」，結果代善只好大義滅親，將碩託等人的事正式向大眾宣佈，多爾袞見大勢已去，只好宣稱對此事「吾亦聞矣」，於是立即將碩託、阿達里叔姪二人逮捕，認爲他們擾亂國政，犯了叛逆大罪，「即縊殺之」，其他有關人等，多爾袞故意表示寬大，都免罪不法辦。這是福臨尙未登基前的一次血腥爭繼餘波。

碩託的「策反」事件以後，大家以爲局勢得到安定，新皇帝可以順利的治國登基了；可是就在舉行即位大典的前三天，即八月二十三日，又發生黃旗將領譚泰的「陰謀不軌」亂國事件。譚泰是正黃旗滿洲人，皇太極時代曾在攻明朝、打朝鮮、征蒙古的多次戰役中表現傑出，有十三戰皆捷的優良紀錄，是兩黃旗的模範將領。碩託事件發生後，他突然被人告發有叛逆陰謀，而告發人卻是多爾袞的同父異母兄弟巴布海。巴布海是努爾哈齊的第十一子，是宗室貴族，他以高貴身分告發一個八旗將領是不太合常情的。而多爾袞對這事件的處理更是不合常情，他竟將兄長巴布海等人處死，而保全了譚泰。巴布海在皇太極死前一年因批評朝政被革爵，他的不滿情緒可以想像。這次他投書多爾袞揭發譚泰，可能與碩託等合謀有關，並非壞事，多爾袞卻不顧眾人反對執意將巴布海處死，顯然是別有用心。他一口咬定巴布海「誣陷」譚泰，大概是碩託事件中譚泰被說服而倒向支持多爾袞，譚泰如果被證實站在碩託一邊想「策反」兩黃旗，多爾袞自身也將受牽連，兩黃旗人除追究譚泰外，也必然要追查「策反」事件與多爾袞的關係，多爾袞在誓詞中所稱的「弗殫忠誠，……私結黨羽者，天地譴之，令短折而死」一番話也會受到嚴重考驗。事實上，多爾袞殺了巴布海之後，對譚泰加以重用，與譚泰結成死黨，日後譚泰也被多爾袞利用來攻訐希福、索尼等黃旗元老重臣。到多爾袞死後被清算時，譚泰也以專橫等罪被處死，並沒收家產。從這些滿洲貴族權臣間的恩怨往事看來，似乎也可以了解爭繼的影響之深之大。

爭繼的事並沒有因碩託、巴布泰等宗室人等被殺而告終，在順治皇帝登基後又不斷的有餘波盪漾。首先反映在政壇上的是「西瓜偎大邊」現象，正如豪格所說的：索尼、圖賴等黃旗大臣將領，「向皆附我，今伊等乃率二旗附和碩睿王」，大家都轉向結好於多爾袞了。豪格在宗親大會決定皇位繼承人時說自己「福小德薄，非所堪當」，放棄了爭取的機會，事後懊惱萬分。現在眼看黃旗元老重臣紛紛倒向多爾袞，更是氣憤不堪，甚至公開的痛罵多爾袞，並詛咒他是「非有福之人，乃有疾之人，其壽幾何而能終其事乎？」不過，值得豪格安慰的是多爾袞的胞弟多鐸一度與他相好起來，並對他眞誠的表示「今願出力效死於前」。豪格當然還有一些死忠派的支持者，像俄莫克圖、楊善、伊成格、羅碩等人，他們一直謀劃擁立豪格爲皇帝，到福臨登基後的七個月，才被人告發，多爾袞毫不留情的以叛逆罪處理，將豪格派的重要人物都列爲「附王（按：指豪格）爲亂」的罪名，全部處死。豪格也被處以極刑，幸虧小皇帝向多爾袞泣涕求情，才免一死，不過豪格還是被罰了白銀五千兩，並奪去七個牛彔的人員，使豪格的實力大減，元氣大傷。

政治鬥爭是非常殘酷的，多爾袞對他頭號政敵豪格是不會輕易罷休的，他們之間的拚鬥史實，容待本書稍後再談吧。

6 福臨登基

在皇太極死後的半個月間，清廷確實經歷了困難而又危險的時刻，先是諸王繼統之爭，後又發生血腥的家族相殘事件，所幸都沒有動搖國本的過去了。崇德八年八月二十五日（一六四三年十月七日），爲了舉辦新君登極大典，政府執事大臣依照漢人禮儀舉行了祭天祭祖的典禮。參與的文武各官先齋戒三天，以示虔敬。當天由輔國公篇古代表小皇帝主祭，宣讀的祝文大要爲：先帝皇太極駕崩後，諸王大臣決議讓我福臨繼承大統，改明年爲順治元年，祈求「上天昭鑒，俯垂眷祐」。另外也向太祖努爾哈齊與其他祖宗宣讀了祝文，同樣的提到登基的緣由與改明年爲順治元年的事，希求祖先「俯垂默祐」。宣讀這些祝文，舉行祭告儀式，主要是對外宣示已經向上天與祖先備了案，新君福臨從此成爲正式合法的領導人。

第二天，八月二十六日，又舉行新皇帝的即位大典。當天一早，宗室親貴與滿、蒙、漢各族文武大臣，都齊聚瀋陽清宮篤恭殿前，恭候皇帝蒞臨。福臨由宮中坐上禮車，出東掖門，進入八角金殿，然後登上寶座。諸王大臣在皇帝到達時，一齊跪迎，入殿後出濟爾哈朗與多爾袞帶頭向新君行三跪九叩首禮，禮成之後，再由贊禮官員頒詔大赦。當時大赦詔書的內容約有：㈠略述努爾哈齊始建國家基業，功勞偉大。皇太極弘謨遠略，「不服者武功以戡定，已歸者文德以懷柔，拓土興基，國以滋大」。㈡皇太極死後，諸王大臣「以國家不可無主，神器不可久虛」，決議讓福臨繼承大統，以明年爲順治元年。㈢有關大赦的事項指明的有謀犯朝廷；焚燬宗廟陵寢宮殿；逃亡叛逆；蠱毒魘魅；竊盜祭天器皿及御用諸物；子孫殺祖父母、父母；鬻賣兄弟；妻妾告夫；內亂；殺人；聚黨劫財等大惡，向來不赦的，「今咸赦除之」。其餘一切死罪、囚禁隱匿偷盜及未完贓贖等罪，也都予以全部赦免。從大赦詔書文字中可見新政府是寬仁的，是要給人一種祥和新氣象的，希望新君、新朝廷將帶來新希望與新成就。

詔書宣讀完畢後，登基大典也隨之結束。諸王大臣與文武百官再一次的向皇帝行三跪九叩首禮，新君福臨隨後便坐上帝王專用的禮車回到殿後的宮中。即位典禮，至此順利完成。

在清朝官方的紀錄中，對這次登基大典還寫下一些有趣的花絮文字，值得一讀。

第一，提到福臨走出宮中到八角金殿時，因爲時值深秋，天氣變冷了，因此侍臣給了他一件貂裘，以免他受凍，可是他不要穿，拒絕了侍臣的好意。後來這位小皇帝說明了當時他未接受貂裘的原因，不是他不怕冷，而是貂裘襯裡顏色的問題。他對侍臣說：「適所進裘，若黃裡，朕自衣之；以紅裡，故不服耳。」這黃裡與紅裡是有大學問的，因爲當時皇帝應穿黃色或杏黃色的衣服，黃爲正色，從努爾哈齊晚年就講究，皇太極時代更明令規定過。同時皇帝是宗室之人，非覺羅族眾，理應用黃，而不能用紅。另外也有可能是皇太極去世不久，大喪期間，不宜穿紅的緣故。總之，這一記事說明了福臨年紀雖小，但已懂事，而且懂得一些習俗與制度上的大事。

第二，福臨在搭乘帝王專用的禮車去八角金殿參加即位大典時，他的乳母怕他年紀過小，身材不大，乘大車有危險，想一同與他上車，以便照料，可是福臨對她說：「此非汝所宜乘。」不許她上車。這又說明了福臨對尊卑制度與公私情誼是分別得很清楚的。

第三，福臨升上寶座之後，看到殿前滿是跪拜的宗室親貴與滿、蒙、漢各族文武大臣，他是小輩，感到有些過意不去，他立刻問身邊的侍臣：「諸伯叔兄朝賀，宜答禮乎？宜坐受乎？」侍臣回答說：「不宜答禮。」他已是皇帝了，確實不應對臣工們答禮，不過他的童心還很純眞，對長輩們還充滿尊敬之情。

第四，登基大典結束後，福臨堅持要請大伯父和碩禮親王代善先離開，以示尊敬，然後自己才「升輦入宮」，可見他在國家與家庭禮節上處理得很有分寸。

以上種種不過是史官們對小皇帝的溢美之詞，相信未必是當時的實況。不過清代官書裡都記錄了，我也就寫記在這裡，供讀者諸君參考欣賞吧。

7 即位後的內外情勢

當滿洲興起以及其後建立大清皇朝之時，統治中國二百多年的明朝已步上亡國之途。龐大的國家統治機構逐漸失去早年的機能與效率，處處顯得腐敗無能，國庫也日益空虛，人民更是窮困日甚，軍隊的實力尤其一落千丈，以往無論是邊疆或內地，一有警訊動亂，可以很快平定，但到末季情況大異了。東北邊區的滿族不僅無法控制，而且所有戰事幾乎都是連連敗北。內地人民的動亂也是一樣，花數十年時間，傾全國之力，也不能平息各地民變。明朝的政治、軍事勢力衰落，相對的給了滿清與內地民變很好的發展條件。

儘管滿洲八旗大軍連克遼河東西數以百計的城鎮，儘管中國內地農村的流民大軍像決堤洪水似的沖毀了很多明朝軍事重鎮，但明朝家大業大，整體門面尚能維持。然而到皇太極去世的前後期間，情勢大有改變。關外松錦大戰的失利，證明了東北軍事的完全破局，毫無重振旗鼓的轉機。而崇禎十六年（一六四三）九月河南郟縣的流民兵大勝，殲滅陝西統帥孫傳庭的主力軍隊，更說明了明朝的滅亡在即，這時正是皇太極死後約一個月的光景。李自成的大軍經過攻克襄陽、荊州、德安等地的勝利，郟縣的大捷，隨即在同年十一月便攻破了潼關，佔領了西安，然後分兵攻打漢中、榆林、甘肅，並在同年年底據佔西北全境以及河南中、西部與湖廣的幾十個府縣。另一支大軍由張獻忠率領，進入湖廣，破漢陽、克武昌，轉戰湖南、江西、湖北、四川數省，給明廷重創，也嚴重的使明朝失去了最後的生機。

在當時明朝、流民軍與滿洲這三角政治勢力角逐下，流民軍的節節勝利固然給明朝致命的打擊，而關外的滿清也不願浪費時間，坐失良機。皇太極在死亡前已取得了松錦大戰的勝利，摧毀了明朝孤注一擲的十三萬大軍。他的死亡確實一時影響到軍事行動，但皇位繼承紛爭解決之後，大清的領導人立即恢復國家的發展事業，開始對明朝從事軍事行動了。

福臨登基後的半個月，即崇德八年（一六四三）九月十一日，輔政王濟爾哈朗與武英郡王阿濟格率領八旗大軍，帶著紅衣大砲與各種火器自京城瀋陽出發，向關外明軍據點進攻。當時明朝在關外的戰略要地已不多了，除重鎮寧遠之外，還有附近的中後所城、中前所城及前屯衛等處。濟爾哈朗等此次出兵，顯然不以寧遠大城為目的，因為那邊的守將吳三桂擁有一支勁旅，而且他也是有戰鬥能力的將官。吳三桂是祖大壽的外甥，祖家一門大小數十人都已降清，清廷是可以利用祖家力量勸降吳三桂的，所以濟爾哈朗等於九月二十四日先攻中後所城，經過一夜激戰，明兵就潰逃了，清軍擒斬明軍將領二十多人，殺死守軍四千五百多人，俘獲四千多人，可以說很順利的就攻克了中後所。九月二十九日至十月一日的兩天期間，前屯衛又被清兵攻破，明軍將官三十多人被殺，軍士死難的四千餘人，二千多人被俘，又是一次輕易結束的戰役。中前所見中後所、前屯衛諸城陷落，守城總兵棄城而逃，清軍不戰而勝。

這次軍事行動，前後共進行七、八天，清軍攻無不克，明軍則連遭敗績，表明了八旗軍在關外已是「天下無敵」了。濟爾哈朗等沒有再攻打吳三桂防守的寧遠孤城，留待以政治手段解決，清軍於十一月中凱旋歸返瀋陽。

多爾袞與濟爾哈朗的這次出兵行動，一方面是轉移皇太極死後政壇上互爭人士的注意力，使政爭一時趨於平靜。二是解決松寧大戰後遺留的問題，使寧遠完全孤立，以實現清朝當時對關外局面的控制。三是打一場有把握勝利的小據點攻擊戰，以提高輔政二王的地位與聲譽。吳三桂因為守住了孤城，向明廷呈報「穴中自鬥，而匆忙撤離」的說法是不正確的。

清廷在發動戰爭前是發生了「自鬥」事實，但濟爾哈朗的班師瀋陽應該是別有原因的。例如前屯衛等三城雖被一舉攻得，但滿洲人的藉戰爭取財貨的目的並沒有成功，因為據當時在瀋陽的朝鮮人說：「城中公私家舍一齊放火，……資糧機械亦皆燒盡。」明朝軍人採取了堅壁清野的戰術，使八旗軍破城而空無所獲，以至於八旗軍回瀋陽時「人馬飢疲，……無人畜財貨輸運之物」，不得不速還「以爲休養進取之計」。又如朝廷中不僅諸事紛繁，濟爾哈朗不能久留之外，同時多爾袞又有了新的發展權力計劃，需要二位輔政王一同會商與推行，濟爾哈朗回師是必要的。什麼發展計劃要濟爾哈朗共同參與呢？史實很快就說明了：

同年的十二月十五日，多爾袞與濟爾哈朗召集諸王、貝勒、貝子、王公大臣會議，向他們宣佈說：

前者眾議公誓，凡國家大政，必眾議僉同，然後結案。今思盈廷聚訟，紛紜不決，反誤國家政務。我二人當皇帝幼沖時，身任國政，所行善惟我二人受其名，不善亦惟我二人受其罪，任大責重，不得不言。方先帝置我等於六部時，曾諭：「國家開創之初，故令爾子弟輩暫理部務，俟大勳既集，即行停止。」今我等既已攝政，不便兼理部務，我等罷部事，而諸王仍留，亦屬未便，今欲概行停止……。爾大臣以爲何如？

以上宣佈的這項內容，有幾點值得我們注意：

第一，朝鮮人在繼統之爭時的記事中說：多爾袞與濟爾哈朗願幫助小皇帝，「左右輔政」，現在他們在召集諸王大臣宣佈此一政府改制的重要政策時，卻稱「今我等既已攝政」。除非是朝鮮人當時用字不當，否則就是多爾袞等在當權不到四個月之時，身分已由輔政變爲攝政了。

第二，兩位攝政王是向清朝當時的滿朝親貴文武大臣宣佈，今後國家的決策大權不再由眾貝勒大臣公議，而是由兩位攝政王全權處理。

第三，國家重要行政部門吏、戶、禮、兵、刑、工六部，今後也不再由王、貝勒、貝子、公等天生的貴族兼理，而是由六部的長官尙書負責。

總之，這次改變政體的宣佈，就是讓攝政王擁有國家最高決策權，也掌握國家的行政權，中央集權從此得到進一步的發展、八旗親貴的旗權也因此進一步的受到減弱。

多爾袞等如此擴張自己的權力，當然有很多人不滿。他用像是民主的口吻問：「爾大臣以爲何如？」大臣們那敢抗拒，只好回答：「王所慮誠是。」不過問到豪格與多鐸等人時，回答就有些不中聽了。他們的答覆是：「承王問，若輒稱是，恐以爲憚任部務，樂聞此言。若不對，又恐以爲有所不快。……眾皆定議以爲然，我等無不遵者。」答覆得極爲勉強。而且負氣與不悅之情，溢於言表。

不僅如此，在兩天之後，多爾袞等又諭令都察院各官：「爾等俱係朝廷風紀之官，向來諸王、貝勒、貝子、公等辦理國政及朝謁勤惰，原屬吏部稽覈」，從今以後，「官員聽之吏部，王貝勒等應爾衙門稽察，有事應糾參者，須據實奏聞，方為稱職」。並且要求各部尚書、侍郎等「克矢公忠，有見即行，勤勞罔懈」。這又是一種集權中央的手段，減少宗室親貴干預政事，讓攝政王更為名副其實的掌握大權。

以上集權措施，表面上看是多爾袞與濟爾哈朗二人通力合作做的，也可以說他們二人配合得很好。不過，朝鮮人早就看出多爾袞已處於支配的地位，權勢比濟爾哈朗高。他們說：「刑政拜除，大小國事，九王（按：指多爾袞）專掌之。」果然到集諸王百官大權於攝政王之後，在第二年正月間，濟爾哈朗向內三院、六部、都察院、理藩院等單位堂官說：

> 嗣後凡各衙門辦理事務，或有應白於我二王者，或有記檔者，皆先啓知睿親王。檔子書名，亦宜先書睿親王名。

從此多爾袞一人專政的執政格局形成，大清的政權內部也漸趨穩定了。

8 明亡前後的流民軍與清軍

明崇禎十七年，清順治元年，西元一六四四年，在中國史上是個很特別的一年，因爲明朝首都陷落、北明覆亡於這一年，清朝大軍入關，定鼎北京統治中國也在這一年，領導民變的流民軍領袖李自成也在這一年建元稱帝，國號名爲大順，而最先推翻明政權的是李自成，不是順治皇帝或多爾袞。

這一年的元旦日，李自成在西安正式建國，國號大順，年號永昌，他是大順皇帝，封宋獻策爲軍師、牛金星爲丞相，並仿明朝中央制度，設六政府，各政府設尚書一人、侍郎二人，辦理政務。同時又開科取士，網羅人才，儼然有大國規模。遠在瀋陽的清朝，元旦日也正常的舉行很多典禮，如小皇帝福臨一早就到堂子裡去祭拜，還宮後又去祭神，接著在八角金殿中接受諸王、貝勒、貝子、王公大臣們的朝賀，蒙古外藩也有多人參加了典禮。朝鮮使臣也來進賀表、貢方物。這天因皇太極去世停止筵宴，但一切氣氛正常。正如大順朝廷一樣，充滿了新興旺發的景氣。可是在北京的明朝，天氣異常，吹起少見大風，而在安徽鳳陽發祥地的祖陵一帶地區又發生不常有的地震，一般人都覺得不是吉祥之兆。崇禎皇帝這一天也曾視朝上班，不過大臣們人心惶惶，朝班混亂。

正月初八日，李自成親率大軍從西安出發，直向北京。當時兵分兩路，一由山西，一由河南。山西軍於二月初二日攻克汾州，初三日陷懷慶，初八日破太原，隨後連下忻州、代州，眞有破竹之勢。只在寧武關遇到明朝三關總兵周遇吉的抵抗，幾經激戰，至三月初一日才攻下寧武關，其後於初七日大同總兵姜瓖來降，第二天，宣府監軍太監杜勳與總兵王承胤又來獻城，戰事頗爲順利。另一路河南軍也攻克彰德、眞定、大名。明朝首都已危在旦夕了。

李自成在攻克太原以後，曾發佈了他的〈討明詔書〉，歷數明朝的種種罪惡，指出「臣盡行私，比黨而公忠絕少」、「公侯皆食肉紈絝」、「宦官悉齕糠犬豚」、「獄囚累累，士無報禮之心；徵斂重重，民有偕亡之恨」。最後他希望明朝君臣「體天念祖」，衡量時局，早日歸降，當有好的回報。

面對李自成的大軍壓境，明朝中央也研究對策，有人建議遷都南方，「可緩目前之急，徐圖征剿之功」。有人想出「太子南行，皇上固守（北京）」之策。有人主張傾全力出討，包括皇帝御駕親征。也有人認爲下令吳三桂棄寧遠率兵入關來京師，與其他勤王師會合，必能擊敗流民。崇禎皇帝是個好猜忌而又多疑心的人，大臣們不敢堅持己見，皇帝又猶豫不決，結果浪費寶貴時間，而一無良策可行。其間雖有大臣李建泰自告奮勇，力請督師出征，但不堪一擊而自身反成了俘虜。最後在情勢緊迫下，崇禎皇帝決定調吳三桂入京勤王。

三月十五日，大順軍入居庸關，密雲總兵唐通與監軍太監杜之秩投降了李自成。居庸關是北京西北的門戶，因此大順軍便毫無阻擋的可以直逼北京城了。十七日，李自成的大軍抵北京城下，列隊環攻。第二天，「砲聲不絕，流矢雨集」，大順軍派投降太監入城勸降，崇禎皇帝遲疑未答，當晚負責防守彰儀門的太監曹化淳開門出降，崇禎皇帝後來聞訊登上煤山（今景山）。十九日黎明，流民軍將領李過、劉宗敏等人先行率兵入北京城，安撫百姓。當天中午李自成也由德勝門進入明朝皇城，而崇禎皇帝卻在他們入城前自縊於煤山殉國了。

吳三桂在三月十日左右就已經起程來「勤王」，但他的行軍速度過慢，有時一天只行走幾十里，當他走到豐潤城時，已是三月二十日，北京已在前一天由大順軍佔領了。他因此停止進兵，轉馬回頭到山海關駐守，考慮自己下一步應變的方式。大順君臣進入北京之後，根本沒有想到吳三桂的問題，他們有的安定政局，有的安置明朝降官，有的忙於佔住高門大宅，像劉宗敏等輩則以徵歌逐妓、追求享樂爲務。不久之後進行追贓助餉行動，逮捕故明勳戚大臣八百多人，刑訊逼贓，限額限期的命被捕官員繳納銀兩，吳三桂的父親吳襄也被劉宗敏收押，「索餉二十萬兩」。愛妾陳圓圓原是蘇州名妓，劉宗敏在「狎妓歡笑」之餘，又將陳圓圓收入府中。大順朝的文武官員，甚至兵士都在京中攫取民財，盡情享樂，大家「腰纏既富，人多鄉井之思，絕無赴敵之氣」。而北京一時成爲黑暗恐怖之城，社會秩序大亂。

李自成在京中稍事安頓之後，感到「各鎭將皆降，三桂道未通」，他就派了唐通等人帶兵往征。但他低估了吳三桂的實力，唐通上陣後被三桂擊敗，這才使李自成了解「吳三桂是一驍將，……而遼東勁敵又使我衽席不安」，經過與謀臣商議後，決定以政治方式解決，即派人去招降。李自成找出吳三桂的父親吳襄以及「老師」張若麒出面，曉以大義，動以溫情，並送去犒師銀兩四萬以及贈三桂私人白銀萬兩、黃金千兩，另外又有敕書一道，封吳三桂爲侯爵。吳三桂眞被李自成的高情厚意打動了，願意接受父親的勸告，投效大順朝。三月底，他將山海關的防守任務交給了唐通，自己率領兵馬進京謁見大順皇帝李自成。吳三桂顯然是決心投效大順的，他在路上還大張告示說：「本鎭率所部朝見新王，所過秋毫無犯，爾民不必驚恐。」不過，在四月初四日當他行抵永平西沙河驛時，有個從北京逃出的家人來告訴他父親已被捕，愛妾陳圓圓被劉宗敏掠去，這給他刺激很大，並懷疑到自己返京是否能得善待的問題。有些書裡說他「大丈夫不能保一女子，何面目見人耶！」因而「衝冠一怒爲紅顏」，當即下令揮師重返山海關。唐通沒有想到吳軍又突然回來，毫無戒備，於是被三桂擊敗，僅率八騎逃回北京。李自成與劉宗敏等人的錯誤政策，致使吳三桂降而復叛，大順朝的日後滅亡也是自食其果了。

李自成得悉吳三桂重返山海關，後來又殺掉派去的使臣，進而有募兵備戰「討賊」的消息，乃別無選擇的發兵討伐。

我們再看清朝方面，他們當然知道明朝國內有流民的動亂事件，早在皇太極時代就想與流民軍合作一起消滅明朝，不過始終沒有聯絡上。多爾袞攝政後，也從蒙古人口中得悉流民軍攻打陝西等地的信息。順治元年正月，多爾袞派人到陝西與流民軍聯繫，並帶去一封如下的函件：

……茲者致書，欲與諸公協謀同力，並取中原，倘混一區宇，富貴共之矣，不知尊意何如耳？

不過，李自成的軍事行動進行得特別順利，根本不需要和「夷人」聯合滅明，而且事實上他在三月十九日已進入了北京，取得了滅明的優先權。多爾袞原擬四月間「大舉進討」明朝的，可是在三月底就得了流民軍入京的消息。多爾袞爲對付新局勢，立即召開緊急會議，並請漢人謀士范文程等來參加。范文程是歷經清初三朝的老臣，他向多爾袞分析流民軍人數雖多，但不易成功，尤其他們逼死崇禎必遭天怒；刑辱縉紳、拷掠財貨必遭士忿；掠民資、淫人婦必遭民恨，有此三者，必定失敗。他又建議如想統一中國，「非乂安百姓不可」。後來范文程更上千言書一份給多爾袞，他認爲這是攝政諸王建功立業的大好機會，明朝已亡，「土地人民不患其不得，患我既得而不能有也」。現在是與流民兵爭天下之時，戰事流民兵決不如我國，招撫百姓我國不如流民兵，所以必須要選任賢能者安撫人民，還要秋毫無犯，「官仍其官，民仍爲民」，如此華北各地就輕易可得了。范文程從思想上給多爾袞等人入關奪權的信心，也提出了具體的方案。多爾袞採納了范文程的意見，親率大軍入關奪權。他當時還不清楚吳三桂降而復叛的實情，因此他仍決定沿皇太極時代的入關路線，不由山海關而從內蒙地區直趨長城。當他兵渡遼河之後，突然想到洪承疇對李自成的流民兵有作戰經驗，乃徵詢他的看法。洪承疇也提出與范文程類似的建議，勸清兵重樹形象，做到「不屠人民、不焚廬舍、不掠財物」，以順民心、招百姓。他又認爲李自成等「今得京城，財足志驕，已無固志，一旦聞我軍至，必焚其宮殿府庫，遁而西行」。這一點是范文程沒有想到的，而這經驗之談事後得到相當程度的驗證。他又向多爾袞提供馬步兵對流民兵作戰的周全方法，靈活機動，易於成功。范、洪二人的建議實在又一次的爲清朝作出具有關鍵意義的決策，而更重要的是多爾袞完全信賴他們，勇往直前，爲大清的入主中國建立了奇偉功勳。

吳三桂在與李自成決裂後，知道流民兵必來攻打。他想到清朝不斷向他釋出好意，而他又有很多親戚、好友在清朝任官，所以在形勢日益緊張時，他在四月中旬致書多爾袞請兵相助。他以「亡國孤臣」的名義向清朝「借兵」，不是向清朝投降，他稱清朝爲「北朝」，而自稱「我朝」。信中又說：「滅流寇於宮廷，示大義於中國，則我朝之報北朝者，豈惟財帛？將裂地以酬，不敢食言。」可見吳三桂當時還沒有降清的跡象。

多爾袞後來得到此信，乃改變繞道山海關由內蒙入關攻打的初衷。四月十三日，李自成也親率大軍六萬出京師，經密雲、過永平，直趨山海關，決定大順朝、清朝與李自成、多爾袞以及吳三桂未來命運的山海關大戰就很快爆發了。

9 決戰山海關

當多爾袞接到吳三桂的來信時，發現信中要求他從喜峰口、龍井關以及牆子嶺、密雲等處入關，這正是清軍原來出兵入關的路線。多爾袞覺得吳三桂既急於請兵，何以不讓清軍直赴山海關呢？他懷疑吳三桂有詐，甚至「有窺遼之意」，因此他改變進兵路線，立即命令錦州一帶駐軍，攜帶紅衣大砲向山海關進發。隨後他自己也率領大軍，經西拉塔拉，改道走到山海關的方向。多爾袞在途中派人送信給吳三桂，文字表面很客氣，但實在就是一封招降書，說到「今伯若率眾來歸，必封以故土，晉為藩王，一則國仇得報，一則身家可保，世世子孫，長享富貴，如河山之永也」。四月二十日以後，多爾袞加速趕到寧遠北方的連山驛，其時李自成已即將攻打山海關了。吳三桂在情急之下又派人送了第二封信給多爾袞，提到「已迫旦夕，且急願如約，促兵以救」，多爾袞乃下令大軍星夜趕路，日夜兼程，先駐軍於離山海關百里外的沙河驛，這是清方的說法。四月二十一日，清軍又趕到山海關十里外之地，接到吳軍來人報告，說「賊已出邊立營」。多爾袞即下令精兵上陣，在一片石地方首先遇到唐通的部隊，人數不多，很快被清軍擊敗。當時聽到山海關內隱約傳來的砲號吶喊聲響，多爾袞不知關內情況，乃與胞兄弟阿濟格、多鐸說：「不如分兵固守，以觀動靜。」然後八旗兵「披甲戒備」，「高張旗幟，休息士卒」，「蓄銳不發」，一面派人去吳三桂營中打聽情形，以免上當。

在大順軍方面，李自成可能對吳三桂還存有可以招撫的心理，他從京中出發時，把吳三桂的父親與明朝宗室子孫多人帶在軍中，以便勸說吳三桂投降。沒有想到吳三桂下定了決心，他先派出了屬下與親信來李自成處詐降，以拖延時間，好與清軍聯絡與談判。因此李自成於四月十八日到達永平後，並沒有進一步向山海關發動攻擊，後來發現詐降的將官陣前逃脫，才下令急攻山海關，石河大戰也就此爆發了。

山海關是「萬里長城第一關」，古稱榆關，是長城東部的起點，關城南臨渤海、北依燕山，橫亙遼西走廊，東西爲入關門的必經之道。當時的山海關除縣城之外，四面分別是東、西羅城和南北翼城，起著拱衛縣城的作用。其中除南翼城偏近大海之外，其餘三城都是縣城的屏障。李自成兵抵山海關後，即佈置大軍攻擊這三個城堡。由於西羅城面向關內，前有石河，因此兩軍首先在這裡接戰。二十一日，從上午辰時開戰，一直殺到中午，歷時四、五個小時，流民兵力戰得勝，後來又以騎兵過陣奔殺，西羅城情勢十分危急。吳三桂又以詐降騙了流民兵，緩和了戰事。守軍後來偷襲流民兵，而城上又以大砲猛轟，戰局轉危爲安，流民兵攻取西羅城的行動可謂功敗垂成。

李自成的部下同時也有進攻北翼城與東羅城的。北翼城的守將冷允登拚命抵抗，流民兵則「日夜狠攻」，一時守城官兵軍心動搖，竟有人企圖作流民兵的內應。冷允登急忙「禦寇防奸，內外兼顧」，相當辛苦，北翼城眞是岌岌可危。東羅城的情形也不樂觀，因爲吳三桂的主力大軍佈陣在石河一帶，東羅城乃由士紳馬維熙等人率鄉勇守城，據說當時東羅城「孤當賊衝，危急勞瘁，倍於兩城」，所以隨時會被流民兵攻破。

吳三桂見各城情形不妙，乃緊急向清軍求援。據《明季北略》一書所記：這一天「三桂遣使者相望於道，凡往返八次」。其中還包括山海關士紳余一元等五人的代表團去與多爾袞會商，多爾袞以禮相迎，「賜坐賜茶，款接溫藹」。士紳們會後對多爾袞觀感極佳，有感激涕零的，認爲「煌煌十數語，王言實大哉！」雙方可以說建立了互信的基礎。多爾袞隨即命范文程隨兵士們回山海關，「曉諭軍民」，表示清軍即刻便來參戰，以鼓舞士氣。同時也傳達給大家清軍此來的目的是爲崇禎皇帝發喪，八旗兵會嚴守軍紀，決不擾民，用以安定民心。

范文程此行對吳三桂軍心確實起了鼓舞的作用，山海關的人民也殷盼清軍快來參戰。士紳們也對多爾袞極有信任感，吳三桂不得不出面表示。二十二日天剛亮，吳三桂率五百騎突圍出關，到歡喜嶺拜見多爾袞。在營中多爾袞與吳三桂對天盟誓，以白馬祭天，烏牛祭地，雙方歃血斬衣，折箭爲誓。儀式相當莊嚴隆重。多爾袞與吳三桂相約吳軍「各以白布繫肩爲號，不然，同係漢人，以何爲辨，恐致誤殺」。吳三桂在盟誓後即返山海關，多爾袞也召集王公大臣們訓誡說：「爾等毋得越伍躁進，此兵不可輕擊，須各努力，破此，則大業成矣！」

李自成從戰敗的唐通報告中得悉清軍也來參戰了，所以石河之戰他知道「成敗待此一決」。他把大軍北至山、南至海，排成一字長蛇。吳三桂也「悉銳而出」迎戰。清軍則以阿濟格爲左翼、多鐸爲右翼，各率兵萬餘人，多爾袞則率領主力，從山海關中門進，入赴石河西部。清代官書《清實錄》描寫這場惡戰的情形說：

> 是日，大風迅作，塵沙蔽天，咫尺莫辨。……及進兵，令軍士呼噪者再，風遂止，各對陣奮擊，大敗賊眾。

不過，據同時代與稍後的私人記載中所記，則有較爲詳盡的報導，如劉健的《庭聞錄》與彭孫貽的《流寇志》兩書，他們說戰爭時金鼓與吶喊之聲，遠傳百里之外，李自成先命部眾包圍吳三桂，在兵數不及流民兵、戰鬥力也不強過流民兵的情形下，吳三桂無法突圍，「陣數十交，圍開後合」，而「砲聲如雷，矢集如雨」，吳三桂恰似甕中之鱉，根本無法脫身。經過大半天的苦戰，吳三桂弱勢畢露，情況萬分危急了。正在此時，多爾袞銳兵突至，白旗騎兵二萬從吳三桂右側上陣，「萬馬奔騰不可止」，流民兵也因此落居下風。多爾袞除了兵分三路銜住流民兵的長蛇陣要害外，又趨吳三桂軍與流民軍苦戰半日、傷亡極眾、體力耗損殆盡時參戰，當然不是流民兵所能抵擋得了。李自成又先率自己的部隊逃跑，流民兵因而陣腳人亂，一敗而不可收拾了。清軍乘勝追擊四十多里，陣獲許多駝馬緞幣。《明史》裡還說：流民兵在這場戰爭中被殺的無計其數，投水溺死者也不知凡幾，尸橫遍野，溝水盡赤。

當天夜晚，戰事完全結束了，各方動員總數約四十萬人的大軍，慘烈戰鬥了兩天一夜，終於劃下了休止符。

石河之戰激烈而淒慘，據當日目擊者說：戰役中「凡殺數萬人，暴骨盈野，三年收之不盡也」。直到康熙年間，還有人作詩憑弔當年的激戰說：「二十年前戰馬來，石河兩峰鼓如雷。至今河上留殘血，夜夜青燐照綠苔。」以上是文人與詩人的看法，歷史家則以為山海關石河之戰，乃劃時代的歷史大事，也預示了很多人的命運與歷史地位。李自成因此次敗績，注定了他的日後敗亡。吳三桂雖戰勝流民兵，但確定了他是歷史罪人的身分。而多爾袞則是此次戰爭的最大贏家，他不但爲他個人寫下了生平事功成就的新頁，也爲他樹立了正面的形象，更爲大清帝國入關統治中國奠定了成功的基礎。

10 多爾袞入北京

李自成自從兵敗山海關後，先退到永平，稍稍整頓兵馬，準備與敵軍再戰；但是隊眾已軍心渙散，連將領也有拒不聽命的。四月二十三日與吳三桂的追兵再戰，又告失利，士氣已完全不堪用了。李自成在永平西邊二十里處的范家莊，殺了吳襄，然後撤兵，於二十六日退還北京。當日吳三桂帶兵窮追，在京城附近與劉宗敏等人的流民兵發生決戰，劉宗敏負傷，大順軍再嘗敗績。

四月二十八日，吳三桂率兵進至京城近郊，發出文告，通告士民百姓，他們的「義軍」不日即可進入北京。北京城裡的明朝遺臣與百姓，經過李自成的恐怖混亂統治，聽到吳三桂即將收復首都，大家都重燃心中的希望之火，有人更認為明朝中興在即了。

李自成返回京城之後，聽到城裡有人歌唱：「自成割據非天子，馬上登基未許年。」心中甚爲不快。四月二十九日，他毅然下令要即皇帝之位，舉行隆重典禮。這天是崇禎皇帝死後的第四十天，他在武英殿行大禮，立妻子高氏爲皇后，追尊七代祖妣爲帝后，派大學士牛金星代行祭天禮，並由六政府各頒一份詔書，宣佈以今年爲大順元年。李自成身穿袞冕，受百官朝拜。由於當時情勢緊張，即位儀式草草了事，並立刻著手撤離北京，命令全軍整束行裝，收拾宮中未帶完的寶物，隨軍而行，不少金飾已熔成金餅，也同時運出北京。更可怕的是他下令軍士將木材、硝磺、桐油搬到各宮殿，用火焚燬，並燒及九門城樓。五更時分他帶兵撤離北京。《平寇志》與《國榷》等書中都說：當時北京各宮殿火光燭天，照耀得像是白晝。

李自成在主宰北京四十一天之後，狼狽的並帶著滿身燒殺罪惡的離開了北京，他只當了兩天的「正式」皇帝，時間的無情，命運的變化，眞教人感嘆深思！

吳三桂本來是想進入北京看看家人的，多爾袞怕他返京會橫生枝節，下令叫他隨阿濟格等人一同帶兵去追殺大順軍，吳三桂只好無奈的踏上西北的征途；事實上，他留京的家口三十多人都已經被李自成下令殺光了，只是當時他還沒有得到消息罷了。

多爾袞則帶兵積極的向北京挺進，並在沿途表現出奇的文明。他不僅重申軍士不能亂殺無辜、不能擾民的軍令外，並以眞誠的行動取得漢人官員兵民的信任。他強調清兵入關的目的是「爲爾復君父之仇，非殺爾百姓，今所誅者惟闖賊也」。而不反抗的人「官者歸來復其官，民者歸來復其業」，這些許諾也都做到了，所以「中原人士無不悅服」。

據《清實錄》等書記載，多爾袞自四月二十五日至五月初一日的七天當中，從撫寧縣，經昌黎、灤州、開平、玉田、薊州、通州至北京附近，都對各地出城往迎的地方官賜袍服，仍令他們照舊供職，並令他們發倉賑濟人民，而清朝八旗兵決不入城，只在城外宿營，可以說對人民關注萬分，讓社會秩序保持安定。

五月初二日，多爾袞率兵離開通州，不久北京城便映入了他的眼簾。由於吳三桂在文告中說他將與明朝太子一齊回北京，京中人士都歡欣的等待，以爲吳三桂與太子回京會重建大明政府，不少大臣都在寺廟中爲崇禎皇帝設立靈位，發喪哭臨。他們率領百姓在朝陽門外等待，錦衣衛指揮駱養性還準備了鑾儀法駕，百姓也有跪伏道旁，燒香拱手爲禮的。但是從北方來的大軍既無太子，也不見吳三桂，而是一大群八旗兵擁護著一位「胡服、頎身者」的滿族將領，他就是攝政王多爾袞。「臣民相顧失色」，非常驚訝。有些有氣節的官員乘人不注意時悄悄的離開了，也有官員將錯就錯的歡迎多爾袞了。多爾袞對大家說：「我攝政王也，太子隨後至，爾輩許我主否？」當時都門上已遍插了八旗兵的軍旗，百官在驚恐下默認了現實。人群中有請多爾袞乘輦進城的，多爾袞則推辭說：「我是效法周公輔佐幼主的，不該乘輦。」眾人叩頭請求，並說：「周公也曾負扆攝國事，今宜乘輦。」他隨即拜天，行三跪九叩首禮，又向關外盛京的皇宮行三跪九叩首禮，然後乘了帝王專用的禮車到武英殿，坐上寶座，接受故明大小官員以及宦官七、八千人的朝拜，據說還有「伏呼萬歲」的。

就這樣在一片歡呼聲中，多爾衮順利的進佔了北京城。

11 穩定華北局勢

多爾袞進入北京之後，由於京城裡連續更換統治領導人，加上漢人具有牢不可破的夷夏之防，人心很是浮動，社會極度不安。清朝的攝政王與文武官員們從一個小的地方政權突然改換爲中央統治，確實有著茫然不知所措的感覺。畢竟多爾袞是一位傑出的軍事家與政治家，他在文武臣工的協助下，使京中與華北地區的局勢逐漸穩定了下來，清朝在中原的統治地位逐漸鞏固了。

多爾袞穩定當時的局勢可以從兩方面來說，一是軍事方面的，那就是追擊李自成等人的流民兵與平定地方上因改朝換代帶來的零星動亂。對流民兵他決心要除惡務盡，不能讓這股敵對勢力存在。對盜賊與流散流民兵在地方上的作亂，他是先以招降安撫爲主，必要時才用武力去解決。另一方面是政治性的措施，他認爲更重要，否則不能收拾人心，不能在中原安穩立足。他是如何以政治手段來達成穩定局勢的呢？我以爲可以從兩個層面上看。從五月初入京，多爾袞就不斷主動的頒佈文告，向人民解釋他們的立場與主張，並不斷爲明朝官員與人民維護權益，減輕經濟負擔，使大家能安居樂業。例如：

五月初三日，多爾袞入京後的第二天，諭令兵部：「薙髮歸順者，地方官各陞一級，軍民免其遷徙」；「朱姓各王歸順者，亦不奪其王爵，仍加恩養」。同一天，又降諭故明內外官民人等說：「各衙門官員，俱照舊錄用。……其避賊回籍、隱居山林者，亦具以聞，仍以原官錄用。」「兵丁願從軍或願歸農者，許該管官送至兵部，分別留遣。」「我朝臣工，不納賄，不徇私，不修怨，違者必置重典。」

五月初四日，多爾袞下令：「官民人等爲崇禎帝服喪三日」，「禮部、太常寺備帝禮具葬」。

五月初六日，多爾袞下令：「凡強取民間一切細物者，鞭八十，貫耳。」這一天因爲正黃旗下屬人殺了百姓人家的狗，狗主拒抗，又遭到箭射。在多爾袞的嚴令下，斬殺了射箭的人，其餘參與的各鞭一百，貫耳鼻。事實上，在入京之時，爲了安定民心，多爾袞就下令大軍駐城外，不准隨便入內，「軍兵之入民家者，論以斬律」。連軍人做飯也只能「於道傍埋鍋而爨」，不得「入百姓家者」。

五月十一日，多爾袞再降諭對流民兵與爲亂地方的人不究既往，一概寬宥，希望他們剃髮歸降，改行安業。

五月二十二日，以禮葬崇禎皇帝及其后妃、公主等，「仍造陵墓如制」。

五月二十四日，多爾袞收回成命，不強調剃髮之事。他說：「予前因歸順之民，無所分別，故令其薙髮，以別順逆。今聞甚拂民願，反非予以文教定民之本心矣。自茲以後，天下臣民，照舊束髮，悉從其便。」

六月十六日，多爾袞派遣官員祭先師孔子。

六月十七日，多爾袞下令官員在京城內調查，「鰥寡孤獨、謀生無計及乞丐街市者，著一一察（查）出，給與錢糧恩養」。

六月十八日，爲安邦撫民，多爾袞下令禁止造言謠惑，以維社會治安。

六月二十日，多爾袞諭內外官員要「盡洗從前貪婪肺腸，殫忠效力」，爲國家與人民服務。

六月二十七日，派大學士馮銓祭故明太祖及諸帝。

七月十七日，多爾袞下令廢除明末遼餉、剿餉、練餉等額外攤派，以減輕人民經濟負擔。

七月二十九日，多爾袞再降諭求賢德人才。

以上是多爾袞入北京後三個月中的一些政令，對當時不安定的京城與華北地區顯然是有好的正面作用的。若是從另一個層面上看大臣們陸續送達的奏疏，其中的建議對穩定局勢也是大有助益的，而多爾袞的處理態度，更是值得我們注意。例如：

五月十八日，保定副將王應登等條陳七事：一立綱紀、二任賢良、三靖遺寇、四申招撫、五和兵民、六重農務、七懲貪婪。多爾袞「是其言」，也就是同意他的看法。

六月初二日，大學士馮銓、洪承疇說：「國家要務，莫大於用人行政。」他們以爲內閣票擬制度不錯，希望以後應仿明朝的做法，「用人行政要務，乞發內院擬票，奏請裁定」。多爾袞也「是其言」。

六月初四日，河南道御史曹溶啓陳六事：一定官制、二議國用、三戢兵丁、四散土寇、五廣收羅、六通煤運。這些建議都是當時最切要的國家大事，多爾袞批道：「下所司知之。」讓有關單位了解執行。

六月初八日，戶科右給事中劉昌上奏，談到健全政體制度的十項大事：一立規模、二審廟算、三推誠心、四集群策、五施實惠、六定經賦、七定官制、八頒俸祿、九明等威、十重守令。多爾袞也「是其言」。

六月十八日，順天巡按柳寅東認爲：「近見陞除各官，凡前朝犯贓除名、流賊僞官，一概錄用，雖云寬大爲治，然流品不清，姦欺得售，非愼加選擇之道，其爲民害，不可勝言。」多爾袞則回答說：「經綸方始，治理需人，凡歸順官員，既經推用，不必苛求。」但今後官員犯贓，必予嚴懲。

六月二十四日，順天巡撫宋權獻治平三策：一請議崇禎廟號，以彰我朝厚德；二禁革加派弊政，以蘇民生；三廣羅賢才，以佐上理。

七月初一日，兵部右侍郎金之俊上書談招降土寇事，多爾袞原則上同意，只是對「其就撫之民，必馬匹兵器盡數交官，方見眞心就撫」一事，他相當堅持。

七月十四日，戶科給事中郝傑條陳四事：一勸農桑，以植根本；二撫流亡，以實戶口；三禁耗贖，以除苛政；四嚴奢侈，以正風俗。多爾袞認爲他的建議「有裨新政，令該部院即飭行」。同一天，山東巡按朱朗鑅以爲八旗屬下人在各地任官，應加官員冠服以臨民。多爾袞則回答說：「目下急剿逆賊，兵務方殷，衣冠禮樂，未遑制定，近簡用各官，姑依明式，速製本品冠服，以便蒞事。」

七月十八日，順天督學御史曹溶又條陳三事：一開支廩餼，請仍明制；二賑助貧生，給以錢粟；三優恤死節，用勵風化。多爾袞覺得很好，「下所司亟議行」。

另外，像禁止京中人亂告復仇、給予歸降官員賜蟒衣貨幣等等禮遇，也是多爾袞因當時情勢推行的一些措施。

總之，從以上三個月間的中央命令與臣下建議以及多爾袞的反應看來，相信我們可以了解以下的幾個重大事項：

第一，在對明朝皇帝方面做了發喪、禮葬與尊廟號等事。

第二，在對前明官民方面做了「官復其官，民安其業」的承諾，而且對滿漢官員視爲一體，並數度徵求山澤遺賢，出來任官。

第三，在對官員與軍人的管制方面，要求官不貪婪、兵不擾民。

第四，在對人民的民生照顧方面，下令廢除三餉、賑濟貧苦百姓。

第五，在對地方治安方面，盡力去追擊農民軍並鎮壓地方盜賊。

第六，在對漢人傳統習俗尊重方面，多爾袞收回成命，任由漢人束髮，不必剃頭。又在官員冠服制度上，「姑依明制」。

這些政治措施，在安撫輿情、收拾人心、緩和族群衝突上都是極爲重要，而且是有著正面作用的。這也是多爾袞入京後很快能穩定局勢的基本原因所在。

12 清朝遷都

爲了實現努爾哈齊、皇太極的宏願，爲了統治全中國，在穩定北京與華北部分地區的局勢之後，多爾袞安排遷都，迎接小皇帝來到新都北京。

根據一般史料所記，多爾袞在入關之初顯然對順治皇帝仍是忠心不貳的。五月初二日他初抵北京時，便在乘禮車前先「望闕行三跪九叩頭禮」，表示他對小皇帝的禮敬。五月十二日，他又派官去瀋陽報捷音。六月十一日，他又派了輔國公吞齊喀等人去向順治皇帝報告遷都事，說到「燕京勢踞形勝」，遷都北京「可以慰天下仰望之心，可以錫四方和恆之福」，他請皇帝「熟慮俯納」。據說遷都事在當時有不少滿族親貴將領不苟同，包括他的兄長阿濟格在內。阿濟格認爲當年打下遼東，對漢人示好，沒有屠殺，結果旗人被漢人所殺的很多。他主張：「乘此兵威，大肆屠戮，留置諸王以鎮燕都，而大兵或還守瀋陽，或者退保山海，可無後患。」最後還是多爾袞堅持遷都，才成定局。這也是北京人民有屠民謠言的原因，幸賴多爾袞多次闢謠，人心才稍稍安定。瀋陽方面在初得捷報時就由皇帝率領大臣祭天行慶賀禮。接到多爾袞的遷都報告後，即「遣官告祭上帝、太廟、福陵」，似乎有意準備成行，沒有一人提出反對意見。八月初二日，順治皇帝在叔父濟爾哈朗輔佐下，發出命令，以內大臣何洛會鎮守盛京瀋陽，任職總管。另以鑲黃旗的阿哈尼堪與正紅旗的碩詹分別領左、右翼八旗兵，駐防瀋陽。另外雄耀城、錦州城、寧遠城、鳳凰城等大小城鎮也指派駐守官員，以安定後方。八月十一日，留守瀋陽的攝政王濟爾哈朗還帶領了小皇帝與后妃宮眷們做了一件重要的大事，就是將皇太極的棺木安葬於新修成的昭陵。葬禮相當隆重，皇帝率后妃、親王、大臣人等到寶宮前舉哀，其後「跪獻三爵，行三叩頭禮。內大臣輔國將軍錫翰等奉寶宮由中堦（階），升陵殿，奉安於地宮，葬畢，陳設祭物。皇太后、眾妃及諸王、官員獻爵，行祭禮」，如此才結束葬禮。

八月二十日，順治皇帝離開瀋陽，遷都北京。這一行人不僅是皇家成員、諸王貴族，還有大批官員以及八旗軍與軍隊的家屬，加上各種輜重器物，眞是浩浩蕩蕩，人馬綿延幾十里，絡繹不絕於途。從瀋陽到北京，路長約七百五十公里，路面也崎嶇不平，走來相當辛苦。大隊人馬一直西行，二十二日渡遼河後抵開城，二十六日到達蘇爾濟，在這裡祭哈爾固倫公主以及外藩蒙古王公等都來朝見，並貢獻駝馬。第二天，福臨在原地休息，舉辦大宴招待蒙古貴族並分賜他們各種財物。二十八日，經魏家嶺轉正南方向，次日抵廣寧。九月初一日，到大凌河城，接著到小凌河，行程已經一半，離出發日也歷時十一天了。

就在福臨離開瀋陽以後，北京城中又謠言四起，說皇帝到達之後，清兵會放搶三日，老年壯年也一律殺光，「止存孩赤」。多爾袞覺得非常可惡，他剛剛爲「八月屠民」闢了謠，現在又有九月放搶屠殺之說，於是他再發佈諭旨，先說現在八月已過，「毫未驚擾，則流言之不足信也明矣」。後來他強調：

民乃國之本，爾等兵民老幼，既已誠心歸服，復以何罪而戮之？爾等試思，今皇上攜帶將士家口不下億萬，與之俱來者，何故？爲安燕京軍民也。昨將東來各官內，命十餘員爲督、撫、司、道、正印等官者，何故？爲統一天下也。已將盛京帑銀取至百餘萬，後又輓運不絕者，何故？爲供爾京城內外兵民之用也。……豈有不愛京城軍民而反行殺戮之理耶？此皆眾所目擊之事，餘復何言？

他最後下令：「各部嚴緝姦細及煽惑百姓者。倘有散布流言之人，知即出首，以便從重治罪。若見聞不首者，與散布流言之人一體治罪。」

這篇情理兼有且戒之以法的諭旨，使京中民心稍稍安定下來，當時局勢還不是十分平靜，由此也可以看出一斑。

福臨一行人於九月初九日抵山海關，接受駐軍總兵官的妥善招待。多爾袞也派了吏部尙書鞏阿岱、護軍統領圖賴、宗室王公阿濟格等人到離關不遠的深河驛歡迎，進獻數珠、馬匹、菓品等物。其後福臨等人又經過永平、豐潤、梁家店等處，多爾袞再派出詹霸、吳達禮等迎駕，進獻馬匹、菓品。爲了福臨的莅臨北京，多爾袞又在玉河橋東，新建滿洲人拜天的堂子，共有享殿三間、神房二間、祭神八角亭一座。九月十八日，順治皇帝到了通州，多爾袞親自率諸王、貝勒、貝子、公及文武大臣赴通州見駕。小皇帝派人送鞍馬給多爾袞，多爾袞跪著接受。福臨走進暫設的行殿時，擺設了儀仗，奏響了禮樂，他先向天行三跪九叩首禮，然後，多爾袞率出師諸王、貝勒、文武大臣到皇太后面前行三跪九叩首禮，接著再向順治皇帝行三跪九叩首禮。多爾袞又與福臨行滿族人親切的抱見禮，迎駕儀式才算結束。隨後皇帝一行在歡迎的王公大臣引導下起程進京。九月十九日下午未時，福臨的車駕從正陽門（現在北京的前門）入城，住進了紫禁城的新居。

從此北京成了清朝的國都，中國也換了新的主人。

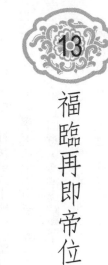

13 福臨再即帝位

多爾袞進入北京之後，他不但沒有大肆殺戮、搶劫一空的班師回到東北瀋陽，相反的，他恢復秩序，安定局勢，有長期駐守統治的心意。而且在七月間他下令重建被李自成放火燒掉的乾清宮，以作中央處理大事的辦公場所。同時他又決定遷都北京，以示入主中國的決定。在順治皇帝從瀋陽來北京途中，他就著手籌劃福臨入京後正式臨朝的事項。他在八月底令大臣擬定小皇帝的登基大典一切禮儀，包括奏樂等等。福臨到達北京後，休息了四、五天，多爾袞便率領群臣給皇帝上奏章說：

恭惟皇帝陛下，上天眷佑，入定中原。今四海歸心，萬方仰化。伏望即登大寶，以慰臣民。

福臨給他們的答覆是：

覽王奏，具悉忠君愛國，情義篤摯，恭率文武群臣，勸登大寶，尤見中外同心，共相擁戴，特允所請，定於十月初一日即位，用慰王等廓清救寧之意。

福臨當年才七歲，當然不會寫這類官樣文章，相信他連這些文字都看不懂，這必然是多爾袞等人的安排，然而就因爲這樣的安排，福臨便在十月初一日將登大寶，即帝位了。

即皇帝大位，必有隆重大典儀式以及一些配合的事項。首先多爾袞對八月底禮部官員研議出來的典禮中奏樂事不太滿意，命令漢人大學士們再研究。後來馮銓、謝陞、洪承疇等人向他回奏說：祭祀郊廟及社稷儀式中所用的樂章，歷代取名不同，如「梁用雅，北齊及隋用夏，唐用和，宋用安，金用寧，元宗廟用寧、郊祀用成，明朝用和」，「本朝削平寇亂，以有天下，擬改用平字」。多爾袞同意，奏樂事解決了。

即位大典上不能不追念祖先，尤其是一些開國創業的祖先，因此多爾袞又讓官員研究這方面的問題。由於太祖努爾哈齊、太宗皇太極的遺體都葬在瀋陽，於是決定把他們以一種象徵的方法引到北京來，以便祭祀。他們依漢人辦法，在太廟中爲先祖先妣們建立靈位，作爲對他們靈魂的供奉。九月二十七日，北京的滿洲官員又舉行了太祖、太宗以及后妃等宗人的神主奉安太廟典禮，官員們「每階一揖」的恭敬從事，贊讀祝文叩頭行禮如儀，莊嚴而又隆重。

傳統中國很重視新朝代應製新曆法，一方面表示其政權與天地同時運行無阻，同時也讓屬國與臣民「奉正朔」，有接受統治之意。多爾袞在福臨來北京之前就命令更定新名新曆，後來他又指示：「今用新法正曆，以敬迓天休，誠爲大典，宜名時憲曆，用稱朝廷憲天乂民至意。自明歲順治二年爲始，即用新曆，頒行天下。」

登極禮樂決定了，祖先神主奉安了，特別新曆告成了，只待十月初一日大喜日子的來臨。當天一早，曙光剛穿映到京城，福臨穿戴一新，內院官員便來奏請皇帝先到南郊，告祭天地。福臨在儀仗隊開路與侍衛軍隊保護下，來到了天壇，他下輦步行，由導引官引至天壇中央的圜丘，肅靜的站立，典儀官、贊樂人以及諸王、文武百官也都各就各位，等待吉時舉行大禮。不久之後，典儀官贊迎神，協律郎奏迎神樂，福臨在樂聲中依贊引官的導引至神位前，完成上香，行四跪四叩首禮、獻玉帛、獻爵，再到讀祝所讀祝文。祝文裡先敘述了他的祖父努爾哈齊「建立丕基」、父親皇太極「開國承家」的偉業豐功，談到他即位事時，他說：

臣欽承祖宗功德，倚任賢親，爰整六師，救民水火，掃除暴虐，撫輯黎元，內外同心，大勳克集，因茲定鼎燕京，以綏中國。臣工眾庶，僉云神助不可違，輿情不可負，宜登大位，表正萬邦。臣祗荷天眷，以順民情，於本年十月初一日，告天即位，仍用大清國號，順治紀元，率由初制，伏惟天地佑助，早靖禍亂，載戢干戈，九州悉平，登進仁壽，俾我大清皇圖永固，爲此祈禱，伏惟歆饗。

祝文讀完之後，福臨與王公大臣們一同再向天地行禮，經過亞獻禮、終獻禮、撤饌、送神、焚祝帛等等程序。皇帝又去到更衣所，換上黃袍，南向獨坐，文武官員侍立，大學士剛林捧著皇帝專用的「大寶」，代表大家上奏說：「皇帝已登大寶，諸王、文武群臣不勝懽忭。」接著百官行三跪九叩首禮，禮畢之後，福臨也走到專用禮車之處，乘上車輦，由鹵簿爲前導，進入大清門，至此，祭天典禮結束，福臨也正式成爲受天之命的眞龍天子。

福臨跟他父親皇太極一樣，當上國家領導人都舉行過兩次即位大典。皇太極在天命十一年（一六二六）他父親努爾哈齊死後，繼承後金大汗時，曾在瀋陽大政殿具法駕、設鹵簿、祭堂子、焚香告天，以天聰爲年號，即大汗之位。天聰十年（一六三六）又因獲得歷代傳國玉璽，在各族大臣「勸進」下，他「勉從眾議」的接受尊號，改國號爲大清，改年號爲崇德，再一次的在瀋陽即皇帝位。大清皇朝由是建立，以前之大金或後金是大清的前身，從清史的意義上說，皇太極即帝位具有開國的意義。福臨在崇德八年（一六四三）他父親皇太極死後繼承大統，即皇帝位，是一般父死子繼的皇朝延續。第二年即順治元年遷都入京，似乎沒有再辦即位大典的必要，爲什麼還如此隆重的再舉行一次呢？

這個問題我想我們應先從當時全中國的情勢上看。清朝雖已佔領了北京，但天下尚未統一，而且稱帝稱王的人還很多。北京是幾百年來的古都，具有國家政權象徵的意義，據有的人就得到了國家的統治權。爲了證明順治皇帝以北京爲國都，繼而征服天下，福臨來北京不能不辦一次大場面的風光典禮，表示清朝已成了北京的合法繼承者。另外從多爾袞等勸進以及順治皇帝降旨同意第二次即位的文字中，我們可以看到「表正萬邦」、「四海歸心，萬方仰化」、「廓清敉寧」等字句，顯然都是與一統天下、肯定合法全國統治權有關。尤其是「仍用大清國號，順治紀元，率由初制」一語，充分說明第二次即位是因應新形勢不是新建國家。

14 大封功臣、頒即位詔

福臨既然第二次舉行即位大典，登大寶後當然也要大封功臣一番，並頒降詔書，說明他當皇帝後的施政方針。

十月初三日，順治皇帝認爲清兵入關，定鼎北京，多爾袞的功勞最大，因而命令禮部尚書郎球、侍郎藍拜等人爲多爾袞樹碑立傳，記下他的功勳，以傳後世。初十日，又封多爾袞爲叔父攝政王，賜冊寶及嵌十三顆珠頂黑狐帽一、黑貂裘一、金一萬兩、銀十萬兩、緞一萬匹、鞍馬十、馬九十、駱駝十。賞賜之厚，實不多見。同時還賜多爾袞冊文一道，文中先提到多爾袞征蒙古、打朝鮮的功勞，「攻城必克，野戰必勝」。在皇太極死後，他又輔佐福臨登基理政，「功德高於周公」。而且這位「義無隱情，體國忠貞」的叔父忠誠的擁立年幼的新君，甚至處分了宗室中圖謀不軌之人，使關外的大清皇朝政局安定。最後談到多爾袞率兵入關打敗流民軍，取得北京，迎接福臨來京膺受大寶的事，認爲這些功績都是「周公所未有，而叔父過之」的。這樣一位有殊動的人，當然應該褒顯，爲他建碑紀績，「用垂功名於萬世」。

同月十三日，順治皇帝又在皇極門加封和碩鄭清王濟爾哈朗爲信義輔政叔王。同一天又恢復了肅親王豪格的爵位。阿濟格與多鐸兩兄弟也由郡王升爲親王。貝勒羅洛宏、碩塞升爲郡王。吳三桂也賜封爲平西王，賜銀物，頒冊文：「大功茂著，宜膺延世之賞，永堅帶礪之盟。」另外孔有德、耿仲明、尚可喜等人也分賜鞍馬等物。

十月十七日，順治皇帝又在皇極門封固山貝子尼堪、博洛爲多羅貝勒。輔國公滿達海、吞齊、博和託、吞齊喀、和託、尚善升爲固山貝子，賜之誥命冊文。同一天又定諸王、貝勒、貝子、公俸祿：攝政王三萬兩，輔政王一萬五千兩，親王一萬兩，郡王五千兩，貝勒二千五百兩，貝子一千二百五十兩，鎮國公、輔國公爲六百二十五兩。同月二十四日，又定攝政王冠服宮室之制。三十日再定諸王、貝勒、貝子、公等冠服宮室之制，給滿洲貴族人等都做了最好的升官發財安排。

順治皇帝不僅在即位後就讓宗室王公得到巨大利益，他也考慮到入關有功王公將士們以及隨軍來的很多「東來人」的酬庸與安置問題。這些人放棄了遼東老家的土地產業，從龍入關，總不能沒有賴以生產的土地與安身的住房。福臨在順治元年（一六四四）底因而頒佈了「圈地令」，命戶部調查明朝皇家成員與太監當年擁有的土地，經戰亂而變成無主的荒地，用這些沒有主人的荒地圈撥給「東來人」，作爲安頓之資。這項「圈地令」原本也無可厚非，只是後來戶部等有關人士沒有正確的按需求與規定執行，以致成了清初的一大弊政。此事因內情複雜，這裡暫且不作申論，容待以下章節中再談吧。

以上是對八旗人等所做的工作，在安定本身與團結內部力量上，肯定是有助益的。現在再來看看順治皇帝即位後對統治國家與未來發展方面，究竟他有那些計劃。順治元年十月初十日的即位詔書中他提示了不少，例如：

第一項：對有大功的親王、郡王及其子孫「宜加殊禮」或「應得封爵」。有汗馬軍功的八旗大臣也應加封世爵。這就是以上大封功臣的依據。

第二項：除十惡至死者不赦外，「其餘已發覺、未發覺、已結正、未結正，罪無大小，咸赦除之」。只是有些貪官不赦。

第三項：「國之安危，全係官僚之貪廉」，順治元年五月初一日以後的一切貪官都「不在赦例」。徵聘隱逸人才時，「不係貪酷犯贓」的才能推薦。官員徵收錢糧時，「凡分外侵魚，秤頭火耗，重科加罰，巧取民財者，嚴加禁約，違者從重參處」。由此可見，入關之初極重貪官之懲治。

第四項：除三餉悉行免除外，「其大兵經過地方，仍免正糧一半。歸順地方，不係大兵經過者，免三分之一」。各直省拖欠錢糧，順治元年五月初一日以前的「盡行蠲免」。因兵民分城居住而遷徙之京師官民，其田地租賦蠲免三年。京中居民房屋被人分住的也准免稅一年。京師行商車戶等役之僉派永行豁除；鹽稅只照舊額，蠲免各項加派；通免關稅一年，順治二年（一六四五）元旦以後才按故明初額起稅。各州縣在前朝因兵禍全免錢糧者，仍予全免。鰥寡孤獨、篤廢殘疾的窮人給予賑濟，各府州縣可動支預備倉糧。這一大項顯然是減輕人民的負擔。

第五項：明朝諸陵仍派人看守，撥給香火土地。各處帝王陵寢、名臣賢士墳墓有被毀發者，即與修理。神祇壇廟，各地官員應誠敬保護。孝子賢孫、義夫節婦應建坊旌表。各地「山林隱逸之士，有懷才抱德，堪爲時用」的應「據實舉薦」。這是尊重漢族及其文化的措施。

第六項：恢復科舉考試，按明朝舊例於辰戌丑未年舉行會試，子午卯酉年舉行鄉試。各處府州縣儒學食廩生員，仍准給廩。前朝文武進士、文武舉人，仍可以經覈查後錄用。這是安定知識分子的良策，讓大家都有打入政治圈與官場的機會。

第七項：品官有三母三妻的，照前朝覃恩事例，俱准封贈。前朝勳臣及子弟，有倡先投順仍立功績者，與本朝諸臣一體敘錄，應給封誥，照例頒給。

第八項：在京錦衣衛及在外衛所官員，已經歸順者，俱准照舊供職；戰亂時私帶在官兵丁馬匹回家者，准將原兵原馬，照數交官，前事免其追論。另外山陝等處軍民人等，「昔被流寇要挾，今悔過自新、傾心歸化」的概予赦宥。直省各州縣土寇脅從已歸農或自首者，赦其前罪。這是對前明武官及流民兵安撫與招降的措施。

以上是順治皇帝三千多字即位詔書中的犖犖大者，相信從中可以看出賞功臣、赦罪犯、懲貪官、免租賦、仿漢制、平動亂等等有關的新政，當然這對當時局勢的穩定，清朝向前發展等方面，都是有裨益的。

15 平定「土寇」

福臨在北京再度舉行即位大典之後，表示了清朝已經代明有國，清朝已是合法的中央政權了。可是當時的清朝僅僅佔有北京城及京畿一帶的土地，大部分的中國都還不在滿族的控制之中。山東、河南、山西幾乎仍是政令不能及的所在，地方動亂頻仍，「土寇」到處鬧事，而李自成的大順軍與張獻忠的大西軍，也割據山、陜、湖廣、四川很多地方。明朝宗室更在中國南方各地，建立不同政權，企圖反清復明。當年的天下，眞是大分崩的時代。

以順治皇帝的名義統治而由多爾袞操實權的清朝，開始對多方分裂的勢力著手處理，先看他們平息河北、山東、河南、山西等地「土寇」的情形。

清朝官方文書中的「土寇」，並不是地方上單純的盜賊，他們有的是明朝的軍隊，有的是流民軍潰散的士兵，也有的是地方鄉紳組成的反清力量，還有些是眞正的盜寇。當八旗軍進入北京之初，河北昌平、三河等地就發生變亂，甚至有人在京師一帶活動，他們切斷煤的供應路線，一度影響北京城裡的生活。到順治二年（一六四五），還有官員喊出「輦轂之下，盜賊竊發」的嘆語。甚至到順治四、五年間，仍有人假託明熹宗太子或皇后起事，當然不久都被清朝大軍平定了。

河北、河南的交界處，有大順軍殘部與地方勢力結合，攻城略地。大順軍將領劉守分建天定年號，後來東明（今山東）地方起事軍又稱天正年號，他們都紛紛對抗清朝，表示不受北京的統治。河北境內的宣化、蔚州一帶又不斷有事件發生，眞如官員報告說的：「飢民逃兵，嘯聚爲亂，不只一處。」多爾袞則以招降爲先、用兵爲後的方式，逐一平息了這些地方性的小股動亂。

山東除了魯南兗、沂、鄒、嶧以及魯北鄒平、禹城等地的武裝抗清外，還有幾處規模較大的反抗勢力。一是嘉祥滿家洞宮文彩、李文盛等人指揮的人馬，他們原是明末不滿朝廷而起事的，清初他們則高舉永昌年號的旗幟，轉而抵抗清軍。他們擁眾數萬，滿家洞又有洞穴千餘，一時讓清軍「望而卻走」。後來經饒餘郡王阿巴泰等先後派兵征討，宮文彩等戰死，亂事才平定。二是魯中謝遷的高苑桃花山起事，他們佔領淄州，建爲基地，後來竟殺死帶頭剃髮投降清軍的江西招撫孫之獬，頗讓清廷震驚。最後由山東巡撫張儒秀進兵攻打，才鎮壓下這股勢力。三是以任七、梁敏等人爲首的榆園軍，號稱百萬大軍，以山東濮州等地爲基地，後來發展到河南。他們擁戴大順政權。李自成撤走後，榆園軍由反明轉而反清，給予清軍南下途中很大威脅。順治五年（一六四八），清朝兗西道標將李化鯨參加榆園軍，聲勢更爲壯大。後經濟爾哈朗等率兵鎮壓，任七等首領先後戰死，反抗軍才被消滅。四是膠東一帶于七等人的抗清。于七曾一度僞裝降清，這股勢力直到康熙元年（一六六二）才徹底消滅。

河南的「土寇」事件也很多，如「寶來宋養氣、新野陳蛟、商城黃景運等各聚數千人侵掠城邑」。豫西靈寶及豫東南羅山、新蔡一帶也有事件發生。河南在明末就有流民軍的動亂，後來參加李自成抗清隊伍的人很多，流民軍殘部到順治初年在開封、汝寧等地列寨數百，洛陽也列寨數十，分別以劉洪起、劉際遇等爲首領。順治二年，他們與清軍作戰，有人戰死，有人投降，像李際遇在降清後還爲清軍做進攻潼關的嚮導。河南各地的抗清勢力，直到順治後期才陸續被平服。

陝西的武大定佔有固原；賀珍佔漢中、興安等府；孫守望則更奉明朝宗室爲漢中王，與賀珍併力進攻過西安。清朝先後派孟喬芳、何洛會、吳三桂等軍去鎮壓。順治四年（一六四七），孫守法兵敗死去，勢力大衰。洛南一帶又有何儕山「以青衿倡亂」，聚眾萬餘。延安等山區則有劉弘才抗清，並「恣肆剽劫」。明朝宗室也有起兵抗清的，尤其是姜瓖在陝西的反正，更形成全省的抗清熱潮。陝西三邊總督孟喬芳等以重兵鎮壓，到順治十年（一六五三），各地動亂才逐漸平息下來。

山西的「土寇」問題比較嚴重，最初以呂梁山爲基地。清兵入關後，當地人民多起而從事抗清活動，順治二年有李俊等在嵐州、德州一帶「逼脅男壯，增添伙類，日肆橫行」。六月間聽到剃髮令，便「乘機造亂，鼓惑鄉民」，以拒不剃頭反清，同時起事的還有交城、陽曲、盂縣等地。順治五年，清廷爲防預各地叛亂，下令不許蓄養馬匹，嚴禁生產、銷售刀槍武器，更激化了山西全境人民的抗清鬥爭。後來山西巡撫祝世昌以優勢重兵鎮壓，方得平息。同年十二月，大同總兵姜瓖樹旗叛清，全省再爲之震動，渾源、太原、汾州、澤州等處「競起應瓖」，其他地方也有奉永曆年號，擁護明朝宗室的，抗清活動再達高潮。同時更令反清人士鼓舞的就是山西不少駐防清兵也望風反叛，使情勢更形危急。清廷隨即命郡王尼堪等進兵太原，順治六年（一六四九）二月間，多爾袞再出兵征討大同叛軍。另外郡王博洛與郡王碩塞的大軍進兵代州。七月間更增兵發動全面攻擊。大同一城經清軍長期圍困，糧盡援絕，內部離心。八月，姜瓖部將殺姜瓖，獻城降清。其他各地清軍也連戰勝利，山西「土寇」等的抗清勢力不久就被消滅。

從以上簡要敘述中，相信可以看出清朝入關後的險惡環境，統一全國實在不是容易的事。而大順軍、大西軍、南明多處政權，更是統一之途中的大障礙。多爾袞顯然把地方武裝反抗政府看成是邊緣力量，是統一行動中比較容易解決的問題，因此他決以全力先清除這些動亂。

16 剿平流民大軍

山海關大戰後，李自成仍有相當大的實力，多爾袞很了解這一事實，所以當他知道大順軍撤離北京時，他隨即命令阿濟格、多鐸、吳三桂等人率領大軍繼續向西追擊李自成，而自己只帶了爲數不多的人馬進入北京。

大順軍撤出北京後，由於攜帶財物太多，「負重不能馳」，大軍行進不快，加上沿途遇到地方勢力的襲擊，撤退行動不很順利。例如在涿州就被明朝舊臣馮銓、宋權等人組成的地方流民兵攻擊，「城頭砲石齊加，矢飛如雨」。一說李自成在這次戰事中受了傷。順治元年（一六四四）五月初二日，清朝追兵趕上了大順軍，雙方在保定發生激戰，大順軍遭敗績。初四日，李自成在眞州與吳三桂大戰，互有死傷，大順軍因此能從容進入山西。

李自成退入山陝後，即計劃恢復失地，他「始而驅迫百姓運糧，……又每地一畝派銀五分，追比急如星火。又按畝徵解闊布，花缺布貴，敲撲就斃人相枕藉。又科派鵰羽以充箭翎，……乃至死鵰一隻，費銀十兩有餘。又派打造盔甲，種種誅求，總欲置民死地。……」可見大順軍已在做一切戰備與物資上的準備了。

李自成當時的戰略以關中為基地，以攻為守，他派出軍隊西征甘肅，南取漢中，並與張獻忠一度在四川作戰。清朝則派出兩路大軍進攻山陝，先攻陝西，以阿濟格為靖遠大將軍，會合吳三桂與尚可喜的兵力為北路軍，自大同邊外進攻榆林、延安，由陝北南下西安。另一路大軍原先是以南明福王在南京的政權為目標，以多鐸為定國大將軍，會合孔有德、耿仲明的軍隊一同南下；後來奉旨東征懷慶的流民軍，得勝後追躡其後，自南路直撲潼關，與北路軍定在西安會師。兩路清軍的攻勢猛烈，使李自成腹背受敵，而流民軍又因戰線太長，兵力分散，因此守不住清軍的攻勢。

北路清軍進入山西後，先在太原、汾州等地取得突破，加上姜瓖、唐通等流民軍首領叛變降清，瓦解了不少李自成的士氣。後來大順朝寧夏節度使陳之龍又叛變，使山陝形勢對流民軍極為不利。

順治元年底阿濟格一路軍在山陝逐步取得勝利成果時，多鐸的大軍也自懷慶轉陝州、靈寶而沿黃河西逼潼關，潼關的安危對李自成極有軍事上的重大意義，因此他親自領兵到前線作戰。同年十二月二十九日，潼關大戰爆發，大順軍採守勢，由劉宗敏、劉芳亮等將軍在關外依山紮營防守。清軍先由步兵出擊，再由騎兵衝鋒，雙方激戰多日，直到第二年即順治二年（一六四五）正月十一日，大順軍終因後援不繼，退守關口，清軍再以紅衣大砲轟擊大順軍，最後於正月十三日攻下潼關城，大順官兵死傷慘重。潼關陷落，無異是使西安打開了門戶。兩路清軍於是夾攻西安。李自成無法阻擋，只得放棄西安，逃往漢中，自商洛山區南逃江、漢。多鐸率南路軍西取西安，阿濟格則統領北路軍繼續追擊大順軍殘部。

李自成自潼關兵敗，棄守西安後，即率兵東下武昌，當時他還有部眾數十萬。他決定分兵取河南、湖廣等地，並計劃自己率主力東征九江，進一步沿長江直下南京。同時他也有意和張獻忠再次合作，聯合抗清。可惜他的想法事與願違。當他於這一年的二月間由河南輾轉行軍入湖北時，一路上與清軍又發生遭遇戰八次，八戰皆北，損失很大。其中以四月下旬在江西九江的一次戰役，更是慘敗。大將劉宗敏遇害，宋獻策、左光先等降清，牛金星也偷偷離開大順軍，潛逃到襄陽，李自成已是眾叛親離、實力大減了。

同年五月初，李自成途經湖北通山縣境內的九宮山，為了探測地形，他率領了幾十人前往，不料在途中遭到當地程九伯的地方武力襲擊，李自成被殺，他的隨從被殺或逃散，大順軍的其他將領也樹倒猢猻散的各奔他處，有些人後來成爲南明抗清的主要成員。

有關李自成的死，後世人發現不少問題，也提出不少新的說法，現在就略述如下。

參與消滅大順政權的清朝大將軍阿濟格曾向中央報告了李自成死亡消息，他說：

賊兵盡力窮，竄入九公（宮）山，隨於山中遍索自成不得，又四出搜緝。有降卒及被擒賊兵，俱言：自成竄走時，攜隨身步卒僅二十人，爲村民所困，不能脫，遂自縊死。因遣素識自成者往認其屍，屍朽莫辨，或存或亡，俟就彼再行察訪。

這是阿濟格的自縊說，但留下一個「屍朽莫辨」的疑問。順治二年七月阿濟格班師回朝時，又說「自成逃竄，現在江西」，這就更說明李自成未死了。乾隆朝修成《明史》時，又有「自成腦中鉏死」的說法，即李自成被村民襲擊中腦而死，不過「驗其屍，朽莫辨」。可見清初以來百餘年間，清廷也不敢說李自成在當時確實死在九宮山。

由於清代官書的不確定論，後來便引起眾多推測，就官修正史與私家著述、地方志書，提出約有四十多種看法。以死因來說，有病死、擊斃、自縊、被神殛死等說。以死地來說，也有通城九宮山、羅公山、通山九宮山、黃州、湖北、走死楚中等的十多種記述。以死亡時間來說，更有順治二年四月、五月、九月以及順治三年、康熙初年的不同，眞是眾說紛紜。尤其有趣的是另有人認爲當時李自成未死，而隱居偏僻山區出了家。持這種說法的還不只一人，如乾隆朝湖南澧州知州何璘就說他經過調查，確認自成沒有死於九宮山，而是在湖南與貴州交界處山林中的一座禪寺出家爲僧。又有抱陽生所寫的《甲申朝事小紀》一書中也提到：「凡載李自成死於通城九宮山，謬也。」並說有一位名叫張琮伯的同知官，親耳聽到湘黔邊境一所山中寺廟的僧人對他說：「吾師即闖王李自成也。」至於在九宮山被村民困死的人則爲「孫某者願代死」，不是李自成本人。這是李自成隱居夾山寺的由來。其後地方志書如《石門縣志》、《澧州志林》、《廣虞初新志》、《續修米脂縣志》等等，都寫下自成未死而出家之說了。

二十世紀以來，李自成的「生」與「死」，即夾山寺爲僧與九宮山被殺兩說引起熱烈爭論，夾山禪隱一度被認爲極有可能，並得到不少文字與實物的證據。不過不少學者還是認爲直接證據不夠充分，有些解釋也略嫌牽強，我也只能走筆至此，並存諸說，希望有更多更好的證據出現，重建歷史的眞相。

17 消滅大西政權

明朝末年，國內流民動亂多起，其中以李自成與張獻忠所領導的勢力最大。崇禎十七年（一六四四）正月，李自成稱帝於西安，後來又帶兵直攻北京，逼使崇禎皇帝自殺。張獻忠則於同年正月沿長江而上，大舉攻入四川。六月克重慶，八月下成都，先後殺掉明朝的端王與蜀王。十月十六日，張獻忠定成都為西京，建立大西政權，詔民間稱他為「老萬歲」。張獻忠稱帝後，建立各級政府，鑄幣造曆，開科取士，並派大將孫可望、李定國、艾能奇等帶兵四處攻打州縣，使四川全境都能在他控制之中，也頗有開國的新氣象。

然而，張獻忠不是一個好的領導人，建立政權後不久，因為面臨南明、清朝與地方勢力的多方反抗與壓力，他竟實行了瘋狂屠殺的報復措施。從順治二年（一六四五）七月進行第一次屠殺，四川百姓「膏鋒刃者，男婦不下四、五百萬」。同年十一月又殺害一批爲數可觀參加「特科」考試的儒生以及成都城裡的居民。第二年正月又大殺「川丁」，「不論男婦，盡殺」。其後又派兵到成都府屬三十二州縣進行殺人比賽，據說各地被殺的「屍骸山積，臭聞百里」。尤其可怕的，他命令大批士兵，裝扮成乞丐、商販、醫卜等人，深入民居街巷，監聽不利於大西的言論，巡查不軌行爲，如涉及當政者或有不敬語，立即逮捕嚴辦，在他的統治下，四川不少大城，都成了黑暗的恐怖世界。

張獻忠如此的屠殺良民，引起明朝舊臣與地方士紳的痛恨，「一時四方兵大起，揭竿糾集」，到處找大西地方官報復，「或刺於庭，或投之水火，一時殆盡」。順治三年（一六四六）春末，前明參將楊展又奪川南州縣，銳師北指，結果與張獻忠會戰於彭山的江口，張獻忠戰敗回成都，楊展再率師進逼成都。七月間，張獻忠棄成都而向川北轉移，最後到西充鳳凰山駐守。

清朝方面對張獻忠原本了解的不多，同時早期又忙於對付李自成與南明福王政權，所以沒有把解決大西的事列入計劃。

順治二年春，清朝陝西總督孟喬芳寫信給大西朝川北巡撫吳宇英，「令其說張獻忠投降」。閏六月，多爾袞進一步關心張獻忠的活動情形，向大臣打聽大西領袖的所在。七月間，清朝湖廣總督佟養和又派人到四川招撫張獻忠，也無結果。這年冬天，南明福王在南京的政權已被清軍打垮，李自成也不成威脅了，多爾袞乃命令駐防西安的內大臣何洛會爲定西大將軍，前往四川，「征討叛逆」。同時清廷也以順治皇帝的名義頒降詔書，說「張獻忠前此擾亂，皆明朝之事」，「張獻忠如審識天時，率眾來歸，自當優加擢敘，世世子孫永享富貴，所部將領、頭目、兵丁人等，各照次第陞賞」。又有諭旨說：「凡文武官員、軍民人等，不論原屬流賊，或爲流賊逼勒投降者，若能歸服我朝，仍准錄用，儻抗拒不服，置之重法，妻子爲奴。開城投順者，加陞一級，恩及子孫。有能擒獻賊渠將佐者，論功優陞，永同帶礪。」可見多爾袞用了剿撫兼施的策略來解決張獻忠的問題。

何洛會後來因西安等地發生抗清動亂，多爾袞改派肅親王豪格爲靖遠大將軍，率領重兵經陝西入川。正在這緊急時刻，大西軍的都督劉進忠叛變，投降了清軍，並願意做豪格的嚮導，帶兵進入川北。

劉進忠，陝西漢中人，是大西軍中的一位高級將領，不過他在一次與南明的戰爭中，丟失了印信，受到張獻忠的痛斥，將要給他處分。這時營中又傳出張獻忠要屠殺川兵，劉進忠的部下又以四川人爲多，因此將士們都很恐懼，紛紛叛逃。劉進忠見事態嚴重，對自己相當不利，因而乾脆投降清軍了。他向豪格請求「救民水火，宜速不宜緩」，豪格同意了，乃急速進兵，順治三年十一月二十六日，清軍已抵達了西充附近，第二天即向鳳凰山地區發動攻擊。當天「寒冰凜冽，朔風刮面，平地霧起，目不見形狀」。張獻忠當時擁眾數十萬，直到清軍迫近，他還不能相信。據清代官書記載：豪格命令護軍統領鰲拜等分八旗兵先發，他本人統大軍繼進。張獻忠猝不及防，倉卒應戰，結果「鰲拜等奮擊，大破之，斬獻忠於陣」。同時又「破賊營一百三十餘處，斬首數萬級，獲馬贏（騾）一萬二千二百餘匹」。大西軍經此慘敗後，張獻忠自身戰死，部將孫可望、劉文秀、李定國、艾能奇等率兵南撤，經重慶、遵義轉入貴州，日後在雲南建立著名的將軍政權，幫助南明永曆帝繼續抗清。

有關張獻忠的死，清代官書《清實錄》中說是被鰲拜在陣中所斬殺的。而《清史稿》豪格的傳記中則說是被豪格親自射死的。《明史·張獻忠傳》卻又有稍異的說法：張獻忠猝遇清兵於鳳凰坡，「中矢墜馬，蒲伏積薪下」，後來清兵「擒獻忠出，斬之」。另外還有《小腆紀年附考》記劉進忠指明目標，善射者雅布蘭一箭將其射死。還有一位在大西軍中的西洋傳教士寫的記事中說：張獻忠「至一小崗上，正探看之際」，「突然一箭飛來，正中獻忠肩下，由左膀射入，直透其心，頓時倒地，鮮血長流，獻忠在血上亂滾，痛極而亡」。

張獻忠的死儘管有被斬殺、被射死以及先中箭後被斬的種種不同說法，不過他確實是在與豪格的戰役中死去的，而更能確定的事，是隨著他的死亡，大西政權也走進了歷史。

18 征討南明諸王

李自成攻陷北京，崇禎皇帝自縊殉國，南方的明朝宗室與官紳為對抗清朝，恢復明室，重建了幾個政權，歷史上稱為南明，以別於在北京的北明。

南明的第一個朝廷是以福王朱由崧為首，年號弘光。弘光朝建立在南京，由一批北明遺臣擁立朱由崧而形成。不過當時的大臣中還鬧著東林與閹黨的鬥爭，閹黨為便於控制立了昏庸的福王，東林則主張應立賢能的潞王朱常淓。雙方從開始就不是一心一德為恢復明朝大業工作。

閹黨擁立的福王政權在多爾袞進入北京的同一天成立，當時還頗有實力，控制地區也很廣大，包括黃河下游以南、武昌上游的長江以南的半壁江山，人力與物力資源也比大清、大順、大西為豐富。不過這個政權的統治是極為腐敗的，除了賣官鬻爵、貪污納賄、橫征暴斂、嚴重內訌外，主事大臣馬士英、阮大鋮等又惱怒了眾多的不享有優免特權的縉紳，他們本是「庶民之富者」或是「豪民」，國家稅賦多由他們負擔，弘光朝卻沒有重視他們、善待他們，以致引來他們的反抗。

軍隊本來是捍衛政權的重要力量。馬士英等先欺騙、再排斥了史可法，破壞了弘光朝的第一座抗清長城。後來又有「童妃案」、「僞太子案」等的紛亂發生，駐防長江西段的軍閥左良玉以「清君側」爲名，帶兵東下攻南京。黨爭變成內戰，自己耗損力量，弘光朝如何不亡？

清朝定鼎北京後，推行不少蠲稅減租、清理地畝等籠絡地主與農民的政策，弘光朝則倒行逆施，官民對立的情勢激化了起來，因而引起了不少地方的變亂。如江陰縣人民有「搶掠焚劫，殺人如草」的；太倉縣百姓「各置兵器，先造謠言，謀於八月中大舉」；嘉定縣「沿海不逞之民，多結黨伺釁，……酒佣灶養皆起爲亂」；海寧「有大家奴乘間煽諸毒怨於大家者，揭竿起」的；安徽也有「奴變」發生，平民都想窮人大翻身，因而江南各地可謂處於割據動盪之中，社會極不安寧。

弘光朝的君臣是不是盡心盡力的從事復國工作呢？答案是令人失望的。他們繼承了前明的腐朽與黑暗，君昏臣暗不說，大家還紙醉金迷享樂生活，福王朱由崧不孝順、不讀書、虐待屬下、貪婪無度、酗酒淫樂，可以說一無是處。馬士英等只知鬥爭弄錢，並無重整光復的拚鬥精神。當時南京有「相公只愛錢，皇帝但喝酒」的傳言。馬士英等人又以助餉爲名，除賣官外，又准許考生納銀得功名，而得銀又多納入私囊，因此時人作了詩詞來諷刺他們。如有人作歌謠云：

中書隨地有，都督滿街走。監紀多如羊，職方賤如狗。
廕起千年塵，拔貢一呈首。掃盡江南錢，填塞馬家口。

另有〈西江月〉詞也很傳神，詞爲：

弓箭不如私薦，人才怎比錢財！吏兵兩部掛招牌，文武官員出賣。
四鎮按兵不舉，東奴西寇齊來。虛傳閣部過江淮，天子燒刀醉壞。

這些文字都是當時實情的寫照。

順治二年（一六四五）二月，攻佔了陝西的清軍分爲兩路，一路追擊李自成，一路由多鐸率領進攻江南。三月下旬，多鐸大軍攻下弘光朝的中原重鎮歸德，不久兵逼淮河流域，四月十八日更南下抵長江一帶，包圍了孤立無援由史可法堅守的揚州城。四月二十四日，清軍以紅衣大砲猛轟揚州，次日城陷，史可法殉國。五月初當清軍已抵長江北岸情勢危急時，福王仍在醉生夢死中，「以演劇，未暇視朝」。初十日，福王奔安徽太平府，馬士英則逃往杭州；十五日，南京城中的文武官員開門降清，弘光小朝廷歷時一年的光景便被滅亡了。

南京城陷後，福王不多日即被清軍擒獲，押送北京，第二年被斬於京城宣武門外的菜市口。順治二年六月初八日，原先居住杭州的「賢藩」潞王被眾臣擁戴，舉為監國。不過這位新領袖很令人失望，他只監國了五天，便投降清軍了，很令不少忠臣志士為之氣短。

閏六月初七日，黃道周、鄭芝龍等擁立唐王朱聿鍵於福州，二十七日即皇帝位，改明年為隆武元年。另外幾乎在同一時間，張國維、張煌言等人又擁立魯王朱以海於紹興，繼續反清復明的工作。

唐、魯二王建立政權時，國內情勢已大為轉變。廣大的西北與長江中下游地區均由清軍控制，而清廷也改變了入關時的緩和政策，當揚州陷落時，清軍卻縱兵焚殺淫掠，屠城十天，造成「揚州十日」大慘案。同時又重申剃髮嚴旨，使漢人喪失自尊心，因此各地「紛紛起義師」反清，唐、魯二王也大張抗清旗幟，以號召並結集人心，一時二王的活動能迅速的得以展開。隆武政權曾在湖廣聯合過大順軍殘部，在江西也抗擊過清軍，一時頗有振興的氣象。魯王政權也在順治二年七月至三年四月間，先後收復富陽、分水、于潛等縣，並先後三次進攻杭州，實屬難能可貴。不過唐、魯二王不但不能合作，而且惡交互鬥，內耗實力，讓清朝坐收漁人之利。順治三年（一六四六）二月，清廷命博洛為平南大將軍，統兵征閩浙。六月初二日，清軍攻得魯王政權首府紹興，魯王逃亡海上，其他文武大臣非死即降。魯王後來雖得鄭彩、張名振、張煌言、鄭成功等人保護支持，直到順治十年（一六五三）三月，他自去監國，政權隨之不存。博洛在敗魯王後，立即揮軍南下，撲向福建，鄭芝龍見清朝勢盛，投降了清軍，爲福建打開了門戶，八閩防務也因之瓦解。同年八月二十八日，隆武帝逃亡途中，在汀州被清軍捕獲，押回福州處死，其政權就此結束。

隆武帝遇害殉國後，兩廣方面的明朝遺臣遺老丁魁楚、瞿式耜、王化澄等人擁立神宗的孫子桂王朱由榔於廣東肇慶，十一月十八日稱帝，改明年爲永曆元年。當時南明的實力只能控制廣西、雲南、貴州三省及湖廣、廣東的一部分，清廷很輕視他們，只派了漢軍孔有德、耿仲明、尚可喜等帶兵進逼，以防擴大。其時又有人立隆武帝之弟唐王朱聿鐭於廣州，改元紹武。桂、唐二王互不相讓，終於發生宗室戰爭，結果清軍攻入廣州，紹武帝等自殺，政權只在四十天間就被消滅了。永曆帝在廣東也不能立足，便逃往桂林，後來又到處奔波，從順治三年冬到五年春，他在粵、桂、楚三省間不斷逃難，一籌莫展。

然而，就在此時，國內形勢發生不少變化，使永曆小朝廷出現了生機。在順治五年（一六四八）的一年當中，前明與大順等降清武將，因投降後待遇不佳，特別是被升賞的官位不夠高，他們又紛紛倒戈，如左良玉部將金聲恒爲清朝平定江西後只得到提督總兵官一職，大爲不滿，於正月舉兵叛清。同年四月，廣東提督李成棟大力為清朝鎮壓江浙反剃髮官民，又俘紹武、追永曆，但未得兩廣總督的職位而生怨心，終而決意叛清投效南明。同時湘西一帶也陸續有人「反正」。更使清廷感到不安的是山西大同總兵姜瓖也在十二月叛清，晉北、晉中各地也望風歸附。其時永曆帝已能控制兩廣、貴州、四川、湖南，而江西、山西大部分也成為南明領土。北方也有地方動亂發生，清廷確實再面臨到嚴重的挑戰。

多爾袞見情勢轉變，乃再度重用滿蒙大軍，分批南下。順治五年四月先派親信譚泰率兵往江西討金聲恆、李成棟，結果金聲恆在南昌被困八月後自殺死。李成棟也在逃亡時墜馬溺死。同年九月，濟爾哈朗帶大軍到山東討榆園軍，得勝後再赴湖南征何騰蛟，一路也多有戰功。十二月，阿濟格往征山西姜瓖，不久多爾袞又親自出馬，出征山西。姜瓖在大同被部將所殺，部下獻城降清，山西局勢也得平定。而此時南明宗室中又發生內訌，四川的朱容藩在夔州自稱楚王，後改吳王，置行臺、封官爵，結果與永曆帝發生戰爭，而戰爭繼續至順治六年（一六四九）才告終，四川也因內鬥而被清軍復得。經過清軍的大肆征伐，永曆帝的實力大減，又開始逃亡生涯，而所能依賴的只有大西軍殘部孫可望與在東南沿海抗清的鄭成功。

孫可望等大西軍將領在張獻忠死後，曾攻下重慶，後來他們南下貴州，與南明取得聯繫。不過他們只「扶明討逆」，自己卻建立將軍政權；其後在雲南又採用「建國不建統，紀年不紀號」

的方式，孫可望稱東王、李定國爲安西王、劉文秀爲撫南王、艾能奇爲定北王，而孫可望又稱「國主」，設六部、寺、院等官，儼然又是一個朝廷。

永曆帝生性庸懦，「非撥亂之才」，得不到孫可望等人的全力擁戴。順治六年至八年間，永曆朝與將軍政權曾進行七次合作談判，但始終沒有得到好的結果，問題還是出在大家心懷偏私、目光短淺。尤其永曆政權不尊重張獻忠，不願改革積弊，並且要完全的領導權，視孫可望等爲下屬，這使將軍政權中人甚爲不滿，因此談判雙方都不滿意。孫可望等爲了用永曆爲號召，在順治九年（一六五二）把逃亡的永曆君臣五十多人安置在黔桂交界的小城安龍，而他自己卻在貴陽取代了軍國大政之權。後來他擬國號爲「後明」，自改「賜姓」並且宗廟中奉祀朱元璋，顯然這是他想強化自己的聲望，以朱明爲號召。可是他又排斥他的「諸王」，先後杖責過李定國，革去劉文秀的兵權，造成自己內部的不安。而李定國在對清戰爭中，攻克桂林時令定南王孔有德自殺，在湖南衡州大戰設伏殺死滿洲謹親王尼堪，「兩蹶名王，天下震動」，孫可望由嫉生恨，設計想殺害李定國，結果導致孫李內訌。順治十三年（一六五六）正月，李定國攻破封鎖，到達安龍，救永曆帝出險，並護送至雲南昆明，從此孫可望與李定國決裂。第二年八月，孫可望竟集大軍十四萬攻雲南，不料孫軍中有將領陣前倒戈，孫可望乃逃回貴州，再輾轉入湖南，於十一月間在寶慶投降了清軍。

順治十五年（一六五八）三月，清朝派貝子羅託爲大將軍，與經略洪承疇由湖南攻貴州，平西王吳三桂等帶兵由四川也向貴州進發。七月間，清軍連陷遵義、貴陽、獨山等地，後會師入雲南。十二月間，防守的李定國不敵，乃護送永曆帝離昆明西走。第二年二月，李定國戰敗，而永曆帝於事前先逃奔入緬甸，從此二人失去聯絡。順治十八年（一六六一）底，緬甸將永曆帝及其眷屬交給清軍。康熙元年（一六六二）四月初八日，吳三桂縊殺永曆帝於昆明。李定國後聞訊，悲憤不已，繼而發病，於六月二十七日在猛臘去世。李定國生前曾想與鄭成功結盟反清復明，惟未能實現計劃。他矢志抗清的精神也很值得人尊敬。

永曆帝的死亡也標誌著南明抗清運動全部失敗，只有鄭成功一家的勢力仍在臺灣高舉永曆旗幟，繼續抗清。

19

圈地、投充、逃人法

清朝定鼎北京後，大順軍、大西軍、南明諸王確實都是可怕的死敵，皇朝要安穩的存在，就非解決這些問題不可，所幸在多爾袞等人的智慧處理下，以上這些問題都先後辦好了。可是滿洲本身也不安靜，八旗人等並非全然付出而不作要求。早在皇太極時代，就有人抱怨說：「昔太祖誅戮漢人，撫養滿洲。今漢人有爲王者矣，有爲昂邦章京者矣。至於宗室，今有爲官者，有爲民者，時勢顚倒，一至於此。」入關以後，仍以八旗爲先鋒，而大家又拋家棄財的來到北京，政府當然要爲他們做安排。宗室諸王以及八旗重要長官都在福臨入北京即位後得到了封賞，但眾多八旗中上級官員與屬下人也不能不予以酬庸與安置，否則不能確保八旗將士的效忠與戰鬥力。

在清太祖努爾哈齊時代，曾經將遼瀋一帶無主的漢人田地分給八旗將弁兵士，即所謂的「計丁授田」政策，每丁三十畝，這是「圈地」的由來。滿清入關後，明朝宗室、太監與一些大地主因戰亂死亡或逃亡，而出現了很多無主的荒地。多爾袞等視爲可以仿照關外的舊制，圈佔荒地，以安置入關的八旗屬人。順治元年（一六四四）十二月初五日，清廷先下令「清察（查）無主之地，安置滿洲莊頭」。二十三日，多爾袞正式發布圈地令說：

> 凡近京各州縣民人無主荒田，及明國皇親、駙馬、公、侯、伯、太監等死於寇亂者，無主田地甚多，爾部（按：指戶部）可概行清查。若本主尚存，或本主已死而子弟存者，量口給與，其餘田地，盡行分給東來諸王、勳臣、兵丁人等。……然此等地土，若滿漢錯處，必爭奪不止，可令各府、州、縣、鄉、村滿漢分居，各理疆界，以杜異日爭端。

從多爾袞的這份命令文字看來，他只是想利用無主荒地分給八旗官兵，並無橫奪民人田產之嫌。同時他又顧到滿漢日後會有紛爭，所以令各地「滿漢分居，各理疆界」，似乎還算是合情理。不過各級官員後來在具體執行圈地時，並未按照原定政策，他們在很多地方不分有主無主，逕自圈劃，「圈一定，則廬舍、場圃悉皆屯有」，甚至當時還有人寫下如此的文字：

圈田所到，田主登時逐出，室中所有皆其有也，妻孥醜者攜去，欲留者不敢攜。

如此圈地，當然變成了一場災難。

順治元年底的這道圈地令，似乎還僅限於京畿一帶的無主荒田。隨著八旗將士與屬人奴僕等的不斷入關，以及關內對反清人士用兵的節節勝利，這種酬庸式的圈地也就不斷的進行，地區也由京畿擴展到山東、山西，甚至江蘇北部地區。從順治二年（一六四五）初到四年，是第一次圈地高潮期，其後一直延續了二十年，到康熙以後才正式禁止。以順治四年（一六四七）的圈地情形來看，當年共圈了四十二個府州縣的土地，總數高達四百萬畝。有些地方經圈佔之後，民地所剩無幾，像河北薊縣，原額地爲兩萬多畝，經幾年圈地，民地僅剩三百五十畝，情形之可怕，可見一斑。

滿洲貴族、旗人在政府野蠻而又公開的執行政策下佔有了很多漢人土地，「廣連阡陌」，生活富裕。而漢族農民失去大量土地而被強制遷居，造成「輾轉流離」、「婦子流離，哭聲滿路」，許多人被迫參加反清行列。多爾袞有鑒於此，曾經下令戶部設法補救，傳諭各州縣官員：「凡民間房產有爲滿洲圈佔，兌換他處者，俱視其田產美惡，速行補給，務令均平。」可是地方官卻沒有認眞辦理「撥補」他處土地給被圈失土地的人，有的地方草率從事，「退僅虛名」，有的則

「撥附近軍地補還」，「遂使良法美意不獲實及，是被佔者不斃於圈佔，而斃於撥補也」。因此，補救措施也沒有讓人民得到實惠。

滿族人本來不善農耕工作，而不少將吏又忙於出征，所得的大量土地需要耕種人手，多爾袞等又制定了一項政策，允許貧困失業的漢族人民，可以投身到「滿洲之家」為奴，稱為「投充資生」。滿清政府一再強調民人投充，「原非逼勒為奴」，目的是「為貧民衣食開生路」，防其因貧而為盜，危及社會安定。順治皇帝曾說：「投充者，奴隸也。」漢人一經投充，即失去人身自由，命運由主人決定，甚至「本主願賣者聽」。其處境實在堪憐。不過當時投充漢人中，也有地痞無賴之輩，他們反借旗人主子為護身，在地方上欺壓小民，藐視官員，為害鄉里。還有一些原是地方上的中小地主，他們為逃避稅賦，分享滿洲貴族特權，帶著土地去投充，當然他們的待遇比貧民投充者好得多。

絕大多數的投充漢民是生活無著的，他們眞如奴隸一般的在旗人家受到凌辱與剝削，因此就有很多貧困投充者紛紛逃離主家，想另謀自由生活。逃人在滿族主子看來就是財產喪失，他們逼著政府制訂嚴厲的法案，為他們追回逃人並防止再發生逃人事件，逃人法就再度的被強化了。

逃人法在關外就實施過，多爾袞等人入關也帶來了原有的奴僕，發現有些漢人奴僕在到北京後逃離了，因而在順治元年八月下令編制里甲制度時，就規定「凡遇盜賊、逃人、奸宄竊發事故，鄰右即報知甲長，甲長報知總甲」，隱匿不報者，一體治罪。當時把逃人與盜賊、奸宄視爲同類事件，足見對逃人的重視。後來推行圈地政策，投充的愈來愈多，而逃人問題也隨著時間愈來愈嚴重，到順治三年（一六四六）五月，多爾袞在一次諭告兵部的文件中就說：「只此數月之間，逃人已幾數萬。」可見爲數之多。因此他命「更定新律，嚴爲飭行」。不久以後，新法令出爐了，內容約爲：

隱匿滿洲逃人，不行舉首，或被旁人訐告，或察（查，下同）獲，或地方官察出，即將隱匿之人，及鄰佑（右，下同）九家、甲長、鄉約人等，提送刑部勘問的確，將逃人鞭一百，歸還原主，隱匿犯人從重治罪。其家貲無多者，斷給失主，家貲豐厚者，或全給、半給，請旨定奪處分。首告之人，將本犯家貲三分之一賞給，不出百兩之外，其鄰佑九家、甲長、鄉約，各鞭一百，流徙邊遠。

除此之外，新法條中還規定地方官也要「以怠忽稽察之罪，降級調用」等等，可謂嚴格異常。據此可知：當時逃人法重點在嚴懲窩藏逃人的窩主以及窩主的九鄰、甲長、鄉約、地方官等，對逃人反而處罰較輕。逃人法眞是令出必行，山東平度州有位名叫王木匠的人，早年被滿洲兵擄去爲奴；清兵入關後，他攜帶一婦女史氏從旗下逃出，返回老家，隱匿在兒子王大成家，事被發覺，報官。多爾袞對此案批示說：王大成就地處斬，其母與弟沒官，發旗下爲奴，家產抄沒。王木匠及史氏則各鞭一百，歸還原主。鄰居九家及其他有關人都被流放邊疆。這類案例很多，不能一一盡舉。

順治六年（一六四九）三月，多爾袞感到處罰窩主過重，在不少漢人大臣上奏諫阻或請求下，他下令稍作減輕。他說：

> 今再四思維，逃人雖係滿洲官兵功苦所獲，而前令未免過重。自今以後，若隱匿逃人，被人告發，或本主認得，隱匿逃人者，免死流徙，其左右兩鄰各責三十板，十家長責二十板，地方官俟計察時併議，若善爲覺察者，亦俟計察時議敘。

儘管逃人法的條文處分變輕了，但執行時對隱匿的窩主懲罰仍然太重、太殘酷，甚至有時太不合理，因爲所謂「窩主」不能一概論之，至少可以分爲四大類：一是逃人的父母、妻子、兄弟、叔姪等至親家人；二是好友、親戚或有密切關係之人；三是旅店、船家、住戶、商鋪等因不知情而留宿、雇用、搭載逃人的；四是被奸惡歹徒誣陷的人。這些人當中有的是無法拒絕逃人的，而滿族高層則始終認爲不重罰窩主，「是助逃而空我滿人也」。因此在多爾袞攝政期間，以及其後順治皇帝親政期間，逃人法中對窩主始終是懲處主要對象，也沒有對他們手軟過。

多爾袞入關時雖然做了不少撫順輿情、收拾人心的工作，使滿漢族群抗爭得以緩和；不過他的圈地、投充、逃人法的實施確爲不少受災省區人民所痛恨。而更爲當時所有漢人指爲全國性弊政的，則爲剃髮的政令。

20 頒降剃髮嚴旨

滿洲人的祖先，在中國史書裡有好些不同的稱號，先秦時代稱他們爲肅愼，魏晉六朝時稱作挹婁，隋唐時又叫勿吉與靺鞨，宋朝時稱女眞或女直，明朝末年以後，隨著女眞民族的統一，建立的共同體叫滿洲。《晉書．四夷傳》中記：「肅愼氏，一名挹婁。……俗皆編髮。」《新唐書．北狄傳》中則記：靺鞨「俗編髮」。宋朝人寫的《三朝北盟會編》裡說：「（女眞人）男子辮髮垂後，耳垂金銀，留腦後髮以色絲繫之。」《大金國志》中也記他們女眞人「辮髮垂肩」、「留顱後髮，繫以色絲」。由此可見：「辮髮」、「留顱後髮」是滿洲祖先的傳統髮式，也是他們的一項傳統文化習俗。

努爾哈齊在遼東起兵後，對歸附或俘獲的漢人，一律強令剃髮。隨著後金戰事的勝利，征服的漢人土地不斷增加，被俘與投降的漢人官民也日漸眾多，大規模的強制漢人剃髮行動也在遼河東西兩岸實行，導致不少漢人起而抗爭。皇太極繼位大汗之後，他對漢人的政策大有改善，重用漢官，安撫一般漢民，仿行漢人政治制度，也舉辦漢人的科舉考試，可是他在剃髮的政策上並未放鬆，凡是他大軍所到之處，首先宣佈的政令常是剃髮。

明朝漢人的髮式是留長髮，精心梳理成髮髻，戴上冠帽。他們平時不剪髮，認爲身體髮膚受之父母，不可毀傷。而且冠髮成爲有身分的象徵，清人強行命令剃髮，在一般漢人看來，是對漢人傳統文化的褻瀆，是讓文明的漢人變爲野蠻的夷人。

多爾袞在山海關大戰勝利後，立即命令山海關城內軍民一律剃髮，此一命令固然有該城被滿洲征服的政治、文化意義在，但也是用作辨識人民對大清是順是逆的標記。後來進軍北京途中，清軍所過之地，都命人民剃髮。進入北京城後，多爾袞在第一份安民文件中，就說到「所過州縣地方，有能削髮投順，開城納款，即與爵祿，世守富貴」。在給前明內外官民人的另一份諭令中又提到「凡投誠官吏、軍民，皆著薙髮，衣冠悉遵本朝制度」。後來發現漢人對剃髮事極度反感，甚至有激發成變亂的，清軍當時尚未穩固的建立統治權，多爾袞便在入北京後的二十多天，收回成命，下令罷除剃髮命令。他技巧的改口說：

予前因歸順之民，無所分別，故令其薙髮，以別順逆。今聞甚拂民願，反非予以文教定民之本心矣。自茲以後，天下臣民，照舊束髮，悉從其便。

這是多爾袞因應局勢而作的讓步，是權宜之計，不過到第二年即順治二年（一六四五），他看到大順軍已被擊垮，南明福王政權也覆亡在即，半壁江山已掌握在手，他對剃髮問題又重新考慮了。據說在他得報南京福王下臺後，他對京中的漢人大臣作過這樣的談話：

近覽章奏屢以剃頭一事引禮樂制度爲言，甚屬不倫，本朝何嘗無禮樂制度？今不遵本朝制度，必欲從明朝制度，是誠何心？若云身體髮膚受之父母，不敢毀傷，猶自有理。若諄諄言禮樂制度，此不通之說。

沒有過幾天，在順治二年六月初五日，他趁順治皇帝特派專人攜敕文到江南嘉獎多鐸大將軍時，便帶去江南各處文武軍民，盡皆剃髮，「倘有不從，以軍法從事」的命令。又過了十天，多爾袞便以順治皇帝名義降諭禮部，重申剃髮嚴旨：

向來薙髮之制，不即令畫一，姑聽自便者，欲俟天下大定，始行此制耳。今中外一家，君猶父也，民猶子也，父子一體，豈可違異？若不畫一，終屬二心，不幾爲異國之人乎？此事無俟朕言，想天下臣民亦必自知也。自今布告之後，京城內外限旬日；直隸各省地方，自部文到日，亦限旬日，盡令薙髮。遵依者，爲我國之民，遲疑者，同逆命之寇，必置重罪。若規避惜髮，巧辭爭辯，決不輕貸。該地方文武各官，皆當嚴行察（查）驗，若有復爲此事瀆進章奏，欲將朕已定地方人民仍存明制，不隨本朝制度者，殺無赦。

剃髮令宣佈後，江南各地反抗行動四起，前明孤臣義士與地方人民不甘受辱，誓死悍衛民族尊嚴，地方動亂也因之而起。其中反抗最激烈的要推江陰與嘉定這些城市。

江陰屬江蘇常州府，當剃髮令傳到之後，知縣方亨就傳令限三天剃完，並恐嚇人民「留頭不留髮，留髮不留頭」。閏六月初一日，城內外人民認爲剃髮是恥辱，大呼：「頭可斷，髮決不可剃也！」於是「分隊伍，樹旗幟，鳴金進止；集教場，議戰守，塡塞道路」。後來大家又請來曾任明朝江陰典史的閻應元入城主持運動。七月初九日，閻應元開始佈置江陰城防務，準備與清軍一戰。同月二十二日至二十九日，清兵用砲猛攻，但人民視死如歸，奮力抗敵。「願受砲打，寧死不降」。八月二十日起，清兵又以新運到的大砲二百多尊助攻，歷時近兩天，終於攻陷了江陰城。閻應元知大勢已去，據說他在城門上寫了：「八十日帶髮效忠，表太祖十七朝人物；十萬人同心死義，留大明三百里江山。」其後奮力殺敵，不屈而死。江陰是江南地區因剃髮而抗清最早、堅持戰鬥時間最久的城市。

與江蘇江陰縣士民反剃髮抗爭的同時，該省東南部的嘉定城也爆發反剃髮的戰事。閏六月十二日，城內外傳出剃髮令，「人情始懼，遂有變志」。第二天，「剃髮今益急，人心愈憤，市上大呼曰：安得官軍來，爲我保此髮膚，苟有倡義者，即揭竿相向矣！」十七日，人民公推黃淳耀、侯峒曾爲領導，佈置防務，眾人用木石壘街斷路，以此阻止清兵。樹白旗於城上，寫著大字「嘉定恢剿義師」，望之令人振奮。七月初一日，鄉民與清兵交戰，由於缺乏武器，不善戰陣，鄉民很快戰敗，遭清兵慘殺。據時人記載：敗退時，「走者不知所爲，相蹈藉而死，抉眼流腸，不計其數」。清兵又砍殺逃到河邊的鄉民，結果「時正溽暑，數暴雨，河水驟漲，屍骸亂下，一望無際」。初四日，城破，侯峒曾投水死，黃淳耀兄弟自縊於一寺廟僧舍中，清兵入城燒殺三日，城中「乞命之聲，嘈雜如市，所殺不可數計，其懸梁者、投井者、斷肢者、血面者、被斮未死手足猶動者，狼藉路旁，彌望皆是，投河死者亦不下數千百人」。嘉定城前後經三次屠城，歷時十七日，城內外死者兩萬多人，可謂至爲壯烈又淒慘。

江南其他各城市如常州、無錫、宜興、崑山、松江、紹興等地也各有反剃髮事件發生，只是規模不如江陰與嘉定大。浙江總督張存仁建議速辦科舉，讓讀書人出仕有望，「而從逆之念自息」。其他大臣也有承認剃髮政策導致不少已經投降的明朝官民又再起抗清的。

清朝入關後，以尊孔來籠絡漢人；可是多爾袞重申剃髮命令之後，連孔子也顧不了了。順治二年十月底，陝西河西道孔聞謤就剃髮事，以孔聖後裔，上奏說：

臣家宗子衍聖公孔允植，已率四氏子孫告之祖廟，俱遵令剃髮訖。……獨臣家服制三千年未之有改，今一旦變更，恐於皇上崇儒重道之典，未有備也。應否蓄髮，以復先世衣冠，統惟聖裁。

多爾袞斷然的答覆說：

薙髮嚴旨，違者無赦，孔聞謤疏求蓄髮，已犯不赦之條，姑念聖裔，免死。……著革職，永不敘用。

由此可見，當時剃髮命令是沒有任何理由可以反抗的。有些道士、優伶、瘋人，他們沒有剃頭，也終遭殺身之禍。

當時來北京的朝鮮使臣也知道剃髮引起各地的動亂，他們有人向國王報告說：

閏六月，清人迫脅北京漢人，盡令剃頭，自北京以東，凶歉太甚，關內土賊群起，殺害官吏。

中國北方也有因剃髮而殺官吏的，由此得到證實。

總之，清初的強制剃髮政令，極大的傷害了廣大漢人的民族感情，這種弊政、暴政，留在漢人心中的仇恨，久久不能磨滅。

21 濟爾哈朗權位的停罷

清朝大軍平定了大順軍、大西軍與南明福王、魯王、唐王等反清勢力後，圈地、逃人法與剃髮等暴政也施行，多爾袞見大勢穩定，自己的統治權已鞏固，於是便著手對付政敵、排除異己了。

多爾袞當時所擔心的還是皇太極死後與他爭繼統的那些反對派，特別是豪格、濟爾哈朗一批人。如前所述，濟爾哈朗本來與他共同輔政、攝政，可是不到三個月，濟爾哈朗便自動提出把自己的名字列在多爾袞之後，一切奏報、行文都得先寫多爾袞的名字，這與當初決定二人輔政時多爾袞列名在後的情形有很大改變，也可以看出他們二人爭權的跡象。順治元年（一六四四）帶兵入關，由多爾袞一人主導，濟爾哈朗留守瀋陽，結果定鼎北京的功勞完全由多爾袞一人獨享，功勳「高於周公」，多爾袞「建碑紀績」，晉升皇叔父攝政王，而濟爾哈朗僅加封「信義輔政叔王」，「輔政叔王」與「皇叔父攝政王」，兩者已是有天壤之別了。多爾袞與濟爾哈朗在政治地位上有如此不同，當然分配的權力就有極大差別，一切國家大權都被多爾袞掌握了。甚至經濟收入也有差距，攝政王的俸祿爲三萬兩，輔政王僅爲其半數一萬五千兩。另外宮室之制、護衛人員等等，攝政王當然都高過其他親貴。

順治四年（一六四七）正月，多爾袞當時已獨攬大權，乃以濟爾哈朗建王府「王殿臺基逾制」爲由，下令徹查議罪，結果罰濟爾哈朗白銀二千兩，並將一些所謂「徇情」偏袒濟爾哈朗的官員治罪，使得一些文武大臣不敢再與濟爾哈朗親近。同年七月初一日，多爾袞又想出一個整肅濟爾哈朗的新點子，他召集內大臣、各部尚書等官，宣佈他同胞親弟多鐸的功勞，問問大家多鐸是不是應該升官，晉封爲「輔政叔德豫親王」。多鐸入關後的戰功是毋庸置疑的，在剿滅李自成、打垮南明福王政權的功勞上確實比其他人爲高，他晉升爲叔父輔政王也是無可厚非，不過對他的這項安排是有私心，是爲排斥濟爾哈朗而起。眾大臣在多爾袞的淫威下，只好「僉以爲然」，大家都贊成此事。多鐸的晉升大典辦得非常隆重，除賜金銀鞍馬外，又舉行大宴，甚爲熱鬧風光。按說多鐸這位新任的輔政叔王應該名列濟爾哈朗之後，參與中央政府辦公。可是五天之後，即七月初六日，多爾袞又向中央各衙門官員傳達命令說：

前令輔政德豫親王、和碩鄭親王共聽政務。今和碩鄭親王已經停罷，止令輔政德豫親王與聞，凡各部院事務，有應親理者，有應輔政德豫親王代理者，開列具奏。

據此可知：剛剛晉升豫親王多鐸沒有幾天，鄭親王濟爾哈朗的權力就被「停罷」了。濟爾哈朗失勢，多鐸的權勢上升，而多鐸是多爾袞的胞弟，清廷中央的政治格局顯然有了新的改變。

濟爾哈朗的災難尚不止此，他並不能安閒的度過他「停罷」後無官一身輕的日子。順治五年（一六四八）三月中，他的姪輩貝子吞齊、尙善、吞齊喀及公扎喀納、富喇塔、努賽六個人，共同揭發濟爾哈朗的罪狀，其中較大的約有六點：

㈠濟爾哈朗當初有意擁立豪格繼皇太極爲君，有擅謀大事之罪。

㈡順治皇帝遷都北京途中，濟爾哈朗率自己的鑲藍旗靠近皇帝立營，與皇帝同行，又命正藍旗越次前行，有違規制。

㈢濟爾哈朗在遷都路上，又安排豪格的妻子走在阿濟格與多鐸二人的妻子前面，顯然是曲徇豪格。

㈣濟爾哈朗無爲國宣勞之處，也無輔佐之功，竟然援比君上，自稱當用官夫修其府第。

㈤寵愛有罪的顧爾瑪洪、羅託等人，給予華廈美宅。

(六)濟爾哈朗的妻子託病不去參加衍禧王、饒餘王家喪禮，漠視所親。

這些都是舊帳或小事，可是經眾大臣會議後，竟判濟爾哈朗爲死刑，還有當年兩黃旗支持豪格的將領如圖賴、鰲拜、塔贍、錫翰、索尼等等的重臣，都判以革爵、抄家，甚或論死。這份判決書，經小皇帝（也許說是多爾袞更合適些）作了最後裁決，認爲濟爾哈朗罪不至死，改成「鄭王（按：指濟爾哈朗）革去親王爵，降爲多羅郡王，罰銀五千兩」。其他相關大臣也作了減輕的處罰，死罪的免死，革職也免革職，抄家也免抄家，不過不少人仍以「贖身」下場，只對錫翰較嚴，革去公爵與議政大臣；索尼更盡革所有職務，變成平民，到皇太極的陵寢去當夫役，而這兩人正是當年堅持要立皇太極之子、反對皇弟繼承大統的人。

濟爾哈朗是一個能征慣戰的將領，他被「停罷」時，大江南北反清大小動亂，又因剃髮與大順軍、大西軍重組支持南明而變得活躍起來。基於實際需要，多爾袞處罰濟爾哈朗兩個多月之後，又恢復了他的鄭親王爵位，同年九月間便任命他爲定遠大將軍，統兵去湖廣一帶征討李自成的殘部。濟爾哈朗自北京出發後，路經山東就先「恢復曹縣」，將一些圖謀不軌的人擒斬，算是立了第一功。其後他取道河南，入湖北，再渡長江，在湖南湘潭與南明大將何騰蛟發生激戰，擒何騰蛟，並順利的攻克寶慶、衡州、辰州、沅州、靖州等地，一直攻入廣西的全州。順治六年（一六四九）正月奉命班師回京，但沒有得到應有的慰勞、郊迎等待遇，只冷清清的回到北京城。直到同年四月，政府才做出論功行賞的決定，給濟爾哈朗金二百兩、銀二萬兩，其他軍官也略作賞賜，不像其他親王帶兵打勝仗被獎賞那樣的風光。

濟爾哈朗從此也就「安靜」的住在北京了，在政治與軍事方面都沒有見到他有任何表現，史書裡也沒有對他記述的文字，有人說他「形同政治禁錮」，直到多爾袞死後情形才有所改變。

22 豪格的冤死

前面已經說到豪格在清兵入關前夕被人告發他對多爾袞有不滿言論，如咒罵多爾袞「非有福人，乃有疾人也，其壽幾何而能終其事乎？」等等，結果興了一次大獄案，豪格被幽禁，支持豪格的八旗將領俄莫克圖等人被處死，藉沒家產。也許當時多爾袞地位尚未穩固，不久他又釋放了豪格，但罰銀五千兩、奪其七牛彔所屬人口並革去了他的王爵。朝鮮人說因爲小皇帝福臨「啼泣不食」，請求寬宥，才換來他長兄豪格的不死。

這場政治鬥爭後不久，多爾袞帶著清兵入關了。豪格在當時也隨軍入關作戰，因此順治元年（一六四四）十月間，當福臨在北京再即位大封諸王時，豪格才被恢復肅親王的爵位，冊封文中說：「爾和碩肅親王，前以引罪削封，後隨叔父攝政王入山海關，破流賊二十萬，遂定中原，厥功懋焉。朕誕登大位，特加昭雪，授以冊寶，復封爲和碩肅親王，永存帶礪，與國咸休。」我們知道：多爾袞入關之初，情勢非常危急，各地武裝抗清的人很多，清軍亟需將領人才，豪格又富於作戰經驗，歷經重大戰役，這次恢復他的王爵，當然與起用他爲朝廷作戰有關。從順治二年（一六四五）二月開始，豪格果然被多爾袞不斷的派出爲國家平亂。他曾平定了山東滿家洞的頑強反清勢力，後來在順治三年（一六四六）被任命爲靖遠大將軍征討張獻忠，結果也很圓滿，平息四川亂事，更射殺死了張獻忠，爲朝廷除了一大患，也爲清廷立了一大功。可是當他在順治五年（一六四八）二月得勝回京時，他受到的待遇很冷淡，不像多鐸平江南那樣熱烈，沒有派人慰勞大軍，也沒有郊迎等風光場面，只以小皇帝在太和殿「宴勞之」做一點表示。多爾袞有意貶低豪格地位是不言可知的。

不但如此，在豪格回京後不久，突然發生了三等男爵希爾艮的冒功等事件。同年三月初六日，清朝官修史書中記述：

> 幽繫和碩肅親王豪格。先是，豪格出征四川，已及二載，地方全未平定，地方官亦未有以投誠平定入奏者。又擊敗流賊張獻忠，遣學士蘇納海啓奏時，有護軍統領哈寧噶於衆人會集處，言曰：「若非護軍阿爾津、蘇拜相助，則我等皆失利矣。……希爾艮在

後，奪前進之阿爾津、蘇拜功，王（按：指豪格）將其冒功事，竟未議結。……又欲將罪人楊善弟機賽補護軍統領，啓奏。」

以上三項變成豪格的罪狀，平心而論，沒有一項是可以興大獄判人罪的。以征四川兩年而地方尚未平定來說，當初派豪格遠征，主要的是消滅張獻忠及其大西政權，這些目的豪格都已達到了。地方未平是常態，當時那一處動亂平定後會永遠不再生事的？山西、陝西、湖南、湖北等地那一省不是清廷反覆幾次派大軍去征討？多鐸打垮了南明福王政權，江南不是還發生江陰、嘉定及其他各地的亂事嗎？所以這一點顯然是不成理由的。至於希爾艮冒功的事，也有問題，他出身行伍，是正黃旗人，在入關前就建立過不少軍功，任護軍參領，授一等甲喇章京世職。順治二年隨阿濟格攻打大順軍，打過不少勝仗，晉升爲三等梅勒章京。他不是膽怯無能之輩，躲在阿爾津、蘇拜等人後面作戰，而阿爾津等正是多爾袞的親信，希爾艮沒有眞正功勞又如何敢與他們爭功？豪格爲這件事最多也只能犯「失察」罪，況且告發的人根本沒有提出實據。還有機賽補升爲護軍統領，也不是什麼大罪。他哥哥楊善是因爲附從濟爾哈朗受牽連而定罪，根本也是莫須有的政爭結果。即使楊善眞犯了罪，他弟弟機賽只要有功還是可以晉升職位。這樣的事在清初屢見不鮮，努爾哈齊幽殺長子褚英，但褚英的兒子杜度仍爲領旗貝勒，統轄紅旗。努爾哈齊殺噶蓋之後，其子武善仍當牛彔額眞，後來甚至當上鑲紅旗佐理大臣。武善弟布善在皇太極時代更代理護軍統領與議政大臣，幾乎到了位極人臣的高職。機賽若是眞有戰功，當然可以升官。總之，當時加諸豪格身上的這三大罪狀，說來都不能成立。

然而，諸王、貝勒、貝子、大臣們集會之後則認爲：

肅親王（按：指豪格）將希爾艮冒功事隱蔽，舊念未除，因楊善爲伊而死，欲陞其弟，亂念不忘。奉有以罪人楊善弟機塞爲護軍統領不合之旨，宥王之罪，至於三次戒飭，猶不引咎。

諸王、貝勒最後以豪格「怙惡不悛，讐抗不已」，判決他「應擬死」。歸根結柢，還是與「舊念未除」、「亂念不忘」有關，也就是與當年爭繼統的宿怨有關。

多爾袞對於王公大臣們的判決假惺惺的表示不贊同，還借用小皇帝的名義批寫：「如此處分，誠爲不忍，不准行。」諸王、內大臣又堅持說：「太祖長子（按：指褚英）亦曾似此悖亂，置於法。」這說法根本是與史事不合，褚英的惱怒努爾哈齊與豪格以上三項罪狀絕無類似情勢，而多爾袞卻應王公大臣們的說法改判免死，但以「幽繫」結案，實際上給豪格判了終生監禁的徒刑。

豪格對於自己被無端陷害，實在無法容忍。有一次，他向人說：「將我釋放則已，如不釋放，毋謂我繫戀諸子也，我將諸子必以石擲殺之。」他已經感到生不如死了，而且要把兒子們一起砸死，與他們同歸於盡。不久，豪格在禁所中死去了，時年三十七歲。有關豪格的死，清代最重要的官書《清實錄》中沒有記載。《八旗通志．豪格傳》只說：「爲睿王多爾衮構陷，薨於獄。」這是雍乾時代對豪格同情後的文字。《清史稿》則記：「……繫豪格於獄，三月，薨。」這一說未作史料來源根據，但明指豪格在幽禁的同月中死亡。

豪格死後不到兩年，順治七年（一六五〇）正月二十五日，多爾衮「納和碩肅親王豪格福金（晉）博爾濟錦氏」。在名義上，多爾衮是豪格的叔父，他竟把姪媳婦納入王府，據爲己有。皇太極在世時曾下令革除滿洲陋習，不准雜婚亂婚，多爾衮奪姪兒寡妻，違規亂倫，可見他蠻橫不顧王法之一斑了。

關於多爾衮納博爾濟錦氏一事，有些野史裡說這位姪媳原是多爾衮元妃之妹，貌美而早被多爾衮看中，並與私通，因此豪格屢次受罰，常被派遣出征，都與多爾衮想霸佔此女或便於與她私會有關。順治六年，多爾衮元妃逝世，更增強殺害豪格的決心。這類傳說也只能姑妄聽之，因爲沒有可靠的史料佐證。不過多爾衮娶豪格妻是史實，連《清實錄》都記載了此事。

多爾衮除去濟爾哈朗與豪格二人，應該是政治鬥爭的緣故，因爲這二人不存在，多爾衮才能使他的地位更安全、更鞏固。

23 太后下嫁？

就在順治五年（一六四八），多爾袞整肅濟爾哈朗與豪格的這一年，傳說他又娶了太后，並以小皇帝的名義晉升他為皇父攝政王，多爾袞獨攬大權，勢燄熏天，眞是到了極點。

傳說中下嫁給多爾袞的太后就是順治皇帝的生母，是皇太極五宮后妃中的永福宮莊妃布木布泰。據說她才高貌美，聰睿機警，多爾袞對她一直非常喜愛。太后下嫁的傳說在順治朝就有人提到了，清初抗清志士張煌言在一首滿洲宮詞〈奇零草〉裡曾寫道：

上壽觴為合巹尊，慈寧宮裡爛盈門。
春官昨進新儀注，大禮躬逢太后婚。

這是恥笑太后安養的慈寧宮變成了新房，舉辦太后大婚典禮的事，而太后是皇帝的生母，當然是指布木布泰下嫁事了。這一年底，順治皇帝確實因他的叔父多爾袞功高而晉封他爲「皇父攝政王」，使大家想到「皇父」之稱必與太后下嫁有關，而後世清代修官書又刪去了封「皇父」這件事，這更使得大家懷疑清宮有意隱諱醜聞，太后下嫁也益發使人相信確有其事。

民國初年出版的《清朝野史大觀》卷一中，有三條專記太后下嫁的事，即〈太后下嫁攝政王〉、〈太后下嫁賀詔〉、〈太后下嫁後之禮制〉，尤其大婚恩詔中有：「太后盛年寡居，春花秋月，悄然不怡。」「皇叔攝政王現方鰥居，其身分容貌，皆爲中國第一人，太后頗願紆尊下嫁，朕仰體慈懷，敬謹遵行，一應典禮，著所司預辦。」像是眞有其事，連小皇帝也共襄盛舉，頒降賀詔了。該書又肯定說了太后下嫁爲「中國有史以來所未有也」。

民國八年又有一位筆名古稀老人的寫了一本《多爾袞軼事》，書中有〈太后下嫁〉一條，談到順治皇帝在多爾袞攝政下「危如累卵」，太后認爲「非有羈縻而挾持之，不足以奠宗社於泰山之安，故寧犧牲一生，以成大業」。而多爾袞「涎太后之色」，常入宮禁，「縱談市鄙事以嘗試之」。太后後來提出「衛我母子」的要求，「待天下一統之日，即我二人因緣成就之日」。古稀老人還說太后與多爾袞「兩人對天立誓，各刺臂作血書，互執一書」以爲憑證。更精采的是書中安排太后詐崩，並舉行隆重喪禮後，再以皇帝乳母身分嫁給攝政王，故事堪稱曲折多奇，很能引人入勝。太后下嫁事經過這些野史小說傳佈，也就深入民間，深入人心了。

不過野史中的說法與史實多有不符，例如：㈠多爾袞元妃之死在順治六年（一六四九）十二月，而太后下嫁與稱皇父事在順治五年，當時多爾袞「不鰥居」。㈡小皇帝的賀詔辭文俚俗，說多爾袞爲「中國第一人」，這與當時各種文獻中概稱「大清」之行文形式大異。而「春花秋月」等字樣，實屬小說家用語，絕非官方文書之文字。㈢古稀老人的記述更是出於想像，毫無史料可作佐證。

另外還有一些小說，談到太后下嫁事更是離奇，如民國五年出版的《清史通俗演義》，作者蔡東藩在書中說：皇太極臨死前，多爾袞與布木布泰在御榻前伺候時便眉目傳情，心有靈犀。皇太極崩，多爾袞力主福臨繼位，布木布泰聞知，格外感激，竟特沛殊恩，傳出懿旨，令攝政王多爾袞便宜行事，不必避嫌，多爾袞出入禁中，從此無忌，有時就在大內住宿。順治入北京後，「朝政始稍稍閒暇，多爾袞隨即入宮，與太后共敘離情」。後來多爾袞的元妃死亡，而太后獨居寡偶，秋宮寂寂。小皇帝爲盡孝道，請皇父皇母合宮同居，並頒詔舉辦大婚之事。

民國三十七年，又有一位王浩沅出版了《清宮十三朝》，又名《清宮祕史》，書中對多爾袞與太后布木布泰相戀事記述很多，從目錄中我們就可以看出，如〈種情根巧救小玉，償夙願親王大婚〉、〈槐樹蔭中窺嫂浴，荷花池上捺叔腮〉、〈香衾臥嬌豔經略降清，宮內候兄安親王戲嫂

〉、〈榻前聽命心有靈犀，府內強嬌豫王罰俸〉、〈親王迎駕小玉妃爭風，順治入京大清國定都〉、〈建新儀攝政娶太后，名打獵姊妹嫁親王〉等等，可謂清宮緋聞大觀，而布木布泰名「大玉兒」與其妹名「小玉兒」，也是王浩沅的發明之一。這本祕史中又談到大玉兒與洪承疇還有一段情，簡直把布木布泰寫成人盡可夫型的人了。

這些類似言情小說的書，完全空憑作者的浪漫想像，無限發揮，我們覺得不值得去深究。不過倒是清初的一些文字證物，很有作一番觀察的必要。例如：

第一，張煌言的詩應作如何解釋？

第二，多爾袞死後被鬥爭時，小皇帝福臨在詔書中明指他稱過「皇父攝政王」並「親到皇宮內院」，這能不能證實多爾袞與太后有染？

第三，太后布木布泰死後沒有和她丈夫皇太極合葬，而被葬在清東陵的風水牆之外，這能表示她因改嫁而得到的下場嗎？

先輩清史大家孟森先生早有〈清初三大疑案考實〉一文，其中論及太后下嫁事的部分對以上三點都作了辨證。他說：張煌言的詩是「遠道之傳聞，鄰敵之口語，未敢據此孤證爲論定也」。他甚至聯想到多爾袞娶豪格妻一事，既然明載奏疏與諭旨之中，也是後來列爲多爾袞罪狀的項目，這件事「天下譁傳，明遺老由此而入詩，國人轉輾而據以騰謗」，亦屬可能。「春官昨進新儀注」一句，孟先生認爲後人既說這位「春官」（禮部尚書）是錢謙益，他以可靠的史料證明錢謙益投降清朝只被任命爲禮部侍郎，不是尙書，而時間上也有問題，因爲錢氏降清在順治二年（一六四五），任清廷官職不到半年即「以疾乞假」辭官。太后下嫁傳說發生在順治五年，錢謙益早已回到江南老家，不是官員了，怎能再爲太后下嫁制訂新儀注呢？至於多爾袞稱「皇父」，他認爲：「父之爲稱，古有『尙父』、『仲父』，皆君之所以尊臣，仍不能指爲太后下嫁之確據。」而且多爾袞因功高晉升爵位，不是親屬的稱謂。「親到皇宮內院」一項，孟先生雖覺可疑，但也只能疑其曾經瀆亂宮廷，「決非如世傳之太后大婚」，「夫瀆亂之事，何必即爲太后事？」布木布泰死後未能祔葬皇太極之昭陵，孟先生以爲：「太宗昭陵，已有孝端合葬；第二后之不合葬者，累代有之。」他舉出清代康熙、雍正、乾隆、嘉慶、道光、咸豐等朝第二后都沒有合葬，難道這些皇后都有下嫁或其他不貞事件嗎？總之，孟先生認爲「太后下嫁之證無有」，而朝鮮當時爲清朝屬國，應該有頒詔告諭之文，可是《朝鮮實錄》也遍翻不見。「設使無此詔，當可信爲無此事」。

孟森先生的論證極爲詳盡，相信可以給大家解釋疑惑。我自己還有幾點想法，寫在下面，供讀者參考：

㈠在漢人的倫理觀念中，雜婚亂婚是被嚴厲譴責的，順治皇帝的生母又以國母之尊下嫁小叔，則更是人倫大變、醜上加醜的下流事。當時各地反清氣勢很盛，明朝遺臣遺老還有很多尙活在人間，特別是名人如黃宗羲、顧炎武、王夫之等等，他們怎麼不著文加以抨擊呢？清宮這種無禮教、野蠻行事正是筆伐的好題目，絕對可以增強抗清的力量，除張煌言一人作詩外，別無其他文字存世，可見張煌言詩的可靠性仍有値得重加檢驗的。

(二)張煌言詩中有「慈寧宮裡爛盈門」一句，慈寧宮確實是布木布泰長期生活的所在。不過按清宮檔案，慈寧宮在李自成火焚後被損壞，直到順治十年（一六五三）才修葺成而請太后入內居住。多爾袞死於順治七年（一六五〇）十二月，布木布泰如何與一個逝世三年的小叔子在這座宮裡行合巹禮呢？這是與史不合的。

(三)多爾袞雖蠻橫跋扈，不過他對小皇帝的態度與對國家的禮儀還是注意遵守的。他時刻尊君循禮而行，不敢逾越。順治二年五月初五日，他乘轎入朝，行至朝門，滿洲諸臣都跪下向他行禮，他發現後立刻命轎夫擡他回家，不上朝了。他認爲在朝上大臣對他行見君之禮，他心不安，並傳話給眾漢官知道此事。同年十月，順治皇帝賜多爾袞與濟爾哈朗、豪格三人馬各一匹，多爾袞「跪受」，又「入武英殿，叩首謝恩出」，這也是多爾袞在君臣之禮上惟恐有僭越之嫌的表示。甚至到順治七年春，他因元妃新喪，「罹此莫大之憂」後不久，心中不快，發了牢騷，說小皇帝都沒有「循家人禮」來探望；他的親信錫翰等人立即入宮，帶著福臨到攝政王府慰問，多爾袞事後認爲錫翰等人做事魯莽，有損他謙謙周公之形象，命議政王大臣們處分了錫翰等人。

㈣關於「皇父」一事，我有另外看法，將在下一節詳述。

從以上事例看，多爾袞很能顧全大局，盡力維持君臣之分。如果他表現如此，眞想做周公第二，他能不顧漢人儒家倫常而強娶寡嫂嗎？

太后下嫁的傳說可能不是眞事，不過多爾袞與布木布泰之間，政治默契顯然是很好的，他們一個爲增強攝政王的權勢，一個爲維護幼年天子的地位，必然有著密切的合作關係。

24 皇父攝政王

順治五年（一六四八）十一月初八日是冬至，清廷舉行祀天大禮，其後兩天又有奉太祖配享、追尊四代祖先尊號等祭告天地典禮，到了十一日以皇帝名義頒發詔書，大赦天下。詔書的第一條就說：

叔父攝政王，治安天下，有大勳勞，宜增加殊禮，以崇功德，及妃、世子，應得封號，院部諸大臣集議具奏。

皇帝既降了這道詔書，院部衙門必定有所回應，向皇帝報告「應得封號」是什麼。可是《清實錄》一類官書中就沒有任何記錄。這件事頗令人不解。到乾隆年間，也就是一百多年之後，有位廣西籍的官員蔣良騏，他當了史官，在大內的檔案中發現了眞相，在他史料集子的《東華錄》中寫下了當年諸王大臣共議的結論是：「加皇叔父攝政王爲皇父攝政王，凡進呈本章旨意，俱書皇父攝政王。」到清朝覆亡後，由於清宮的大量檔冊公諸於世，證明蔣良騏的記錄是正確的，因爲順治五年底到七年底有些奏本與禮部殿試策中，都擡頭寫著「皇父攝政王」字樣，這是無可否認的鐵證。同時學者們又發現，故宮博物院珍藏的史料中，有一件〈多爾袞母子併妻罷追封撤廟享〉的詔書，這是多爾袞死後不久被鬥爭時留下來的文獻，是順治皇帝親政後對他叔父處罰的一份重要詔書，其中寫著多爾袞「自稱皇父攝政王」的罪狀一款，頒詔的時間是「順治八年（一六五一）二月二十二日」，詔書上還蓋著官方印信，顯然是絕對可信的資料。不但如此，當時還有一些外國人也記述了多爾袞稱「皇父攝政王」事，例如朝鮮使臣從北京回國後向國王談到此事，而被清楚的記載在他們國家官修史書《朝鮮實錄》當中。另外西洋傳教士湯若望（Johann Adam Schall von Bell）與順治皇帝有私交，對當時宮廷事務熟悉，他的回憶錄中也記了多爾袞稱「阿瑪王」（按：滿語阿瑪ama意爲「父」，wang是「王」的拼音）的事，這就難怪後人懷疑太后下嫁了。多爾袞既稱「皇父」，當然就與他娶「皇母」有關，這是一般人應該有的反應。

不過，事實是不是如此呢？學術界固然也有這樣看法的人，但也有持相反意見的，他們認爲「皇父」一詞，不能作爲太后下嫁的證據。如孟森先生就堅認多爾袞被加封爲「皇父攝政王」，

「蓋爲覃恩事項之首，由報功而來，非由瀆倫而來，實符古人尙父、仲父之意」。胡適曾對孟先生的解釋存疑，他寫信給孟先生說：「終不免一個感想，即是終未能完全解釋『皇父』之稱之理由。」孟森給胡先生的答覆是：『當是時，攝政王方全掌國事，如以太后嫁彼爲倫理上之污點而諱之，則必不以皇父之稱詔示天下。』既然對天下「公然稱皇父，必不諱太后下嫁」，「惟其無下嫁之事，則坦然稱皇父以仲父、尙父自居，則亦無嫌，故有皇父之稱」。如此解釋也算有力。

另外一位明清史大家鄭天挺教授，對「皇父」一詞作了更爲深入的研究，他的結論是：多爾袞先以「叔父王」爲稱，「蓋爲親王以上爵秩，凡遇親王建大勳者始封之，不以齒，不以尊，亦不以親，尤非家人之通稱」。他進一步的認爲「叔父王」之制如此，「皇父」之稱應不相遠。多爾袞既因功而授「叔父王」，執政長久而又建殊勳，再高升一級當以「父」字來表示了。而從清初「攝政王寶」一方印章中的滿文部分可以看出，「叔父王」滿文作ecike ama wang，即「叔父父王」；「皇父」滿文作han（汗）i（的）ama（父）wang（王），即「汗的父王」。他說：「世人徒疑其後之稱皇父爲可駭怪，不知在稱皇叔父時，早用『阿瑪』之稱矣！」鄭先生最終確認：「皇父攝政王」是當時最高的爵秩，絕無其他不可告人之隱晦原因。

我個人從孟、鄭兩位先生的基礎上，又發現了一些新資料，可以爲他們找出新的旁證，並從滿洲人的舊俗與語文等方面，提出一些新想法：

㈠從多爾袞入關到他死亡之間有關他的冊封文件，以及他死後被鬥爭時有大臣像彭長庚等人為他請求的奏疏來看，都是以周公比喻多爾袞，而且爭論的重點也都在多爾袞的功德是如周公一樣的高。他的罪則以娶豪格妻為焦點，以為「此罪尚屬輕小，何罪為大？」如果多爾袞眞娶了太后，又以「皇父」的名義詔告天下，在當時滿族漢化日深之時，相信滿漢臣工都會以國母再嫁這一亂倫事件為恥的，彭長庚是漢人出身，他們怎麼會還說為多爾袞昭雪可以「勵諸王作忠之氣」？

㈡「叔父攝政王」或是「皇父攝政王」，是否都如鄭天挺先生說的是「親王建大勳者始封之」、「非家人之通稱」？順治四年（一六四七）有不少官員上奏章時稱多爾袞為「九王爺」或「皇叔父」，都被治了罪，因為他們沒有按規定用「皇叔父攝政王」這個正式專用官稱，可見若就單純的家庭稱謂而言，「九王爺」、「皇叔父」也算尊稱了，這裡可以了解「叔父王」的性質「不以親」。多爾袞胞弟多鐸因定陝西、平江南、敗蒙古有大功，他在順治四年也「進封為輔政叔德豫親王」。多鐸本來是親王級的人物，現在因功再加上一個「叔」字。順治六年（一六四九）多鐸病死之後，他的同胞大哥阿濟格以小皇帝的叔父身分，要求晉升為「叔王」，多爾袞回答說：「爾原為郡王，……爾安得妄思越分，自請為叔王，大不合理。」可見「叔王」不是任何叔叔輩的人都能受封的，這是高於親王一級時，而且有大功的人才能晉升為這一爵位。「叔王」既是因功而授，「皇父攝政王」也是以功不以親的。就像皇太極在崇德改元時封王一樣，他給大哥代善的親王爵號上加一「兄」字，這也不是一個單純的家庭親屬稱謂。

(三)外國人談到「皇父攝政王」的也可以再作一些深入的觀察。《朝鮮實錄》中記：「上（按：指朝鮮國王）曰：『清國咨文中有皇父攝政王之語，此何舉措？』金自點曰：『臣問於來使，則答曰：今則去叔字。朝賀之事，與皇帝一體云。』鄭太和曰：『敕中雖無此語，似是已爲太上矣！』上曰：『然則二帝矣。』」順治年間，朝鮮人對清朝仇恨到極點，如果眞有太后下嫁事，深受儒家思想的朝鮮君臣必定大肆嘲諷滿洲人的無文化、無禮教，不會這樣輕描淡寫一筆算了的。另外，湯若望的「阿瑪王」（父王）一說，他在回憶錄說得很清楚，是「皇父與國父」的意思。湯若望對多爾袞極爲厭惡，也曾提到他「霸佔姪子妻子」事，但對「皇父」與太后下嫁未作任何聯繫。總之，僅有的外國人記述文字，也是看不出多爾袞因娶皇母才有皇父之稱的。

(四)從滿洲文字記家人稱謂可以看出一個規則，即稱謂放在人名之前，如稱祖父覺昌安爲mafa giocangga，父親塔克世爲ama taksi，伯父禮敦爲amji lidun，兄滿泰爲ahūn mantai，子褚英爲jui cuyeng，女額實泰爲sargan jui esitai等等。但是職稱與美號則又是一番排列方式，如額亦都巴圖魯寫成eidu baturu，噶蓋扎爾固齊寫成gasai jarguci，額爾德尼巴克什爲erdeni baksi，阿敏臺吉爲amin taiji，布占泰貝勒爲bujantai beile，大定汗寫成daiding han等等，都是人名在前，職稱或美號在後。還有努爾哈齊有位族弟旺善，滿文記事裡稱他為taidzu（太祖）genggiyan（英明）han（汗）i（的）uksun（同族）i（的）deo（弟）wangšan（旺善）ecike（叔父）。既是稱他為族弟，又在文字最後加上一個「叔」（ecike）字，這個「叔」字顯然與親屬定義有別，正如前列的職稱與美號一樣。從滿洲早年稱謂用法中，我們對多爾袞的稱「叔父王」、「皇父」似乎也可以得到一些新啓示。

(五)「阿瑪」（ama）這個滿洲字在早年的滿洲文獻中，使用時顯然不如漢文中「父」字有那麼嚴格的定義。例如萬曆四十年（一六一二）九月努爾哈齊征討烏喇部時，布占泰的臣僚在戰敗後向努爾哈齊求情，一直稱其為「父汗」（ama han），他們與努爾哈齊非親非故，卻以「阿瑪」為稱，可見這是有另外的涵義，是對一個有權勢地位之大人物的尊稱。另外在《舊滿洲檔》天命十年（一六二五）五月十四日條，努爾哈齊叫「親近的侍衛們和頭等大臣們可稱（我）為『父王』（beile ama）」，原檔邊上加註說「親近的侍衛們和頭等大臣們稱『父王』是表示汗對他們愛顧的」，可見這裡的「阿瑪」也不作親屬稱謂解。

總之，「皇父」一詞看作是太后下嫁的鐵證是不十分妥當的，因為清初的史實告訴我們多爾袞封「叔父王」、「皇父」都是以功不以親，同時代的朝鮮人與德國人也都提到「皇父」，但不作太后下嫁解，而滿文資料更能證明「阿瑪王」是用作稱呼有權勢地位的人，這些事實，我們應該值得參考，而不能盡信野史與小說家言才好。

25 多爾袞之死

順治七年（一六五〇）十二月初九日，多爾袞在邊外打獵時突然逝世。清代官書《清實錄》中只簡單的記載說：

攝政睿親王多爾袞薨於喀喇城，年三十九。

沒有說明死因，沒有記述有關事項。談遷在《北游錄》中記：

初，攝政王膝創，塗以涼膏，太醫傅胤祖謂其非宜。是日圍獵，值一虎，須尊者射而眾從之。時王創甚，勉發三矢，度不自支，退召英王（按：指他同胞大哥阿濟格）語後事，外莫得聞也。

這是多爾袞出獵墜馬不治死亡的一說。喀喇城在今河北省承德市郊。多爾袞是在這一年十一月十三日因「有疾不樂」，「率諸王、貝勒、貝子、公等及八旗固山額眞、官兵，獵於邊外」，顯示這是一次規模不小的行獵活動。多爾袞多年來一直作威作福，有沒有可能被人害死的呢？我看可能性不大，至少沒有任何史料作此假設，因此我們還是從他的身體與心境上來談他的死因吧。

多爾袞是努爾哈齊的兒子，從身體基因上看他不應該是不健康的人。他十六歲以後就不斷的參加各次戰役，打蒙古、征朝鮮、討明朝，都少不了他。戎馬生涯之苦他是備嘗了。據他自己說，皇太極晚年的明清松錦大決戰對他的健康影響很大。這次戰役歷時兩年多，他是重要統帥之一，壓力奇大，不言可知。戰爭勝利後，他說因爲「頗勞心焦思，親自披堅執銳」，使他「體弱精疲」；當時他才三十歲上下，就已種下了病根。

皇太極去世以後，他又因繼承皇位的鬥爭費盡心血。崇德八年（一六四三）八月中，八旗宗親決意立福臨爲君，他得一個輔政王的地位，但不如自己主觀希望的好，心中必然有很多不快。九月間，在文獻上，我們見到他向留在瀋陽當人質的朝鮮世子求靈藥。初六日這一天朝鮮人寫的

《瀋館錄》中記：

九王（按：指多爾袞）言：「俺荷國眷愛時深，世子之待俺，亦至其欲生不欲死之意，可見（現）俺有痼疾，非竹瀝難治，而蒙惠得服便見其效。但此物非此地所產，不得不求之於館所者。……」

朝鮮世子不敢不應，很快就將竹瀝、生薑等物，派人專送給了多爾袞。多爾袞既然說是「痼疾」，顯然是糾纏他經年的不易治之病。但是竹瀝、生薑兩味，似乎也不是什麼稀有藥材，皇太極生前也向朝鮮討竹瀝，可能是上有好者下必甚焉，大家都以竹瀝是奇驗靈藥。按：竹瀝的藥用功能主要是治化痰、去熱、解煩悶等症。是一般藥材，只是大清國當時境內不生產，物以稀為貴。同時，豪格也說過多爾袞「乃有疾人也」，可見他的病已是眾人皆知的了。

入關以後，多爾袞的國事責任更重，煩憂事更多，抗清反清的、軍事征伐的、社會治安的、兵餉財政的，樣樣都要他悉心籌劃，他在順治三年（一六四六）二月間就對王公大臣們說：他「日夜焦思，又素嬰風疾，勞瘁弗勝」。在另外的場合他又說過「幾（機）務日繁，疲於裁應，頭昏目脹，體中時復不快」的話，可見他的身體確實有了問題。到順治四年（一六四七）他竟因「體有風疾，不勝跪拜」，一度特例不向小皇帝行跪拜大禮。顯然他的「風疾」可能是關節炎一類的毛病，在入關後更爲嚴重了。

很多史家都認爲多爾袞好色，這對他的身體是絕對有害的。又說他早婚，十二歲就娶妻，身體尚未長成。還有他至少娶了六妻四妾，另有若干沒有名義的婚姻關係，與那麼多人有性關係，必然對他的健康不利。當然這些說法是有一定理論根據的，不過就以他的宗族家人來說，早婚是通常現象，十二歲結婚的人很多，努爾哈齊、皇太極那一個不是娶過妻妾十多人，比多爾袞還多。如果以多爾袞與他的族孫康熙皇帝比較，更是小巫見大巫。康熙皇帝娶第一個妻子時他才十一歲又六個月，他的妻妾總人數有史料可考的至少有五十五人，而康熙皇帝活到六十九歲，在古代帝王中算是高壽了，所以我個人不認爲多爾袞好色是他早死的主因。

總之，多爾袞的死或許與他好色有些關係；但主要的原因是他多年來有一種治不好的「痼疾」，這種病可能是人類健康的大殺手，也未可知。

再就多爾袞死前的心境來看，似乎也能窺知一點端倪。現在僅以他死亡的順治七年爲例，作一番了解。

這一年正是他的得力大助手親弟弟多鐸病死與元妃新喪後不久，心情必然悲愴失落。二月二十五日，他突然召集議政王、貝勒、大臣等會議，決定了納豪格的媳婦爲妃，這件事遭致中外人士的同聲譴責，認爲是大反倫常之舉。我自己在想，如果多爾袞只是爲了鍾愛這位「小玉兒」，

情成分。他不會公然的把她納入王府；如此以召開議政大會的程序納爲己妃，政治報復的因素必然大於愛

同年二月二十八日，他又傳諭：各部事務有不須入奏的，由親王滿達海、博洛、尼堪等人辦理。這位一向獨攬大權的攝政王，怎麼願意「大權旁落」呢？這點也是應該注意的。

五月初三日，史書中記：因攝政王福晉之喪，貝子鞏阿岱不爲成服，且違禁往來王府等罪，降鞏阿岱爲鎭國公，罰俸一年。鞏阿岱可以說是多爾袞的親信，他是努爾哈齊異母弟巴雅喇的第三子，算起來與多爾袞同輩分。順治元年（一六四四）與多爾袞一同入關，任吏部尙書，後因打敗大順軍有功，四年晉升爲輔國公，六年更晉封爲固山貝子。多爾袞死後，他被捲入清算的大風暴中，以依附多爾袞罪名在順治九年（一六五二）被處死。對於這樣一位效忠於自己的人，竟給予如此重罰，未免不盡人情。

如果說多爾袞眞是愛新喪的元妃，處罰了鞏阿岱，他就不應該在愛妃屍骨未寒時納豪格的福晉爲妃。尤有甚者，他在處分過鞏阿岱之後的第三日，即五月初六日，他又以出獵山海關爲名，到連山地方（今遼寧省境內）親迎朝鮮公主，不待舉行正式婚禮，即日就地成婚，這也是教人驚異的事。

同年七月初四日，他認爲北京在夏天「溽暑難堪」，下令在邊外建築一座大城作避暑之用，

並決定向直隸、山東、山西、浙江、江南、河南、湖廣、江西、陝西九省在額定錢糧外加派銀二百五十萬兩。清人入關時以廢除明末三餉，傳爲美談，令漢人感激。現在天下尚未平定，各地反清活動仍多，多爾袞突然加派錢糧，也是有違撫順輿情、減輕人民負擔的不好措施。

另外在七月初十日，他又因身體不適，對貝子錫翰等人抱怨小皇帝「雖人主，念此大故（按：指元妃大喪），亦宜循家人禮，一爲臨幸」。結果錫翰等把福臨請到攝政王府來慰問，他又以錫翰等「違令擅請駕臨」爲名義，處分不少人。

以上這些事件，只能以多爾袞在當時心態有些反常來解釋，說明他的喜怒不定，愛憎多變，不理政務，縱情享樂。這已經不像以前的多爾袞了，他的堅毅、進取作風似乎不再。這也可能是他身體健康不佳的預兆。

多爾袞一生戎馬，英年早逝，而又意外的死在苦寒的邊外小城，算是命苦之人。順治七年十二月十三日，死訊傳到京師，順治皇帝立即下詔，命全國臣民爲多爾袞「易服舉喪」。十七日，多爾袞的靈柩運回北京，順治皇帝率諸王、貝勒、文武大臣「易縞服」，出東直門外迎靈。皇帝親自跪奠三爵，各官跪伏道旁舉哀。護柩隊伍由東直門至玉河橋，四品以下各官「俱於道旁跪哭」。到攝政王府時，公主、福晉以下及文武命婦，都穿上喪服，在大門內跪哭。當天晚上，諸王、貝勒以下及各官都在王府守喪。

同月二十日，順治皇帝又降哀詔，向全國臣民正式宣佈多爾袞的功業及他死亡的消息。規定國喪日爲二十七天，官民人等一律服孝，另外對各地屠宰與婚嫁事也發出禁令。十二月二十五日，順治皇帝再降詔書，給多爾袞加皇帝封號，追尊爲「義皇帝」，廟號「成宗」，並讓他與元妃「同祔廟享」。

多爾袞身後在當時也算備極哀榮，他一生爲清朝所作的貢獻，死後得到這些地位上的肯定，也算實至名歸。

誰又能想到在他屍骨未寒的不久之後，竟發生了慘烈的鬥爭大獄案呢？

26 處死阿濟格

多爾袞死後，清朝中央險些發生一場政變，那是英親王阿濟格的謀反事件。

阿濟格是多爾袞的同胞兄長，在多爾袞死時就發現他有些異常的行動。談遷的《北游錄》中記：多爾袞在喀喇城打獵時病發不支，曾召阿濟格密談，其後「英王即遣三百騎馳入京。大學士剛令（林）知其意，立策馬行，日夜馳七百里，先入京，閉九門，徧告宗王固山等爲備。俄三百騎至，皆衷甲，盡收誅之，英王未知也。尋至，被幽」。

阿濟格在多爾袞死後是不是派了三百騎入京，此事尚無其他史料證實；不過他確是在入京前就被拘捕，押進了大牢，想來談遷的記述應非空穴來風。

據清代官書記載：多爾袞死後第三日，阿濟格派人問正白旗的大臣吳拜、蘇拜、博爾輝（惠）、羅什等人：「勞親郡王什麼時候可到？」勞親是阿濟格的第五子。吳拜等人以不肯定的口氣回答阿濟格，不過，他們已暗中感受到了事態嚴重，大家私下商量，認爲阿濟格是要我們附從勞親，而勞親得我等支持後，「必思奪政」，就是奪得攝政大權。吳拜等人爲防止阿濟格意謀不軌，乃「增兵固守」。

阿濟格又派人召正藍旗的護軍統領阿爾津與僧格質問，爲何不讓多鐸之子多尼來他英親王府，並指責兩白旗大臣離間他與勞親的父子關係。阿爾津見英親王阿濟格的行徑不尋常，乃與白旗的吳拜等人商量。大家認爲阿濟格是企圖佔有多尼的正藍旗，進而欲得多爾袞的兩白旗，如能如願，「必強勒諸王從彼，諸王既從，必思奪政」。

吳拜與阿爾津這兩組被阿濟格詢問過的人，都不想支持阿濟格，覺得他們自己是「依皇上以爲生」的，所以便把一切經過與想法告訴了濟爾哈朗與滿達海幾位親王，阿濟格在多爾袞死後策劃的大事從此幾乎公開化。濟爾哈朗也相信「二白旗若屬英王，英王必誤國亂政」，乃對吳拜等人說：「爾等係定國輔主之大臣，豈可嚮彼。」因而大家決定「固結謹密而行」。

阿濟格不但沒有覺察到大家對他不利的情勢，反而又對濟爾哈朗說：多爾袞後悔過繼多鐸的兒子多爾博爲嗣子，所以後來收養了他的兒子勞親入正白旗，意思是多爾袞生前有意以勞親代替多爾博，希望濟爾哈朗也依從他一致行動。阿濟格還向另一位重量級的親王博洛說：你和濟爾哈朗、滿達海三人理不了政，要趕緊議立攝政王。話中當然有自薦之意。阿濟格的意圖，眞是司馬昭之心，路人皆知了。

阿濟格還做了一些膽大妄爲的事。在多爾袞的靈柩禮車運返京城時，他身佩利刀，使濟爾哈朗忍不住的說出：「英王有佩刀，上來迎喪，似此舉動叵測，不可不防。」另外，勞親眞的率領了約四百人來護衛靈車，像是有不可預測的行動會發生。額克親、吳拜、蘇拜、博爾輝、羅什、阿爾津等人，因而集合了「四旗大臣」，及時揭發阿濟格的不法，「諸王遂撥派兵役，監英王至京」。

十二月二十六日，諸王、議政大臣集會，討論阿濟格的罪行，結果大家認爲阿濟格確實犯了大罪，決定把他幽禁起來。第二年新年剛過，正月初六日，諸王、議政大臣再度集會，研議阿濟格犯罪懲處的事宜。會中決議沒收阿濟格屬下的十三牛彔歸順治皇帝所有，另七個牛彔撥給多尼，投充漢人准許離開做自由民，他家的使役人員酌量留下一些供其使用，其餘的人畜「俱入官」。勞親革去王爵，降爲貝子，奪攝政王所給四牛彔。阿濟格所屬前鋒統領席特庫，聽到多爾袞之喪，不但不向諸王報告，反而「服蟒褂，佩新刀，預其王亂謀，調兵前往」，所以斬首處死，沒收家產。另外還有毛墨爾根、穆哈達、馬席等處以死刑。尚書郎球、星訥、議政大臣都沙等十二人罰以革職、罷任、籍家、鞭笞等不同處分。

阿濟格的忠誠支持者經此次大案都被打壓下去，他的勢力也因此消滅了大半。其他態度不定者也逐漸「西瓜偎大邊」的轉向皇帝一邊來了。

阿濟格是努爾哈齊的兒子，是多爾袞的長兄，向以驍勇善戰著名，在後金與清初確實貢獻很多，建樹過不少勳業。這次以「奪政」罪名受到如此重罰，似乎還是政治打壓的因素多，因爲他的罪狀都是議政大臣定的，眞正叛逆的證據顯然不夠充分。不過他是當時輩分最高的宗室，又是忠誠度不足的軍頭，不給他判個終身監禁，不把他黨羽打盡，又怎麼能令皇帝高枕無憂呢？

阿濟格就這樣失去自由，被幽禁了起來。我自己以爲阿濟格也許只想在他胞弟多爾袞去世之後，發動諸王大臣支持他代替多爾袞，當上攝政王，而不是謀叛篡位。當時他擁有四十牛彔兵力，也有不少八旗兵將附從，他才四十六歲，正是年富力強之時，若是眞的發生政變，也未必非敗不可。所以他的被重罰，還是皇太極死後繼統之爭的一個餘波，這件事也可以在稍晚順治皇帝鬥爭多爾袞時看出跡象來的。

順治八年（一六五一）九月三十日，阿濟格在監禁的地方發怒，他對看守者發牢騷說：聽說把我的兩個兒子給人家爲奴隸，家中婦女也發配與人。我將「拆毀廂房，積衣舉火」。中午果然有拆屋的事。守監的人立即向上級報告，刑部請皇帝處治阿濟格，結果經諸王、議政大臣會議，在十月十六日作出決議：「阿濟格屢罪當死，俱荷恩宥，今復出妄語，燒燬監房監門，悖亂已極，應論死。」順治皇帝隨即「令其自盡」。他的兒子勞親也賜死。至此才結束了阿濟格的案件。

27 順治皇帝親政

順治皇帝雖然舉行過兩次即位大典，但當的只是有名無實的皇帝。因為他年幼，一切國家大政由叔父多爾袞攝理，而多爾袞又擅權獨專，當時大家只知有攝政王而不知有皇帝。順治七年（一六五〇）底多爾袞死了，清廷在忙過攝政王的喪事，並處理了阿濟格「奪政」案之後，開始籌備福臨親政的事宜。

順治八年正月十二日（一六五一年二月一日）是福臨舉行親政大典的日子，他當時還差十八天才十三周歲，算是一個虛歲僅十四的少年天子。不過他可能從即位到親政閱歷的事變太多了，加上他母親皇太后布木布泰的教誨支持，顯然他已有大將之風。在多爾袞死後不到十二天，他就命令大學士剛林等人先到攝政王府，把所有信符「收貯內庫」。接著他在十二月二十六日又傳諭議政王大臣等說：

國家政務，悉以奏朕，朕年尚幼，未能周知人之賢否，吏、刑、工三部尚書缺員，正藍旗一旗緣事固山額眞未補，可會推賢能之人來奏。諸王、議政大臣遇緊要重大事情，可即奏朕。其諸細務，令理政三王理之。

當天多爾袞的親信譚泰等人還回奏說：「議推大臣，恐不免稍遲。」福臨不以爲然，回答他們說：「遲而得當，何傷。但速而不得其人，是所憂也。」譚泰等人於是照小皇帝的旨意推選人事，大事都奏呈皇上。由此可以看出福臨在他叔父多爾袞死後的旺盛企圖心，他是想把皇權收歸於自己了。

福臨在親政大典舉行之前，還下了幾道命令，如順治八年元旦免行朝賀之禮；禮部計劃在親政大典時熱鬧一番，他命鹵簿照舊陳設，但免鳴鞭、鳴鼓鐘，「樂設而不作」。他又叫戶部停止江南三處織造的催督人員，停止陝西的蟒衣織造、皮貨買辦以及山東臨清的燒磚等事，一則可以節省費用，再則也減少對地方的騷擾。由此可見順治皇帝是有心要作內政上的一些改革。這場親政大典舉辦得莊嚴隆重，皇帝在太和殿中，接受諸王群臣上表慶賀，大家對福臨當天的表現，都認爲很好，連朝鮮來的使臣都說：「清主年今十四，而坐殿上指揮諸將，傍若無人。」可見其氣度不凡。

親政後總不免要頒降詔書、大赦天下，一方面告訴全國人民他已親自治理，另一方面他也藉詔書闡明他上臺後的治國大政方針，以及他對中外官員和人民的要求與期望。恩赦部分則是將一些加恩赦罪事具體化開列出來，要相關官員執行，目的在強調「政在養民」。

親政後的順治皇帝並不是如一般人想像中認爲多爾袞既死，一切問題都已解決，相反的，他面臨的困難與危險仍然很多，例如：

多爾袞的死亡並不表示他的勢力全都不存在，如前所述，阿濟格就是一個明顯的例證。福臨雖在效忠的王公協助下，定了阿濟格的罪，並把他關入了牢房，但一時還不敢將他處死，到九個月後才命令他自盡，這也可以說明他的勢力是不可輕視的。我們知道：清太宗皇太極在世時，他轄有兩黃旗、正藍旗，共有三旗。多爾袞領有正白旗，他弟弟多鐸領有鑲白旗。多鐸死後，兒子多尼襲爵。多爾袞無子，以多鐸第五子多爾博爲嗣子，並將正藍旗歸屬他自己名下，只說將來小皇帝親政後再歸還，實際上多爾袞在擴大自己的實力，管轄了正白、鑲白與正藍三個旗。順治皇帝既失正藍旗，而兩黃旗又被多爾袞下令分隸無用但親多爾袞的人領轄，所以在多爾袞攝政之日，從八旗大權管轄方面可以看出皇帝幾乎是無權的。因此多爾袞一死，阿濟格馬上想奪得旗權，謀取兩白旗等的領轄權。福臨雖已親政，但旗權高漲，而且不屬於自己，實在是隱憂大患。

多爾袞在世，刻意佈置人事，除八旗長官多與他有關係外，不少原屬皇帝自將之旗的長官也因時勢倒向於他。再說中央各部院的大學士、尙書、侍郎多爲他任命的屬下人，各省的總督、巡撫、布政使、按察使以及提督、總兵官等等文武官員也少不了與他有些關係。總之，無論從政治上、軍事上或是經濟上說，多爾袞的勢力是佈滿當時清朝中外的，皇權可以說處處受到伸張的限制，順治皇帝要成爲一個有實權的君主，就得先要解決這些障礙才是。

如果我們再放眼看看當時的全中國，順治皇帝親政後也遇到不少困難。例如：

由於多爾袞時代實行剃髮、圈地、逃人法等等政治措施，引起了不少漢人的民怨，甚至有起而武裝革命的，使得抗清運動更爲熾熱。多爾袞派出的大軍，雖然收到不少鎭壓的效果，不過到順治皇帝親政之日，雲南、貴州、四川、福建、湖南、廣東、廣西等省區，很多地方還是被反清人士所據有。順治皇帝接掌的清朝中央不能號令全國，因爲當時中國是四分五裂的。

各地戰爭仍然不斷，當時需要充足的人員與經費才能平定，從而鞏固自己的統治權。可是八旗人口不多，兵源有限，「平定中原，統一四海，悉賴滿洲兵力」是主觀的願望。入關已經七年了，大小戰役不知發生了多少次，滿洲兵力大有耗損。順治五年（一六四八）調查時，滿洲八旗男丁只有五萬五千三百三十丁，且多疲弱傷殘，統一國家大業，以他們是賴顯然不足。多爾袞時代的國家預算也不富裕，軍費根本大得驚人，三餉廢除了，但明朝軍隊一百多萬人又投降清室，開支當然可觀。明清交替之後，各地生產受到嚴重破壞，百業凋敝，物價騰貴；加上地方盜賊不寧，官方貪吏作惡，中央與地方的財政都有問題。順治八年的一份文獻中可以看出：當時清朝轄區內二百九十萬頃的田地上，只能徵得賦銀二千一百萬兩，米麥豆類五百七十萬石，這個數字，如何能負擔國家人事的開支以及軍費的需要？

據上可知：順治皇帝親政不是高貴皇位的取得，而是重大的責任在等待著他來負擔。

28 清算多爾袞及其黨羽

阿濟格的獄案大興，實際上就是多爾袞被清算的開始。

順治八年（一六五一）二月十五日，多爾袞生前的親信正白旗議政大臣蘇克薩哈等人，首告他們主子的罪行，說多爾袞死於行獵之地，侍女吳爾庫尼將殉葬時，告知羅什、博爾輝、蘇拜、詹岱、穆濟倫五人，北京王府中有八補黃袍、大東珠素珠、黑狐褂等物，可偷偷放進王爺棺木內下葬。羅什等人後遵照而行。另外還有多爾袞企圖在永平府一帶圈房，令兩白旗人馬移駐。順治皇帝得到報告後，立即命諸王大臣審查。在此同時，又有人告發何洛會依附多爾袞，曾經辱罵過豪格的兒子等事。經過諸王大臣審查的結果，確認告發的事都屬眞實，因此以多爾袞「私製御用服飾等件，又欲率兩旗駐永平，陰謀篡逆」，應沒收其所屬家產，人口入官，其養子多爾博、養女東莪俱給信親王多尼。何洛會犯「附黨」罪，應凌遲處死，籍其家；蘇拜不舉發多爾袞棺內禁物，亦應處死。順治皇帝得到諸王大臣的判決後，除蘇拜免死外，其餘的都「依議」，這是對多爾袞清算的第一步。

二月二十一日，濟爾哈朗、滿達海、博洛、尼堪四位親王又聯合內大臣上奏，「追論睿王多爾袞罪狀」，他們提出的多爾袞犯罪事很多，重大的有：㈠以皇上之繼位盡為己功；㈡獨專威權，擅作威福，任意黜陟，一切文件自己裁處，概稱詔旨；㈢不令濟爾哈朗管理政務，擅以其弟多鐸為輔政叔王；㈣謀死肅親王豪格，逼納其妃；㈤以朝廷自居，令諸王、貝勒、貝子、公等日候府前；㈥府第、儀仗、音樂、扈從人員都比照皇上的一樣，任意浪費國家錢糧；㈦「親到皇宮內院」；㈧詆稱太宗皇太極之即位「原係奪立」；㈨逼取皇上侍臣歸入他的旗下；㈩私製帝服，藏匿御用珠寶；⑪欲帶兩旗移駐永平府等等。

順治皇帝接到以上奏報，下令「在朝大臣」詳細討論，結果是大家都覺得多爾袞犯罪屬實，應該進一步追辦多爾袞的各項大罪。

大家既公認「多爾袞逆謀果眞」，而且是濟爾哈朗等人以前畏威吞聲、不敢出言告發的事實，所以順治皇帝也覺得這樣「神人共憤」的罪行，不能寬恕，便下令：「謹告天地、太廟、社稷，將伊（按：指多爾袞）母子併妻所得封典，悉行追奪。」這就是〈多爾袞母子併妻罷追封撤廟享詔書〉這一珍貴史料的內容（該文件仍存故宮博物院文獻處）。至於「悉行追奪」的方式，據當時在中國的一位西洋傳教士衛匡國（Martino Martini）說還包括其他報復手段：「命令毀掉阿瑪王華麗的陵墓，掘出屍體」，「用棍子打，又用鞭子抽，最後砍掉腦袋暴屍示眾，他的雄偉壯麗的陵墓也化爲塵土」（見《韃靼戰紀》）。朝鮮人所記的略有不同，他們只說：「攝政王葬處，掘去其金銀諸具，改以陶器。」不論誰的記事較眞，但都足以說明陵墓被掘的事實。

多爾袞死後被追尊爲成宗義皇帝以及他後來被罷追封撤廟享，是在短短兩個月內發生的，眞是人生如戲，榮辱無常，而政治鬥爭的殘酷更是畢露無遺。

清算了多爾袞一人，並不能就此結束多爾袞案，因爲這是一場大的政治鬥爭，涉及的人事很多，所以我們看到不久就陸續的展開對其他要人的清算了。

同年的閏二月二十八日，大學士剛林首先受到處分。如果談遷的說法正確，剛林在多爾袞死後已經表態反多爾袞，他「日夜馳七百里」趕路，入京「徧告宗王固山等以爲備」，防止阿濟格政變。他又幫皇帝到攝政王府中取得所有信符，「收貯內庫」，這些顯然還不能將功贖罪。濟爾哈朗等人認爲他依附多爾袞多年，「朝夕獻媚」，「巧言誑上」，又擅改國史中有關多爾袞生母的事跡，更重要的是他參與了多爾袞「逆謀」，所以罪無可逭，判處死刑，籍沒家產，妻子爲奴。另外一位大學士祁充格，也是因「諂附」多爾袞、擅改《太祖實錄》以及隱匿多爾袞罪行等罪狀判以死刑，籍沒家產。順治皇帝都予以批准。在這一波對文臣的牽連案中，漢人大臣范文程、甯完我、王文奎等人也被告發依附多爾袞，不過得到順治皇帝特別加恩，未加殺戮。

四月間，又查出覺羅巴哈納「阿附睿王」，將戶部庫存金銀珠帛私送到多爾袞家中，「私厚兩白旗兵丁」。巴哈納給予革職處分，籍沒家產三分之二。

同月被處分的還有冷僧機。原屬正黃旗的冷僧機，後來投靠到多爾袞門下，得到多爾袞寵信。現在確認他幫多爾袞說話，污蔑兩黃旗大臣，強調當年堅持主張立順治皇帝的是多爾袞。冷僧機又爲討好，竟將珍貴的白狼裘獻給多爾袞，而不獻給皇上，由於這些「罪款炳據」，王公大臣會議決定冷僧機應判死刑，籍沒家產，妻子入官。不過皇帝批示：「姑從寬免死爲民。」

同年八月，吏部尚書譚泰也被人告發，列罪狀十多條，其中提到譚泰曾在多爾袞面前表示「我死亦在此門，生亦在此門」，其對多爾袞的忠心，由此可見。其他如「恭送孝端文皇后梓宮往昭陵，譚泰悍然不往」，以及迫害索尼、鰲拜等人不法事，議政王大臣會審後，認爲譚泰及其子孫，俱應論死。順治皇帝最後裁決：「譚泰著即正法，籍沒家產，其子孫從寬免死。」

順治九年（一六五二）三月，皇帝在一道上諭中，提到拜尹圖、鞏阿岱、錫翰、席訥布庫、冷僧機五人依附多爾袞的事，他說：「其所行事蹟，朕雖明知，猶望伊等自知己罪，翻然改過，盡心竭力以事朕，是以姑置不發。豈意伊等不改前轍，輕藐朕躬，擾亂國政，朕實不能再爲寬宥。」皇帝命令諸王大臣嚴審再給他報告。王公大臣們當然望風承旨的找出很多不利於這五人的罪狀，做出對他們嚴厲程度不同的兩種判決，供皇帝做最後決定。順治皇帝後來降旨說：

朕思拜尹圖原係庸懦無能之人，其罪多被諸弟牽連，年已衰邁，姑免死，禁錮獄中。鞏阿岱、錫翰、席訥布庫、冷僧機等，俱著正法，家產籍沒。

這五人家中的兄弟子姪，本來也是應該死罪的，結果皇帝從寬量刑：「拜尹圖弟男子姪皆免死，革去宗室爲民，席訥布庫子姪亦革退侍衛爲民。」經過一年多的窮追猛砍，多爾袞的黨羽多被清除，皇帝適可而止的只針對高階人士予以清算，極少涉及下層，這樣不但容易進行整肅工作，同時也不致引起動搖國本的政局波動。

曾經是叱咤風雲的人物，帶兵入關消滅漢族兵民二、三百萬的大統帥，也是大權獨掌、言出令行的攝政王多爾袞，就此被打入了地獄，直到一百多年以後，乾隆皇帝當政時，才給他這位祖先昭雪，恢復原先的光榮地位。

對於剛剛親政的小皇帝而言，打擊和消滅多爾袞的勢力，是他提高皇權、加強聲望與鞏固統治地位的惟一手段。政治就是那麼現實，家人親情與政治事功，常常是由不同標準衡量的。

29 佈置人事鞏固政權

順治皇帝和他的母親布木布泰在滿族發展的道路上，在親身經歷的駭浪驚濤中，充分體驗到政治鬥爭的可怕，而政爭惟一能取得勝利的憑藉就是實力。皇太極的繼承大汗也好，福臨的登上大清皇位也好，還有多爾袞的作威作福的當攝政王，全都是靠實力。因此這對母子在多爾袞死後，在推動消滅多爾袞的殘餘勢力之時，開始作人事上的佈置，來鞏固自己的統治地位。首先他們想到正黃、鑲黃、正白這三旗是他們家基本的靠山，儘管一度被多爾袞分化或佔有，但是由於多爾袞對這「上三旗」首長們的迫害與打壓，很不得這三旗的人心。現在這三旗又返回皇家手中，當然應該著意扶植，有了上三旗中一批忠貞人士的支持，就有了雄厚的政治、軍事、經濟力量，就可以讓皇帝安穩統治，「下五旗」——鑲白、兩紅、兩藍旗也就無能造反了。

如何來加強上三旗的向心力呢？順治皇帝用了以下的一些方法：

第一，幫被多爾袞迫害而發生冤案的人昭雪。如議政大臣楊善及其子羅碩、俄莫克圖、伊成格，都是在順治元年（一六四四）四月遭何洛會誣告與肅親王豪格謀亂，被冤殺的。希爾艮因順治五年（一六四八）肅王冤案而降三等男世職爲三等輕車都尉。希福也是在順治五年因得罪多爾袞的親信譚泰而由大學士降爲平民。祖澤潤則是因劾奏阿濟格仗勢勒索房價，而在順治五年被革職降級。還有噶達渾、敦拜、覺善、馬喇希一批人，都在出獵時犯了小錯，分別被多爾袞革職或降世職。順治皇帝下令爲當年的受冤人家、過分被罰人士平反，復職復爵，或給予其他撫恤。當然他的兄長豪格更是冤獄案中最大的受害者，皇帝也在順治八年二月間封豪格的兒子富壽爲和碩顯親王，並頒冊文宣佈豪格偉大軍功及被多爾袞迫害的事。

第二，嘉獎並擢用對皇室忠貞者與反多爾袞有功人員。如一等公圖賴，他爲清朝平定中國境內反清運動而陣亡。順治五年追認他曾謀立豪格有罪，將他兒子輝塞所承襲的一等公爵革去。福臨親政後，感念圖賴舊功，命配享太廟，謚昭勳，立碑紀績，並復其子輝塞的一等公爵。遏必隆是在順治五年遭人指控曾與其兄圖爾格等人議立豪格，對抗睿親王多爾袞，被革去侍衛並奪世職與牛彔的，皇帝下令給他復職。他哥哥圖爾格歷任大臣、固山額眞、吏部承政、內大臣，後因功封三等公，順治二年（一六四五）已死，五年又被多爾袞追認其支持豪格的罪，削掉他兒子科布梭的爵位。順治皇帝爲他平反，復科布梭的三等公爵，不久又晉升爲二等公。希福是歷事努爾哈齊、皇太極與福臨三朝的舊臣，順治元年被革大學士職降爲平民。順治皇帝爲嘉獎他過去的功勞，特別進封他爲三等子爵。還有巴哈出身名門，在皇太極時代即任議政大臣；順治初年隨豪格征四川有功，屢進世職至一等輕車都尉；順治六年（一六四九）要求從征山西姜瓖不准，在多爾袞前拂衣而起，受到罰銀贖命的處分。當時眾將都諂媚多爾袞，「巴哈兄弟獨不附」。後來豪格冤死，在兩黃旗受命處置豪格幼子富壽時，鞏阿岱以爲：「這種苗裔，不全誅殺，養之何用！」力主斬殺。巴哈及內大臣哈什屯堅決反對，富壽才倖免於難。鞏阿岱後來又想陷害巴哈，亦未完全成功。順治皇帝因此復授他爲議政大臣，進領侍衛內大臣，世職累進至一等男。如前所述，索尼是擁立皇太極之子繼承皇位的大功臣，當然被多爾袞視爲眼中釘，順治五年因牽連謀立豪格案，貶守昭陵。福臨親政後，將他召還北京，晉升他爲一等伯，擢內大臣兼議政大臣，總管內務府，成爲順治後期朝廷中位高權重的人物之一，康熙初年變成四大輔政大臣的一員，原因即在於此。隸屬鑲黃旗的鰲拜，更是大家熟知的權臣，也是力擁福臨繼統的人，入關後，從征湖廣、四川、貴州等地，頗有軍功。順治五年也因涉及豪格案，被認定他支持豪格、反對多爾袞而治罪，奪去一等侯世職。順治七年多爾袞死前又被降級爲男爵。福臨親政後，對黃旗忠心老臣盡力拉攏，先授他議政大臣，後晉升爲二等公、領侍衛大臣等職。此外像正白旗的蘇克薩哈，他最初是依附多爾袞的人，所以在順治初期連升職位。入關後第二年授牛彔章京世職，順治四年晉三等甲喇章京，七年更晉爲三等男爵。多爾袞死後，他首先出面告發多爾袞謀逆罪行，因而擢升爲議政大臣，擔任巴雅喇纛（滿語，意爲精銳軍旗）的世職章京。上三旗得到如此待遇，當然感恩而效忠皇室了。

第三，對下五旗屬人的嘉獎升授。福臨知道如果只重用上三旗大臣武將，必然引起下五旗人的不滿，所以他也對於正紅、鑲紅、正藍、鑲藍以及鑲白旗人中效忠朝廷的給予獎勵。像正紅旗的梅勒額眞覺善，遭過多爾袞的迫害，順治皇帝恢復其世職，擢用他爲都察院左都御史，後來還晉升爲三等子爵。又如鑲藍旗的長官藍拜，升爲尚書，累進世職爲二等輕車都尉。還有一個例子也可以在此一述，星訥是正白旗人，不是下五旗，不過他和阿濟格關係極好，因此入關後即當上了尚書高官；順治三年因破大西軍有功，加太子少保；六年從征山西姜瓖，累加世職至二等男爵。順治八年阿濟格大獄興起，他被奪官削世職。順治皇帝見他有心效力，而且對阿濟格舊屬仍有影響力，於是又命令他擔任尚書、議政大臣等要職。

從以上的佈局中，我們可以看出福臨的政府組成了以索尼、鰲拜、遏必隆、巴哈等兩黃旗大臣爲核心的隊伍，而又籠絡了一批下五旗的效忠人士，使得他的統治地位穩固，可以順利的施政了。

不過，還有一位極爲重要的皇親貴族，他是不能慢待的，那就是濟爾哈朗。

在福臨親政後，宗室中老一輩的親王全都過世了，濟爾哈朗是碩果僅存的一位。他當初不是全力支持福臨繼統的人，甚至可以說他與多爾袞是一派的。由於多爾袞不斷的對他打壓，初則罷其輔政、後又降他爲郡王，直到多爾袞去世，他才又東山再起，而且地位突出，起的作用甚大。福臨對這位叔父不能不加以提防，又不能給他壓制。順治皇帝在親政之初，對他極有禮貌，特別降諭說鄭親王濟爾哈朗年老，「一切朝賀、謝恩，悉免行禮」。又封他的長子富爾敦爲世子，次子濟度爲多羅簡郡王，三子勒度爲多羅敏郡王，這在當時可以說是曠典殊恩。後來皇帝又任命濟爾哈朗爲議政王之首，濟度與勒度也當上了議政王，這一家可以說光彩之極，當然沒有理由反叛朝廷了。

不過，福臨也怕宗室諸王，特別像濟爾哈朗這樣的親王，權力過大，侵犯到皇權，所以他也做了另一番的工作。順治九年（一六五二）二月十八日，他更上層樓的加封濟爾哈朗爲「叔和碩鄭親王」。這個「叔」字，本來他在福臨繼承大位時就有的，後來給多爾袞拿掉了，轉送給了他親弟弟多鐸，現在又加諸濟爾哈朗的「親王」爵位上，肯定了濟爾哈朗的地位高過了一般的親王。但是福臨在封「叔王」的冊文中，有一些值得吾人仔細推敲的文字，現在舉例如下，供大家一讀：

㈠冊文中說是皇太極死時，「宗室眾兄弟乘國有喪，肆行作亂，窺竊大寶，當時爾與兩旗大臣堅持一心，翊戴朕躬，以定國難」。這是說濟爾哈朗功在立福臨爲帝，但把他與「兩旗大臣」作了區別。

㈡入關後的戰功在冊文中也提到很多，但話鋒一轉說到「睿王心懷不軌，以爾同攝朝政，難以行私，不令輔政，無故罷爲和碩親王」。這說明福臨肯定他在平定反清運動中的戰功；同時，也有意挑起他被多爾袞壓抑的舊恨。

㈢這次加封的「叔王」正式名稱爲「叔和碩鄭親王」，不是在關外的「攝政叔王」或「輔政叔王」，甚至也不是福臨在北京再即帝位時的「信義輔政叔王」。由此可見這根本不算「加封」，在權力掌控來說，顯然是不如以前，而且冊文中還附帶了一句「知爾持心忠義，不改初志」才封的，濟爾哈朗要想保持這個「叔王」尊號，也只有永遠持以忠義之心爲皇帝服務了。

同時在「加封」濟爾哈朗的前十八天，福臨還對內三院降了一道諭旨說：

以後一應章奏，悉進朕覽，不必啓和碩鄭親王。

這根本是針對限制濟爾哈朗之權力而發的，十八天後封他爲叔王，只能看作是一點安撫、一點補償而已。

30 改善財政窘境

如前所述，多爾袞在臨死之前，想蓋一座避暑之城，因中央經費無著，決定要向各省人民加派，可見當時國家財政的情形。順治皇帝親政以後，國庫當然仍是入不敷出，推究其原因，不外戰爭的兵餉、武器、馬料等費用驚人；王祿官俸的人事開支可觀；賑濟民間的撥款不斷；重建毀壞宮殿的花費巨大等等。財政困難嚴重威脅到政權的存在，福臨既已親政，當然必須設法解決這一大難題。

開源節流是解決財政問題的千古良方，福臨也是從這句名言上開始的。他先以身作則的從宮中節省，降諭停止陝西貢柑子、江南貢橘子、河南貢石榴、四川貢扇柄、湖廣貢魚鮓。又命江西燒的龍碗、陝西買辦的皮張、山東造的宮殿用磚等等都予減少或停辦。一切不急工程和修理寺廟等項也令停罷。宮中與王府的御用人員能裁即裁，或予減少。儘管由此而節省的費用不多，但也不無小補。其次他又下令裁減冗兵、冗官、冗費，結果在登萊、宣府、江寧、杭州、西安、漢中等地裁去了一些巡撫與駐防滿漢兵丁，加上有關的草料、口糧，爲數實在不少。而軍中裁減的人士，節省國家支出更多。順治十年（一六五三），陝西總督孟喬芳裁兵一萬二千名，一年就省下三十一萬兩的軍餉。「國家錢糧，每歲大半皆措兵餉」的情形，獲得一些改善。另外戶、禮、工三部製造等庫內三百九十餘人，除留少人外，其餘都予裁革。各道御史被裁的有二十人。詹事府與直省諸衛所也有裁員。這些裁員當然爲國家省下大批人事費用。

節流之外，更重要的是開源。順治皇帝在這方面也做出了一些新措施。在他親政之初，儘管有人建議他說開封的前明周王府寶藏「盡淪於巨浸」，可以設法撈出，李自成也有失散的金銀大磚，張獻忠更將「巨萬銀兩、珠寶，埋沉於成都錦江」，也可派人去尋覓，三年之內必可「搜盡天下遺銀，以資兵餉」。這幾乎是不勞而獲的發一筆財。福臨不以爲然，他認爲：「帝王生財之道，在於節用愛民，掘地求金，亙古未有。」他是想從務實的方面著手，增加政府的收入，解決財政問題。

順治九年（一六五二）八月十九日，禮科給事中劉餘謨上奏請屯田。他說「國家錢糧，每歲大半皆措兵餉。今年直省水旱異常，處處請蠲請賑」，政府支出太多；古訓中有「兵饑則叛，民窮則盜，關係非小」，因此他建議：「湖南、四川、兩廣初定，地方荒土極多」，「統兵諸將及地方官，凡遇降寇流民，擇其強壯者爲兵，其餘老弱悉令屯田」。皇帝認爲很好，「著戶、兵二部確議速奏」。同年十月三十日，大學士范文程等也以各省錢糧缺額四百多萬兩，建議屯田。他並具體的提出四點看法：興屯宜選舉得人，開墾宜收穫如法，積貯宜轉運有方，責成宜賞罰必信。福臨覺得「此所奏甚是」，命議政王大臣會議具奏。由於不少官員主張屯田生產，從順治十年起，在受戰爭破壞的地區便掀起了屯田熱潮。政府發給耕牛種子，招民開墾，實行三年起科，因而荒地逐漸恢復了生產。遼東一帶更實行招民墾荒授官令，鼓勵人民去遼東開發。後來又下令鼓勵富人墾荒，凡「能開至二千畝以上者，照遼陽招民事例，量爲錄用」。如此一來，參加墾荒的人變得更多了。順治十四年（一六五七），政府又公佈督墾荒地勸懲則例，規定總督、巡撫及地方中下級官員，在一年內按墾荒數量給以記錄或加升一級的獎勵；十五年冬，又實行捐資開墾法：「其州縣土民暨見（現）任文武各官并閒廢縉紳，有能損資開墾者請敕部，從優分別授職陞用。」經過這一系列的優待、獎勵辦法，各地開墾出的荒地確實不少，僅河南一地，到順治十五年就開墾出荒地九萬多頃，每年約增加賦銀四十萬八千多兩。這數字雖然不多，但對當時困敝不堪的社會經濟來說，實在起了一些復甦的作用。

由於戰亂的關係，隱匿土地是當時普遍的現象。順治皇帝親政後，對隱匿土地實行寬大政策，准許他們自行出首，盡行免罪，「其首出地畝，即以當年起科，以前隱漏錢糧，概不追理」。對於「為豪強侵占，以熟作荒」的原屬明代的王田，福臨命各地官員徹底清查，「房屋應行變價，地土照舊招佃」，以收「糧租兼收」的實效。

歷經戰事之後，很多地方農村破產，地方官無法收稅，以致拖欠錢糧的人很多，官員拖欠錢糧必遭參處，被降調的到處可見。但是新舊官員交代時「反誤催徵」，導致「官雖屢更，而拖欠如故」。順治皇帝有鑒於此，命令以後因錢糧降調的官員，都降級在原任地督催，完成時再官復原任。這雖是技術問題，但也對增加國家稅收有些幫助。福臨後來發現地方官施欠錢糧還不完全是單純的人民窮苦無法納稅的問題，有些拖欠是因官員挪用，鄉紳、生員、土豪抗不納糧而發生，所以他又提出修訂錢糧考成則例，視拖欠情況，對各級官吏分別做出處分。為使國家徵收賦稅制度化，順治皇帝又命令加速制訂《賦役全書》，讓無據徵糧的弊端不致發生。這部全書由戶部稽核錢糧原額，總載地丁原額，次列土地荒蕪、人口逃亡，再列徵稅數量及起運地點、存留細數。有關新墾土地，招徠人丁，續入冊尾。《賦役全書》頒行之後，「庶使小民遵茲令式，便於輸將；官吏奉此章程，罔敢苛斂」。福臨的這一工作，可以說是對當時賦稅上的一大貢獻。

經過順治皇帝的一番努力，國家財政似乎有了起色。現在根據戶部順治十一年（一六五四）六月二十五日的一份報告，可以看出若干進步的所在：

㈠以前國庫空虛，順治八年（一六五一）底大庫只存銀二十多萬兩，而京城裡的官員俸祿就要支付六十萬兩，嚴重的入不敷出。到順治十一年六月，戶部有存銀二百六十多萬兩，這是清朝入關以來第一次國庫有盈餘，實在難能可貴。

㈡由於土地的開墾，賦稅相對的增加了，在這份戶部的報告中，清楚的說明在順治八年共徵銀二千一百一十萬一百四十二兩，兩年多以後的順治十一年夏，徵地丁銀的總數爲二千五百二十五萬多兩，增加的幅度近五分之一，可以說速度很快，數量很多。當然就當時軍費等國用而言，這一點收入是不夠的，不過就福臨只親政兩年來看，成績已經是可觀了。

31 顧惜軍民生計

明清之際是中國人大苦難的時代，一方面因爲多年戰亂，造成兵民窮困，流離載道。另一方面也因清初的剃髮、圈地等弊政，引起社會的不安。加上災害四起，水旱頻仍，以致全國各地田園荒蕪，百業凋敝，民貧之極，兵困之極。若干戰亂地區，到順治九年（一六五二），仍然是一片淒涼景象。湖廣四川總督祖澤遠在到任後上奏說：「荒村野火，寥落堪悲，鵠面鳩形，死亡待踵。民窮於財盡，兵弱於力單。」省會武昌「徒存瓦礫，編蒲暫息」。地方破壞與軍民窘困情形，由此可見一斑。

福臨的母親布木布泰閱歷豐富，她必然也從滿族王公官員們口中聽到當時中國各地的慘狀，所以她在福臨親政後不久便訓示他說：「民者，國之本。」要成爲「天下主」，必須做好「經國理民」的工作，而且要「綜理勿倦」，徹底的做下去，努力的做下去。福臨雖年幼，據說他親政時「閱諸臣奏章，茫然不解」；不過他不斷的聽取大臣們的建言，仔細研究大家的奏章，因而對軍民的痛苦，很快就有了相當的了解。他又用「求直言」的方法，要大臣們給他不要忌諱的提意見，供他參考。大臣們也遵旨辦了，如吏科右給事中魏裔介說過：「方今畿輔多失業之民，吳越有水潦之患，山左荒亡不清，閩楚饋餉未給，兩河重困於畚鍤，三秦奔疲於轉運。川蜀雖下，善後之計未周，滇黔不寧，進取之方宜裕。……」寥寥數語，已經將大問題具體的勾劃出來了。也有人像季開生那樣，乾脆把地方官吏的害民要處指出，如格詔旨、輕民命、縱豺虎、重耗克、陰市易、喜株連、庇狐鼠等等，希望皇帝能改革這些弊端。經過一段時間的召見群臣，覽讀奏章，聰明的福臨當然對當時的政局與財經大勢有了了解，因此他開始務實的、具體的與大臣們討論解決問題之道。

順治十二年（一六五五）正月十九日，他一共頒降了四道諭旨，其中三道是給吏部、都察院等衙門的，一道給戶部。這些諭旨的內容與軍民困苦，「時艱莫救」有關。他在談到「比年以來，水旱頻仍，干戈未靖，轉輸旁午，人不聊生，蕩析離居，鬻及妻子，煢煢無告，輾轉呼號」時，他認爲人民必歸咎於他。他又想到祖宗的付託，「中夜以興，潸焉出涕」。他實在想幫助這些軍民，但是政府無錢無米，又不能大量減賦，因爲國家也面臨財政問題。他希望各部院衙門擬出可行辦法。事實上他能做的已經做了，如親政後就先後下令停築多爾袞想建的避暑之城，免得又向各省人民加派錢糧。還有燒龍碗、造城磚、買皮貨、貢方物等等，一切勞民傷財的事都停止，好讓人民休養生息。

後來經與大臣們商議，認爲減租免稅是對人民最直接的加惠，親政日在大赦詔書中雖已對若干地方田租丁銀作不同程度的減免，但還不夠。因此在順治八年至十一年（一六五一～一六五四）間，他常以恭上母后尊號而大赦天下，或豁免人民以前拖欠的錢糧，或不追索各處解運途中遇劫的國帑，或不准重派田畝，或嚴懲私加火耗。這些命令對改善人民生計是有好處的。順治十二年正月，順治皇帝又諭戶部：

> 自今以後，各地方錢糧，凡橫斂私徵、暗加火耗、荒田逃戶灑派包賠、非時預徵、蠲免不實、災傷遲報、踏勘騷擾、妄興詞訟、妨奪農時等弊，一切嚴行禁革，有違犯者，該督撫即行糾參，以憑重處。

嚴辦不法官員，革除地方弊政，當然對人民生活改善有助益。

順治十四年（一六五七）三月，皇帝又頒佈「恩例」二十三款，要求對失業離散的貧民，「有能賑恤，全活五百人以上者，核實紀錄，千人以上者，即與題請加級。其有紳衿、富室尙義出粟，全活貧民百人以上者，該地方官核實具奏，分別旌勸」。這是鼓勵地方官員與鄉紳、富人參加顧恤人民生計的辦法。

順治十五年（一六五八）正月，福臨因爲母后病癒，又頒詔大赦天下，豁免人民拖欠的錢糧。

皇帝也曾多次降諭，蠲免無主荒田與遭受災荒之州縣的錢糧。順治八年、十年，就有山西、山東、安徽、直隸、江西、湖南、河南等地受到實惠。荒地常以萬頃計的免徵賦租，而水災、蝗災、雹災、兵災、旱災則按受災程度作不同的蠲免。

對於遭災嚴重的地區，除免稅外，皇帝還常命令撥發銀米賑濟。順治十一年（一六五四）二月二十三日，他就降諭戶部等衙門說：「比年兵事未息，供億孔殷，加以水旱頻仍，小民艱食，地方官不加撫綏，以致流離載道。夫普天率土，繫命朕躬，而困苦如斯，何忍聞見，朕爲之寢食不遑，拯濟安全，時不容緩。」並命戶部查明庫存銀兩實際數字，以便賑濟。後來皇太后又捐銀四萬兩，皇帝發御前節省銀四萬兩，加上戶、禮、兵、工四部庫銀十六萬，共二十四萬兩，分赴八府地方賑濟。福臨做事細心，命令各往賑官員要計口給賑，須賑濟如法，及時拯救，不管是本地人或流寓來的，只要是飢民，就得全部賑濟。

不僅如此，福臨還命令官員制定遲報災情的處分條例，凡直省有災，先以災害的情形入報，夏災限在六月分報，秋災在七月分報，州縣官如果有逾期半個月不報的，罰俸半年，一個月不報的，罰俸一年，一個月以上的罰降一級，兩個月以上的罰降二級，三個月以上的革職；地方高級官員撫按道府若逾期呈報，也要照例一體處分。這些處罰條文，當然也是爲愛民而制定的。前面講過的《賦役全書》，雖然與國家賦稅的盈虧有關，但也關係到「民生休戚」，皇帝是想「務令朦混永除，横徵立止」，有著「體恤民隱至意」的目的。

另外，清初的圈地、投充、逃人法諸弊政，確實損害到部分省區人民的經濟利益。例如圈地一項，造成嚴重的社會問題，「民多失業」，很多人背井離鄉，「婦子流離，哭聲滿路」；而滿族親貴與將領圈得土地之後，竟有用作「畋獵、放鷹、往來下營之所」。他們既不好好的生產，也減少了國家的田賦收入。福臨在親政後就向戶部官員斥責過八旗貴族欺壓農民，「奪其耕耨之區，斷其衣食之路，民生何以得遂？」於是命令戶部行文給有關地方官：「將前圈地土盡數退還原主，令其乘時耕種。」順治皇帝的意思是良好的，但在當時情況下，根本不可能做到退還原主，至多也只是暫時抑制大肆圈地的風氣而已。圈地眞正的停止，要等到康熙時代以後了。又如投充到滿族人家的漢人，在多爾袞攝政時代，聲稱是「爲貧民衣食開生路」；但是一經投充，無異是奴隸，失去人身自由，並任聽主人買賣，這是投充人當初始料未及的。還有投充到滿族人家的漢人地痞無賴，他們藉著主人勢力「奪人之田，攘人之稼」，也造成民間的經濟損失。多爾袞攝政時代就已經下令制止，福臨上台後，也做了一些懲罰規定。逃人更形成當時社會經濟的嚴重問題。當奴隸的漢人，不堪滿族的凌辱與剝削，紛紛逃離主家，另謀生路。儘管政府為保障滿人權益，大事捕捉逃人，但到福臨親政後一年的順治九年，仍然是「滿洲逃人甚多，捕獲甚少」。福臨不能不照顧本族人權益，他在親政大赦詔書中就說：隱匿滿洲逃人者，罪在不赦之列。不過後來他又採用了比較折衷的辦法，希望滿漢官員一體努力，幫他來惠養人民。然而，終順治之世，這三大弊政始終未能徹底革除，福臨只是盡力做了一些革除的工作而已。

順治皇帝對當時鹽政弊端也有所了解，他曾對戶部官員說：「細思鹽課正額，自應徵解。若課外餘銀，非多取諸商人，即係侵剋百姓，大屬弊政。」因此他令各鹽差御史與各鹽運司「止許徵解額課，不許分外勒索餘銀」，違反的一定法辦。驛政的害民也是福臨關心的。他認為：「年來四方多故，兵馬絡繹，差遣繁多，驛遞疲困，至今日已極。乃奉差官員全不知地方苦楚，勘合火牌之外，咨意苦索。驛夫不足，派及民夫，騷動里甲，甚而牽連婦女，繫累生儒。鞭驛官如罪犯，辱州縣等奴隸，以致夫逃馬倒，罷市止耕，上誤公務，下害小民，深可痛恨。」他要求兵部傳旨：對不法人員，無論層級多高，「各地方官即指名申報，該督撫飛章參奏，以憑重處」。

以上這些顧惜軍民生計的措施，在順治時代，因各地戎馬倥傯、國庫不豐，當然很難從根本上扭轉軍民窘困的局面，但多少減輕了黎民的負擔，改善一些難苦處境，為促進社會生產的恢復與發展，爲緩和滿漢民族間的緊張，都能提供一點有利的條件。

32 除惡霸、安地方

順治皇帝為了讓人民有休養生息的好環境，他又大力的在中央與地方消除惡霸勢力與威脅人民財產生命安全的盜匪。

清朝入關初期，各地常有打散的大順軍與大西軍為害，也有少數不法盜匪乘機打家劫舍，造成社會不安，人民家產損失。多爾袞與福臨都前後一致的以消除這些不安源頭為首務，用剿撫兼施的方法來解決問題。例如招降亂兵或盜匪，只要他們改邪歸正，即給予自新機會，任由他們為兵為農，解決他們的生活問題。當然不受招降的即以大兵鎮壓，務期地方得到安定為止。不過，順治一朝，抗清戰事此起彼落，要想完全解決這類問題實非易事。福臨親政後第三個月在一份上諭中說：

朕思各處土寇，本皆吾民，或爲飢寒所迫，或爲貪酷官吏所驅，年來屢經撲剿，蕩平無期，皆因管兵將領縱令所部殺良冒功，因而利其婦女，貪其財帛，眞賊未必剿殺，良民先受荼毒，朕甚痛之。嗣後各該督撫所屬境内，有賊寇依山伏莽、嘯聚焚劫者，即廣偵密探，責令領兵官星馳相機剿撫，勿令滋蔓，其附近賊巢居民，不得借搜捕爲名，一概殺搶。至從賊營逃出難民、難婦及眞賊革心投順，即與訊明安置完聚，不許仍前殺擄。如有零星賊黨竄伏村落者，責成道將有司，設法掩捕，不得輕動大兵，使玉石俱焚。倘被人首告爲賊者，該地方官須詳審實情，勿聽仇扳株累。……如地方官仍蹈故轍，縱賊害良，著該督撫指名參奏，治以重罪。如該督撫徇情隱庇，經部臣參奏，定行一併治罪。

由此可見當時地方上還有土寇爲害，後來隨著戰事的區域縮小，各地經濟條件的好轉，散兵游勇與地方土寇也稍見減少了。

順治朝另一類造成地方不安的因素是滿洲親貴以及他們的屬下人欺凌漢人。早在多爾袞攝政時代，就有一些滿族特權人物在北京城中逼漢人讓出房屋，以便實行滿漢分居，在遷讓過程中，常常不等漢人搬移，即「令旗下管業」，當然造成很多民怨。另外，滿洲人一向怕患天花，眞是談痘色變。入關後即下令：「凡民間出痘者，即令驅逐城外四十里。」相關官員執行命令不善，「有身方發熱及生疥癬等瘡，概行驅逐者」，結果「貧苦小民，移出城外，無居無食，遂將弱子稚女拋棄道旁」，情況至爲淒慘。還有滿洲旗人「霸占市井貿易」與「強買市物」，這現象到順治十七年（一六六〇）還存在，連朝中的元老重臣索尼都看不過去，上奏請嚴加禁止，福臨當然下令同意查案。對北方民間更爲騷擾的，是一些投充人的仗勢欺人，給良民與地方帶來的不安。福臨親政後不久，在順治八年二月十九日，即降諭戶部說：

國家首重體統，尊卑原有定分。近聞滿洲撥什庫及莊頭、投充人等不守法度，罔顧尊卑，騎馬直入府州縣衙門，與府州縣並坐，藐視命吏，任意橫行，目中既無官府，何況小民？其欺陵魚肉不問可知，深可痛恨！爾部即出示嚴行禁止，併行文各府州縣，如有撥什庫人等，仍前無故擅入官府衙門及陵侮官員、欺害小民者，即擒拏解部，從重治罪。

當時的地方志書與私家詩文著述中也有提到這些投充人狐假虎威，「鮮衣怒馬，橫行鄉里」等不法行爲的。後來皇帝發現投充人的主人若能管束嚴厲的話，屬下奴才當然不會如此囂張，所以他又在同年七月再降諭戶部稱：

數年以來，投充漢人生事害民，民不能堪，甚至有爲盜、窩盜者，朕聞之不勝痛恨。帝王以天下爲家，豈有厚視投充、薄待編氓之理？況供我賦役者，民也，國家元氣賴之。投充者，奴隸也，今反借主爲護身之符，藐視有司，顚倒是非，弁髦國法，欺壓小民，若不大加懲治，成何法紀？自今以後，上自朕之包衣牛彔，下至親王、郡王、貝勒、貝子、公、侯、伯、諸臣等，若有投充之人仍前生事害民者，本主及該管牛彔果係知情，問連坐之罪，除本犯正法外，妻孥家產盡行入官。……爾部刊刻告示，嚴行曉諭，務使天下咸知。

經過這些嚴厲命令的頒佈，投充人在地方上爲害事件大爲減少。

順治年間，皇帝親政之後，爲了清除惡霸勢力，安定地方，還做一些「打老虎」的大動作，向大惡勢力的人士開過刀。現在且舉二例，作爲說明：

一是順治九年底的李三案。李三本名李應試，原是明朝的重犯，後來漏網出獄，「專一豢養強盜，勾聚姦梟，交結官司，役使衙蠹，遠近盜賊，競輸重貲，南城鋪行盡納常例，明作威福，暗操生殺」。他在北京崇文門「自立規則，擅抽課錢」。

他的姪子殺人，死者家屬也不敢告官。福臨認爲如此罪大惡極之人，不能不法辦，於是命刑部將他處死。第二年正月十八日，皇帝到內三院與大學士們談話，問起李三的事說：「李三一細民耳，而住居之外，復多造房屋，每間修飾整齊，其何故也？」洪承疇回答說：「其修造房屋分照六部，或某部人至或自外來有事於某部者，即延入某部房內。」同月底，福臨又問：「李三爲民大害，諸臣畏不敢言，鞫審之日，甯完我、陳之遴默無一語，叔和碩鄭親王詰責之，之遴始云：『李三巨惡，誅之則已，儻不行正法，之遴必被陷害。』觀之遴此言，豈非重身家性命乎？」陳名夏回答說：「李三雖惡，一御史足以治之，臣等叨爲朝廷大臣，發姦摘伏，非臣所司。且李三廣通線索，言出禍隨，顧惜身家，亦人之恆情也。」從這幾段君臣對話，我們不難看出當時李三的惡勢力之大，以及大學士們對他畏懼的情形。不過，福臨還是將李三處斬，而且梟首示衆，以示殺一儆百。

北京城裡還有一案與李三案同時法辦的，是潘文學不法案。潘文學「身充馬販，潛通賊線，挑聚驃健馬贏（騾），接濟遠近盜賊」，「每次多或一二百匹頭，少或數十匹頭，群盜得騎，如虎生翼」。潘文學又「交通官吏，打點衙門，包攬不公不法之事」，甚至有文武官員常與他「投刺會飲」，「道路側目，莫敢誰何」。皇帝也認爲他「罪不勝數」，命刑部將他拘提，最後也以「梟斬」結案。

福臨在懲罰了李三與潘文學之後，特別還說了「姦惡去則民安，民安則朕心始安」，並命令各官今後若再有徇庇縱放等事，「法不爾貸」。

從以上的一些實例似乎可以說明順治皇帝爲了「民安」，確實大刀闊斧的做了若干的事情，小皇帝的企圖心與求治心也從而可窺知梗概了。

33 嚴懲貪官

有人說一部中國史就是連續的貪污史，這句話實在是誇大之詞。不過，貪污確是古代中國難以治癒的頑疾，無論明君賢相如何的努力去肅貪、禁貪，貪案仍是不能根除，清朝入關初期也不例外，儘管多爾衮與福臨力主懲貪，但成效還是有問題。雖然如此，福臨親政後在這方面表現很好，值得一述。

順治八年（一六五一）閏二月初七日，福臨降諭吏部說：

> 邇來有司貪污成習，皆因總督、巡撫不能倡率，日甚一日。國家紀綱，首重廉吏，若任意妄爲，不思愛養百姓，致令失所，殊違朕心。

兩天之後，皇帝又對吏部官員說：「邇來吏治，不肖者刻剝民財，營求陞轉，不顧地方荒殘，民生疾苦。」所以他命令各省督撫「嚴加甄別」，參劾劣員，保奏賢才。同月底，他又給都察院降諭，詳論貪污之事，提到「朝廷治國安民，首在嚴懲貪官」，不過也不能亂加罪名，一定要審查確實有貪污事實才能嚴辦。而且，正如他在親政大赦詔書中說的，貪污案件「遇赦不宥」。甫上臺不久，一個月內接連發出三道諭旨，都談到貪官的事，並重申貪官不赦，福臨的懲貪顯然是下定了決心。

兩年多以後，他見到貪風仍熾，便想以重罰來止貪，於是在順治十二年（一六五五）十一月初下令：「嗣後內外大小官員，凡受贓至十兩以上者，除依律定罪外，不分枉法、不枉法，俱籍其家產入官，著爲例。」這項命令非常凶猛，因爲貪污原本的處罰是交出贓銀，不太嚴重，現在家產全數充公，可比贓銀多得多了，而且只要貪十兩以上就被如此重罰，實在可怕，當然會產生止貪的效果。

順治十五年（一六五八）十月，有位江西道監察御史許之漸上奏說：

> 財賦之大害，莫如蠹役，有蠹在收者，有蠹在解者，有蠹在提比者，有蠹在那移支放者，所侵累萬盈千。有司恐此蠹一斃，無從追補，至本官以參罰去，而此蠹歷久尚存

，前無所懲，後無所戒。請敕該撫按，將從前侵蠹姓名數目，逐一清查，籍其家產，將侵多者立斬市曹，侵少者即時流徙，捐此所侵之數，以清積蠹之源，未必無小補也。

福臨對他的建議認爲是「所奏深切時弊」，命有關主管仔細研議報告。這又是一次對貪污官員的立嚴法。半年以後，皇帝又有了新構想，於是對刑部發出了新命令，他說：

今後貪官贓至十兩者，免其籍沒，責四十板，流徙席北地方，其犯贓罪，應杖責者，不准折贖。

乍看起來，似乎皇帝把法條改輕了，其實不然。這裡有兩點值得注意，一是充軍到席北地方，這是邊遠苦寒的所在，不比瀋陽這些都會，罪犯常常不能走到席北就死於路上了，即使能到目的地，極終的命運也是客死他鄉。二是「不准折贖」，折贖就是罪犯可以納銀贖死贖杖，新法條不准以金錢來代替，罪犯也就非死或非受杖不可了。看你要錢還是要命！

從以上不斷立法、不斷加重處分，我們可以看出順治皇帝對貪污官員的懲處是前後一心，是有持續性的。不僅如此，福臨懲貪的決心還可以從以下一些事件中窺知：㈠順治十三年（一六五六）九月，山東巡按劉允謙上奏，請皇帝准許暫時不將貪官張暉、周一聘等人處死，待追完贓銀後再行處決。福臨批示：「貪官污吏，問擬秋決，即按期處決，何得以追贓未完，又請監候？以後凡係貪污應秋決者，不許再請停決，著永著為例。」可見皇帝是鐵了心要嚴懲貪官污吏。㈡順治十三年十二月立董鄂妃為皇貴妃，董鄂氏是他鍾愛的人，可是在立妃恩詔裡還是重申了貪贓之罪，一律不赦。㈢順治十七年（一六六〇）九月，鳳陽巡撫林起龍也為貪污處分太嚴，使得犯罪人「不吐真贓」，「歲少贓贖，以致虧餉」，希望皇上「施浩蕩之仁，收充餉之實」，仍按以前舊有法條，懲治貪官。福臨起先命九卿、科道官員們一齊集會研究，再給他報告。眾大臣後來決議：林起龍之建議可取。不過，順治皇帝可不作如此想，他的最後裁示很值得一讀：

> 夫與其畏法不招，何若使其畏法不貪；與其饜足貪腹，以贓濟餉，何若使其不貪，民得豐裕，國賦亦豊。朕明知立法既嚴，於貪官蠹吏有所不便，必懷怨心；但軫念民生，即為貪蠹所怒，亦不遑恤，若不如此，貪風何由止息，小民何日安生。仍著遵前諭行。

由於福臨如此的嫉貪如仇，所以在他十年親政期間辦了不少貪案，交出了很好的成績單。現在先就犖犖大者，略述其梗概：

㈠從順治八年到十七年，辦理過的大小貪案，據《清實錄》與《明清檔案》等史料中所記，至少有五、六十件，平均每年有五、六件，而以順治八年與十二年的案發率爲高，這可能與他上臺之初以及制訂十兩贓銀就將家產沒官有關。

㈡貪官包括總督、巡撫、布政使、巡按、道員、知縣、刑部司官、察災御吏、總兵官、侍衛等等，另有若干衙役，只因貪銀十兩上下，也都按律嚴懲。

㈢順治朝的貪案中最著名的是嚴辦了一督八撫，即漕運總督吳惟華、江寧巡撫土國寶、山東巡撫耿焞、雲南巡撫林天擎、河南巡撫賈漢復、陝西巡撫張自德、寧夏巡撫孫茂蘭、四川巡撫高民瞻。其中吳惟華官位很高，封恭順侯、太子太保，他因貪銀一萬一千多兩案發，逮捕回京審問，由於他的戰功很多，特免死罪，但被革職削爵，追贓入官。土國寶行私加派，又利用親屬販賣私鹽，先後受贓數萬兩。順治皇帝嚴諭革職查辦，土國寶後畏罪自殺。耿焞則利用職權索取贓銀六千多兩，三法司議定將他立斬，但他先在獄中病故，所以沒有被棄市，其家產仍予沒官。林天擎、賈漢復兩位巡撫，也因貪贓被人告發，勒令革職查辦，不過他們有人撐腰，而又在案未結時福臨就病逝了，所以沒有遭處極刑，反而到康熙年間還東山再起。其他張自德、孫茂蘭、高民瞻都被革職，也有永不敘用的。總之，巡撫八人先後因貪案或死或丟官，佔了當時全國巡撫人數的一半，福臨懲貪的決心由此可知。

㈣順治十二年，皇帝新訂了官員受贓十兩以上即籍沒家產的嚴厲法條，現在在史料中還可以看到一些小官發案在先，但處分卻用新法定罪的。如江南寶應縣知縣祁登第貪污一百六十六兩七錢一分；直隸長垣縣書吏陳中元訛詐里民白銀三十八兩；景州衙役趙光斗、孫秉政、張宣我接受士紳賄賂五十六兩、二十八兩、十四兩，這些小吏貪贓數目不多，但都被改按新律量刑，他們被判杖一百、革役、流徙尙陽堡，這說明了福臨令出必行。

另外，從順治朝的貪案中，可以看出自福臨親政之後，由於他的認眞懲貪、嚴厲懲貪，顯得貪案的發生率增多了，情節也更爲複雜，手段也更爲惡劣了。尤其値得我們注意的是貪案的第一原因與爲官不正、官員與役吏狼狽爲奸有關，但也有因官場傾軋、互相揭短而爆出貪案的。順治皇帝連續不斷的施以嚴刑峻法，確實收到遏阻的作用，這一點是可以肯定的。

34 首崇滿洲

清朝入關確是由滿洲八旗王公們盡心效力、百戰沙場而得來的成果，而且要想統治中國，還得靠他們繼續忠誠打拚，否則大清皇位不能安穩坐定。「首崇滿洲」，即一切以滿洲爲優先的理念與政策，實在是無可厚非。福臨親政以後，在頭兩年間連續任命了滿洲親貴十六、七人爲議政王、議政貝勒，又任命了多達三十名的議政大臣，他們也都是旗人中的高級文官武將。

不僅如此，爲了加強滿族人士的向心力，福臨也經常對軍政財經各方面的八旗親貴與將領們敘功加恩，或封授、晉升他們的爵位世職。還有在經濟上也對他們特別優待，讓他們獲得高俸厚祿，廣收家奴，佔有莊園。這在漢人大臣眼中看來是不合制度，或不近情理的。

順治十年（一六五三）二月初九日，福臨巡幸內院，當他看到詹事府少詹事李呈祥的一份條議，文中有「部院衙門應裁去滿官，耑任漢人」一事，心中極爲不快。他對洪承疇、范文程等大學士說：「李呈祥此疏，大不合理。夙昔滿臣贊理庶政，并畋獵行陣之勞，是用得邀天眷，大業克成。彼時可曾咨爾漢臣而爲之乎？朕不分滿漢，一體眷遇，爾漢官奈何反生異意，若以理言，首崇滿洲，固所宜也。想爾等多係明季之臣，故有此妄言爾。」洪承疇等聽了無言以對，過了不久，李呈祥就被充軍到遼東地區去了。

順治皇帝的首崇滿洲態度，尤其可以在逃人處理的事務上反映出來。如前所述，逃人法是清初一大弊政，順治皇帝在這方面並未作改進，相反的，在立法時還偏袒滿洲，新法對窩主的懲處比以前更嚴。此舉帶來的後果十分可怕，用禍國殃民來形容，決不爲過。

福臨有一次向大臣們求直言，希望大家對他的施政等事提出建議，有一位兵科右給事中李裀，他就針對逃人法的種種弊端，在順治十二年（一六五五）正月底向皇帝上奏章說：

> 逃人一事，立法過重，株連太多，使海內無貧富、無良賤、無官民，皆惴惴焉莫保其身家，可爲痛心者一也。法立而犯者眾，勢必有以逃人爲奇貨，縱令紮詐，則富家立破，禍起奴婢，則名分蕩然。使愚者誤陷而難解，智者欲避而不能，可爲痛心者二也。犯法不貸，牽引不原，即大逆不道，無以加此。且破一家，即耗朝廷一家之供賦；殺一

人，即傷朝廷一人之培養。古人十年生之，十年教之，今乃以逃人一事戕之乎？可爲痛心者三也。人情不甚相遠，使其安居得所，何苦相率而逃，至於三萬之多，如不以恩意維縶其心，而但欲以法窮其所往，法愈峻，逃愈多，可爲痛心者四也。即自捕獲以後，起解質審，道塗騷擾，冤陷實繁，藤蔓不已，生齒凋敝，夫孰非皇上之赤子乎？可爲痛心者五也。且饑民流離，地方官以挨查逃人之故，閉關不納，嗟此窮黎，朝廷日蠲租煮賑，衣而食之，奈何以酷法苛令迫而斃之乎？可爲痛心者六也。婦女躑躅於原野，老稚僵仆於溝渠，其強有力者，東西驅逐而無所投止，勢必挺而走險。今寇孽未靖，方且多方招徠，何爲本我赤子乃驅之作賊乎？可爲痛心者七也。

這七痛的奏疏是當時實況，是言眞意切，而且是應皇帝求直言而上書的，可是李裀卻觸及到了滿洲人的根本利益，福臨爲首崇滿洲，竟把李裀流放到東北尙陽堡去了。

還有一位官居戶部右侍郎的趙開心，他在皇帝因逃人甚多、緝獲很少而向大臣們徵詢既不累民，又能快得逃人回歸本主的建言時，獻策說：

聞近畿流民載道，地方有司懼逃人法嚴，不敢容留，勢必聽其轉徙。若將逃人解督捕衙門，暫寬其隱匿之罪，以免株連，則有司樂於緝逃，即流民亦樂於舉發，而逃人無不獲矣。

趙開心是因爲「饑民流離可憫」，奏請皇帝「暫寬逃人之禁」，可是福臨則認爲：

> 逃人之多，因有窩逃之人，故立法不得不嚴，若隱匿者自當治罪，何謂株連？趙開心兩經革職，特與赦宥擢用，不思實心爲國，輒沽譽市恩，殊失大臣之誼，著降五級調用。

順治十二年三月初九日，皇帝乾脆下了命令：「凡章奏中再有干涉逃人者，定置重罪，決不輕恕。」因爲福臨始終認爲漢人「但知漢人之累，不知滿洲之苦」。

對於「首崇滿洲」，福臨有時候還很露骨的表現在滿漢官員發生衝突的事件上。順治十五年（一六五八）四月二十三日，直隸、河南、山東總督張懸錫因受滿洲大員侮辱，自刎尋短，幸賴家人緊急救治未死。張懸錫在自殺前預留遺書上奏朝廷，說些「誰知直道難行，清白招眾之忌」以及「臣家無餘蓄，亦無良田美宅，蒞任後，不敢受地方官一錢，以負上恩，惜爲人所誤，亦天意耳」之類的話。他還建議說：「皇上如欲平治天下，當首禁私徵雜派，及上官過客借名苛索之弊。不然，源之不清，欲流之潔得乎？」」另外他還談了一些逃人、驛遞、海防、內地缺額兵員等事。福臨得到總督自殺的消息，下令「確察詳明具奏」，因爲「總督大臣，無故自刎，其中必有重大急迫情節」。經過都察院等機關官員調查之後，眞相大白。原來在順治十四年（一六五七）底，孫可望於洪承疇軍前投降，皇帝特封他爲義王；十五年初，清廷命學士麻勒吉爲特使，專程前往送敕書印信。麻勒吉這位滿洲大員在返京途中，經過張懸錫的治區，當張懸錫來迎時，他「始而倨傲之不與見，即見而鄙薄之不與坐，不與言，侮辱情狀，誠所難堪」。麻勒吉如此反常的對待三省總督是有原因的，起先麻勒吉僅斥總督「失儀」，後來明白說出：「我們到南邊，洪經略（按：指洪承疇）差人遠接餽遺，日日來見，何等小心。」於是公開向張懸錫索賄，要他「餽送駝贏（騾）」。張懸錫以爲賄賂會觸犯朝廷首禁之條，拒絕送禮，甚至表示「寧就死，必不敢從」。後來張懸錫怕日後受到迫害，又想到自己受到侮辱，乃激憤自殺。

調查的大臣可能「瞻徇麻勒吉等，不行詳察」，就給皇帝上了一個不盡眞實的報告，福臨認爲：「張懸錫係朕特簡，畀以總督三省重任，即有錯誤屈抑情節，皆當陳奏，聽候鑒裁，何至遽爾刎頸，殊失大臣之體。」反給張懸錫「降三級調用」的處分。張懸錫後來在北京聖安寺候審時，自縊身亡了。這件案子因此愈鬧愈大，九卿科道決議將麻勒吉革職，籍沒家產，並鞭一百，這是合乎皇帝懲貪法條之最低標準的。可是福臨卻在滿漢官員互控時，他偏袒滿洲，下令「麻勒吉革去所加之級，再降二級」，「仍留原任」，這跟沒有處分差不多。

不過，福臨對於若干有利用價值的漢人，他的態度是完全不同的，以下章節裡我們再來作一番觀察吧。

35 熱心滿文教育

滿洲人正像中國其他邊疆同胞蒙古人、西藏人一樣，有他們自創的語文；清朝建立之後，官方稱他們的語文為「清語」，或者為「國語」。皇太極時代就強調「清語騎射」是國家的根本，不能廢棄。福臨親政之時，也在這方面不遺餘力的做了一番工作。

滿洲人的祖先女真人在十二世紀曾經創製過女真文字，不過在金朝滅亡之後，蒙古人統治他們的時候，女真文字逐漸失傳；到明朝在東北地區設立衛所兵制時，很多女真首領都向明朝地方官說他們「無識女真字者」。努爾哈齊興起統一女真後，他覺得：「漢人念漢字，學與不學者皆知。蒙古人念蒙古字，學與不學者亦皆知。我國之言，寫蒙古之字，則不習蒙古語者不能知矣。」因此他命令文臣「以我國之言編成文字」，結果滿洲文字就此創製而成。

初創的滿洲文，脫胎於蒙古字，所以外形很像蒙文。由於草創，文字的形聲都不完備，而且還有借用蒙文的，可以說缺點不少。不過自從滿文在西元一五九九年（明神宗萬曆二十七年）創製之後，滿洲部族就應用來記注檔案、鑄錢、刻碑，不但提高了木族人的自尊心，也對民族統一、與別族文化交流都有裨益。努爾哈齊的兒子皇太極繼任大汗之後，認為滿文的字母不夠多，字形不統一，清濁音不分，語法無規範，於是再命大臣研究改進。大臣們後來加上圈點，固定字形，確定音義，又加了專為拼切外來語的字母，使滿文完備了很多。由於新改良的滿文字旁加了圈點，所以被稱為「放了圈點的滿文」，即新滿文，努爾哈齊時代草創的則稱為「未放圈點的滿文」，也叫作老滿文。

清朝入關後雖然實行剃髮政策，令漢人受到侮辱，但不敢推行滿文教育，因為漢人文化比滿人文化高深，文字也優長很多，加上漢人的夷夏之防牢不可破，若廢漢字用滿文，事實上決不可能辦到，所以多爾袞等仍依漢制舉辦科舉，籠絡漢人。清初漢人對滿文懷有極深成見，認為滿文「晦澀難通」，「文義齟齬」，字形「旁行」，像是「科斗文」，甚至說出要找「神官為我讀」。滿文是拼音文字，與韓國文、日本文類似，與中國文字六書造成的情形不同，漢人如無心學習，實在也不容易學好。包括一些早年在關外就投降的漢人，他們的滿文多數不能通曉，如參加過翻譯經史書籍工作的甯完我，他自己後來也承認「不熟滿語」。還有一位當過高官的高鴻中，被人批評對滿文「一語不曉，眞如木人一般」。入關以後，「滿臣不解漢語」，而漢人督撫對「文移用國書（按：即滿文）者皆不識」，因此當時多靠啓心郎和筆帖式等官從翻譯傳達。爲了解決行政處理上的困難，順治六年（一六四九）四月，多爾袞接受禮科右給事中姚文然的建議，「於新進士內，廣選庶吉士，察其品行端方，年力強壯者，俾肄習清書精熟，授以科道等官，內而召對，可省轉譯之煩；即出而巡方，亦便與滿洲鎮撫諸臣言語相通，可收同寅協恭之效」。多爾袞重軍政事務，而且在一年多後病逝，庶吉士學滿文的事他不會太關心的。福臨親政期間，非常重視翰林院滿文教學事。按照制度，考上進士的人中，有選入翰林院庶常館再學習的，稱爲庶吉士，他們也授以滿文課；根據可靠史料，福臨常親自去考核他們，並給予獎勵與處罰。例如在順治十三年（一六五六）二月十五日，他降諭內三院褒貶優劣的庶吉士說：

翰林爲儲才之地，鼎甲庶常，皆使兼習滿漢文字，以俟將來大用，期待甚殷。乃今習滿書者，將及一年，頃經親試，語句生疏，皆因不肯專心，工夫怠惰，若不分別勸懲，何以激勵。

經過他的親自考試，認爲陳敱永、胡簡敬、田逢吉、党以讓、鄧鍾麟、馬源濟、史大成、田種玉、綦汝楫、王澤弘等十人成績不錯，都給予賞賚。程邑、吳貞度、范廷魁、韓雄允等四人，不及標準，各罰俸三個月。同時皇帝還告訴大家：「嗣後俱當精勤策勵，無負朕惓惓作養，諄諄教誨至意。」同月十九日，福臨又因爲右春坊右庶子王熙辛勤學習，精通滿書，特別賞了他「御服貂褂」。並且又對庶吉士們說：「爾等同爲習滿書翰林，而王熙獨優，朕故加賜，爾等所學不及，亦當自慚，今後其益加勤勉毋怠。」皇帝推廣滿語學習的熱心，眞是溢於言表。

同年閏五月初八日，福臨又到翰林院考試庶吉士，並對吏部官員說：

> 伊等學習滿書，久者或十餘年，或七、八年，少亦三、四年，若果專心肄習，自能精通。今朕親加考試，王熙、張士甄、諸豫、王清、余恂、沙澄學問皆優，足徵勤勵，不負朕作養。至白乃貞、范廷元、李儀古、許纘曾，向之所學，今反遺忘，著住俸，於翰林院再行教習三年。倘能省改勤勉，仍准留用，如怠惰不學，從重議處。郭棻、李昌垣習學已久，全不通曉，曠業宜懲，著降三級調外用，仍於補官之日，罰俸一年。

順治十五年（一六五八）十二月初七日，福臨又在親試庶吉士之後，給蕭惟豫、王子玉等十人罰俸一年的處分，因爲他們都是「清書俱未習熟」，「若不罰懲，何以勵其將來」。

順治十六年（一六五九）十月初六日，皇帝降諭吏部，提到他又親試庶吉士的滿文，結果有熊賜履等十人成績通過，「俱著照例授爲編修檢討」；王遵訓等十八人「俱著照舊教習」；陳敬、殷觀光二人「文義荒疏，足見平日全不用心，殊不稱職，俱著革退，永不敘用」。最後二人的處分不能不說是很重了。

由於順治皇帝不顧情面的嚴格要求庶吉士學好滿文，當時確實造就了不少滿語文專業人才，特別是王熙、李霨等等，都是漢人中學滿文的傑出者。

福臨的熱心提倡滿文教育，還可以從另外一個方面窺知，他在親政短短十年之中，編輯和翻譯了不少著作，而這些著作都是對滿文傳佈或滿漢文化交流有裨益的。例如他主持出版了《資政要覽》、《勸善要言》、《範行恆言》、《人臣儆心錄》等書，並且自己撰寫了序言，談到人臣做事做人以及尊君親上的大道理。他在《資政要覽》序中說：「朕惟帝王爲政，賢哲修身，莫不本於德而成於學，如大匠以規矩而定方圓，樂師以六律而正五音。凡古人嘉言善行載於典籍者，皆修己治人之方，可施於今者也。」當時所編的這類書都是滿漢文合璧本，供滿、漢兩族人士閱讀。

福臨在順治十年（一六五三）二月巡幸內院時，與大學士們一同看書，他發現滿文翻譯本《五經》中有「訛字」，他就「御筆更正，命譯書官照更正繕寫」。順治十七年（一六六〇）二月底，他「頒賜諸王以下、甲喇章京等官以上翻譯《三國志》」，讓大家閱讀，增加處理軍政事務的知識與能力。

福臨在位期間編輯的或翻譯的滿文書，他絕沒有想到後來還成了中西文化交流的橋梁，因爲清初來華的西洋傳教士，他們從滿文本內容翻譯成拉丁文或法文，傳佈到了西歐，中國文化的內涵也還漸被西歐人知曉。據來華的傳教士說：滿文滿語「容易學習」，因爲它不僅是拼音文字，與歐洲文字一樣，而且「有方法與規則，一個人可以很清楚的看得出來」，使滿文比漢文容易學得快，學得好。甚至有人充滿信心的說：「五、六年的時間，足夠任何一個有活力的人獲得好的知識，去閱讀所有的滿文書，從而得到益處。」

多爾袞也許是剛入關無暇也無心注意到這些，福臨卻眼光深遠的重視滿文教育，這也是他對本族文化所作的一點貢獻。

36 重用可靠漢人

順治皇帝非常了解「文化滿洲化」是行不通，也是行不得的，所以他也只有對那些有心當清朝官員的漢人施以滿洲語文的教育。同樣的，「首崇滿洲」雖是基本國策，但要統治中國、統治漢人，單靠滿洲人也是不能達到目的的，漢人還是必須籠絡，必須重用。

早在皇太極時代，滿族領導人就清楚他們的文化不高，人口過少，僅以武力高壓手段來治理遼東就不能勝任，何況入關以後，被統治的人口百分之九十以上是漢人，清廷需要富於知識的謀士，需要有經驗的將領，需要從事生產的農民，需要互通有無的商旅，更需要宣揚儒家倫理以安定社會的漢人知識分子，因此福臨親政以後，他確是朝著這個方向去努力的。

首先他對在朝服務的漢人官員著意聯絡。他經常巡幸內三院（順治十五年以後改爲內閣），與大學士們討論國家軍政大事，檢討得失，包括皇帝個人的作爲，希望從中取得寶貴教訓。順治十年（一六五三）正月初三日春節期間，他降諭內院說：今後各部院衙門進奏本章，不必再像以前一樣的只有滿洲官員奏事，這種重滿輕漢的積習要革除，改爲「滿漢侍郎、卿以上參酌公同來奏」。顯然這位少年新君對過漢族春節的興趣不大，對求知求治的心倒是極爲迫切。從這個月的初四日到初六日一連三天，他每天都「幸內院」，不是要大家勇於進諫，就是說他日理萬機，難免致誤，希望大家多建言，好讓他「庶得省改，力行正道，希臻治平」。在同一個月中，有時他也在中和殿設宴招待內院滿漢大學士，而且奏滿漢樂以助興。還有一次他到御馬廠，看到多爾袞生前的甲冑陳列在那裡，他對隨行的大學士范文程等說：「兵器固不可不備，然戈甲雖備，亦不可徒恃軍威；軍威雖盛，而德政不足以合天心順民望，亦不可也。」這些話多少在評論多爾袞，但福臨的傾心漢化也是不言可知的。由上可見，這一年的正月裡，他表現了勤政愛民的作風，也透露了他要「以一身治天下」的宏願。難怪漢人大學士都被他的「滿漢一體」態度感動，有人甚至說：皇帝如此把大臣「視如家人父子」，「自今以後，諸臣必同心報國，不復有所顧惜矣！」

順治十六年（一六五九）十月初四日，皇帝又對「滿漢一體」政策再邁前了一步，他降諭吏部說：

向來各衙門印務，俱係滿官掌管，以後各部尚書、侍郎及院寺堂官受事在先者，即著掌印，不必分別滿漢。爾部即傳諭各衙門，一體遵行。

漢官可以與滿官一同掌印，這是清初劃時代的大事，漢官的權力與地位當然會因此被提高。而且福臨還要求滿漢官員和衷共事，「凡會議政事，原應滿漢公同商確，斟酌事理，歸於至當，不拘滿漢皆可具稿」，希望不要再出現「滿漢兩議」的現象。

從另外一項實際數字上來看，福臨親政後也確實重用了漢人的高官。在多爾袞攝政時代，即從順治元年至七年（一六四四～一六五〇），被稱爲大學士的中央高級長官一般是五、六名到六、七名，其中多是滿洲旗人與漢軍旗人，漢人大學士不多。順治三年到七年，每年大學士共七名，即范文程、剛林、甯完我、馮銓、洪承疇、祁充格、宋權。其中剛林與祁充格是滿洲旗人，范文程、甯完我、洪承疇是漢軍旗人，只有馮銓、宋權是清兵入關後投降的漢人。順治八年福臨親政之後，情形有了變化，大學士先後有八人，即范文程、甯完我、洪承疇、宋權、希福、陳名夏、額色黑、陳之遴，其中滿洲二人，漢軍三人，漢人三人。順治十年六月，福臨又降諭內三院命增加漢人大學士，他說：「每院應各設漢官大學士二員，著吏部詳察實行，確舉堪任者奏聞。」不久就命吏部尚書成克鞏爲內翰林祕書院大學士，禮部左侍郎張端爲內翰林國史院大學士，吏部右侍郎劉正宗爲內翰林弘文院大學士，這一年大學士主要由漢人擔任。順治十一年（一六五四）先後出任大學士的有十六人，不過陳名夏於三月處死，張端在六月病故，九月時范文程解任，剩下的十三位是甯完我、洪承疇、額色黑、馮銓、圖海、成克鞏、劉正宗、呂宮、金之俊、蔣赫德、王永吉、党崇雅、傅以漸，其中滿洲二人，漢軍二人，漢人九人。接下來兩年的情形也是差不多，漢人大學士常比滿洲與漢軍旗籍的大學士加起來總數還多。由此可見：清代中央在福臨親政後是更重用漢人了。

福臨這位聰明的皇帝，他知道舊的大臣需要籠絡，但新人才更需要培養，前面談過他常到翰林院親自考核庶吉士的滿文成績就是明證。然而幫他治理國家的還是一般知識分子官員，所以他對科舉考試也十分重視，他相信只有通過考試才能發現人才，進而培養出人才。根據有關的史料，他親政的十年之中，一共舉行了四次會試，即順治九年、十二年、十五年、十六年。其中順治十六年是加開恩科，四次共錄取了進士一千五百名。

福臨很重視會試的「掄才大典」。順治九年（一六五二）三月二十四日，他竟命大學士希福、范文程等二十八人爲殿試讀卷官，官階之高，陣容之龐大，實在少見，這也反映了皇帝對國家最高一級考試的不馬虎。他自己還爲滿洲、蒙古旗人以及漢軍旗人、漢人分別出了兩份試題，都是與治理天下有關的。同月二十八日，考試結果揭曉，欽賜滿洲、蒙古貢士麻勒吉等五十人，漢軍及漢貢士鄒忠倚等三百九十七人進士及第出身有差（一甲爲進士及第，二甲爲賜進士出身，三甲爲賜同進士出身，通稱進士）。放榜後，皇帝又在禮部賜宴，並賞給麻勒吉、鄒忠倚二人朝服頂帶，其他進士折鈔銀兩。到五月間，按各進士的成績授以翰林院官職，或選入庶常館再深造，備將來大用。後來順治十二年、十五年、十六年等幾次殿試，情形大致如上，可見福臨對選拔人才的愼重與優禮有加是一以貫之的。

福臨愼重的選拔了一些新人，他也大量委用新人，到順治後期，大學士中屬於老人或舊班底的已是寥寥可數，甚至多達百分之八十是順治年間的進士出任。同時由於福臨英年早逝，他培養的一批人才有些在他有生之年並未能躋身高位，不過到康熙之世都成爲棟梁之材了，像李霨、王熙、熊賜履、陳廷敬等等。

除了制度上的改進足以說明福臨進一步漢化，進一步「愛養」漢官，他在若干行事作風上也對漢族大官表現得極具誠意。例如漢人大學士党崇雅退休還鄉時，福臨兩次破格召見他，賜座並賜衣帽、靴襪、茶飯，而且「溫語慰勞良久」，最後還命滿洲大學士爲他送行。翰林院修撰、狀元孫承恩英年早逝，皇帝也「深悼惜之，賜白金三百兩歸其喪」。類似的事情還有很多，不能列舉；不過這些都是令漢臣銘感五內的。

洪承疇是降將，在清兵入關與招撫江南等方面立了大功，後遭滿洲將領猜忌而被召回京師，雖名爲大學士，但無實權。福臨親政之後，爲了迅速結束西南戰事，又把這位「曉暢民情，練達治理」的「夙望重臣」請了出來，讓他「經略湖廣、廣東、廣西、雲南、貴州等處地方，總督軍務兼理糧餉，聽擇扼要處所駐箚」，並特別給他便宜之權，先辦後奏。尤其是用人大權，「吏、兵二部不得掣肘，應用錢糧即與解給，戶部不得稽遲」。洪承疇的位高權重，在當時可以說是少見的曠典殊恩。可是洪承疇後來堅持「以守爲戰」的策略，一無成就。朝中大臣多有參奏他「一籌莫展，寸土未恢」，徒耗國帑，請求皇帝將他罷斥處分。但福臨仍繼續「優旨慰留」，而且給他加賜職銜，表示對他完全信任。所幸在洪承疇「回京調理」的前夕，大西軍發生了內訌，孫可望投降了洪承疇，如此才讓洪承疇有一些招撫之功，得以向福臨交代。福臨與洪承疇的這段關係，可以說明小皇帝對舊老漢臣的信任與用人不疑。

對於擁有兵權的統兵大將，福臨更是百般示好，加意籠絡。例如順治八年（一六五一）即賜予吳三桂金冊、金印，以示器重。第二年發生南明僞造吳三桂謀叛告示，福臨對吳三桂說這是敵方「畏王之威，計窮力竭，故設狡謀反間」，「朕與王誼屬君臣，情同父子，豈能間之？」順治十六年十月又授與吳三桂專鎮雲南之權，選官、改制、徵糧等一切事務，「俱暫著該藩總管奏請施行，內外各該衙門不得掣肘」。福臨又把皇妹下嫁給吳三桂之子吳應熊。另外又將自己的姪女配與靖南王耿繼茂之子耿精忠爲妻。順治十四年（一六五七）還下令冊封耿繼茂、吳三桂、尚可喜三人之妻爲福晉。這一切都是他重用漢人另一類的表現。

總之，福臨親政之後，對可靠的、得力的漢人文武官員都極爲重視，給予重用。不過，他也並非盲目的重用漢人，或是無選擇的重用漢人，對他有益的，對清朝統治權有益的他才特加重視任用；相反的，凡反滿抗清的漢人，他還是會給予無情打擊或殺戮。

37 順治朝的文字獄與科場案

古代中國社會有士、農、工、商四大職業群，士是人數最少的，但對社會的影響力最大，故士爲四民之首。歷代君主與政府都對這一群知識分子十分注意，很怕他們成爲社會治安的亂源。

清朝入關之後，漢族士人本來就對「異族」有成見，有反感。加上滿族領導人又多行弊政，如剃髮、圈地等等，更招來反滿抗清的動亂，因而清廷對士人的管理與打壓就不能避免。用文字獄來箝制漢人知識分子的思想言動是一種方法。

清朝入關之初，由於戎馬倥傯，根基未固，一切大政以籠絡人心爲主，除了爲酬庸八旗有功官兵採行圈地以及爲分別順逆命令漢人剃髮外，對於懷有故國之思，或是把孤忠孤憤寫在文字中的，大都不予過問。王夫之在《讀通鑑論》中說：「即使桓溫輩成功而篡，猶賢於戴異族以爲中國主。」或是有詩人寫些「掃除胡種落，光復漢威儀」的句子，也都毫無忌諱。所以順治一朝文字獄的案件不多，多半還是因爲政壇上人事鬥爭而起。

《清實錄》順治四年十一月辛亥（十五日）條記：

招撫江南大學士洪承疇奏：「犯僧函可，係故明禮部尚書韓日纘之子，日纘乃臣會試房師。函可出家多年，於順治二年正月內，函可自廣東來江寧，刷印藏經，値大兵平定江南，粵東路阻未回，久住省城，臣在江南，從不一見。今以廣東路通回里，向臣請牌，臣給印牌，約束甚嚴，因出城盤驗，經笥中有福王答阮大鋮書稿，字失避忌。又有《變記》一書，干預時事，函可不行焚燬，自取愆尤。臣與函可有世誼，理應避嫌，情罪輕重，不敢擬議。……臣謹將原給牌文及函可書帖，封送內院，乞敕部察議。」

多爾袞對這案件以順治皇帝的名義批示說：「洪承疇以師弟情面，輒與函可印牌，大不合理，著議處具奏。」不過到第二年五月，吏部官員決議對洪承疇的處分是「革職」，多爾袞卻不贊成，他認爲吏部的決定「甚是」，「但洪承疇素受眷養，奉命江南，勞績可嘉，姑從寬宥」。洪承疇被寬宥未作處罰，函可也沒有像乾隆時代那些文字獄的當事人那樣受到斬殺的極刑，他被放逐到瀋陽而已。

函可俗名韓宗騋，廣東博羅人，青年時尙詩酒、意氣，交游很廣，當時有人稱讚他說：「聲名傾動一時，海內名人以不獲交韓長公子騋爲恥。」崇禎十二年（一六三九），他看破塵世，也許與社會動盪有關，便「世緣立斬，與髮同斷」，出家當了和尙。他在留滯南京期間，把清兵南下消滅福王弘光朝的史事寫成了私史《再變紀》，成爲此一文字獄的主要證據。他流放瀋陽的時間是在順治五年（一六四五）四月。函可在瀋陽居住了十一年後圓寂，享年四十九歲。在此期間，他不但到處弘揚佛法，聲名甚著，「趨之者如河魚怒上」，被奉爲「開宗鼻祖」。同時他又與其他被流放的人廣爲交流，組織「冰天社」，以詩文唱和。函可的著作頗多，存世的有《千山剩人禪師語錄》六卷、《千山詩集》二十卷。函可的《再變紀》文字獄還算是從輕發落的了。

《清實錄》順治五年四月辛卯（二十六日）條又記：

鳳陽巡撫陳之龍奏：「自金逆之叛，沿海一帶與舟山之寇，止隔一水，故密差中軍各將，稽察奸細，擒到僞總督黃毓祺并家人袁五，搜獲銅鑄僞關防一顆，反詩一本，供出江北窩黨薛繼周等，江南王覺生、錢謙益、許念元等，見（現）在密咨拏緝。」疏入，得旨：「黃毓祺著正法，其江北窩賊薛繼周等，江南逆賊王覺生、錢謙益、許念元等，著馬國柱嚴敕該管官訪拏。袁五著一併究擬。」

這是「反詩一本」引起的文字獄。福臨親政之後，也只有一次文字獄案，那是發生在順治十七年（一六六〇）六月的「劉正宗詩集」案。

劉正宗，山東安丘人，明末進士，清朝入關後降清，順治二年（一六四五）任翰林院編修，十年升官爲內三院弘文院大學士。順治十六年（一六五九）因氣量狹隘，終日詩文，廷議常以己意爲是，被福臨嚴斥過。第二年六月初九日，都察院左都御史魏裔介又上奏參劾他很多項罪狀，其中與文字有關的是：

大學士劉正宗陰毒姦險。……正宗莫逆之友爲張縉彥、方拱乾。縉彥外貶，拱乾流徙，正宗之友如此，正宗爲何如人耶？且縉彥序正宗之詩曰「將明之才」，其詭譎尤不可解。

順治皇帝批示說：「此所參情節，關係重大，著劉正宗……據實明白回奏。」

同月十六日，劉正宗遵旨回奏，談到張縉彥詩序時說：

所稱縉彥序臣之詩，有將明之才一語，詭譎不可解，此語誠似詭譎，然臣見（現）存詩稿，縉彥序中，未見此語也。

皇帝仍不放心，再命令議政王大臣們究查具奏。同年十一月初十日，調查有了新的結果，議政王大臣們回奏劉正宗的各項犯罪事實，其中有關張縉彥詩序一項也有了新發現，劉正宗竟然沒有據實回奏，反說詩序中「未見此語」。事實上是劉正宗「巧爲支飾」，因爲張縉彥「供吐眞情」，劉正宗「方承認送書是實」，「將明之才，既係《詩經》、《漢書》、顏眞卿墨刻所載，若非有意借用，何不即行承認，而必欺飾以匿非，扯毀以滅跡？」議政王大臣們認爲劉正宗「情罪重大」，「應立絞」；張縉彥「逆叛於故明，復懷叵測於本朝」，「以詭譎言詞，作爲詩序，煽惑人心，情罪重大，應立斬」。皇帝沒有按照議政王大臣們的建議終結此案，他降旨說：「劉正宗……本當依擬正法，念任用有年，姑從寬免死，著革職，追奪誥命，籍沒家產一半，歸入旗下，不許回籍。張縉彥巧辭欺飾，本當依擬處斬，亦從寬免死，著革職，追奪誥命，籍沒家產，流徙寧古塔地方。」順治朝的文字獄一般說來不算太慘酷，「劉正宗詩集」案雖然有些像是因擇字不精、引用不當而興獄，但是劉正宗被告的犯罪事項多到十幾條，詩序僅其中一小項而已，畢竟與乾隆朝因薄物細故而遭殺身毀家的情形大有不同。

文字之禍固然能壓制文人思想反動，但終不如以法令來管束文人或是用科考來打擊文人來得更有效，因爲人若違反法令或在考試時作弊會立即遭到律法條文制裁，順治朝的禁止集社規條與科考案就可以說明這類事實。

明朝末年，士大夫喜歡結社，以文會友，並藉以學習時藝，本來是件清雅事情；不過由於當時朝政腐敗，加上黨爭，士大夫們也有社盟、社局等的組織來揣摩風氣，進而討論、批評時政，逐漸也有了「黨同伐異」的流弊，結社幾乎變成了政治和革命的事業。清兵入關之後，結社的風氣仍然很盛，當然引起政府的重視。後來結社的人由公開而轉入祕密，就遭到清廷的注目，因此在順治九年（一六五二）二月由禮部題奏，立條約入款，頒刻學宮，更立臥碑警示各地學子，其中第八款是：

生員不許糾黨多人，立盟結社，把持官府，武斷鄉曲；所作文字，不許妄行刊刻，違者聽提調官治罪。

由於這些條約，士大夫的言行受了很大的限制；不過各地學官未必徹底奉行，所以到順治十七年正月，禮科右給事中楊雍建上疏說：

臣聞朋黨之害，每始於草野，而漸中於朝宁，拔本塞源，尤在嚴禁結社訂盟。……請敕部嚴飭學臣，實心奉行，約束士子，不得妄立社名，糾眾盟會，其投刺往來，亦不許用同社同盟字樣，違者治罪。儻奉行不力，糾參處治，則朋黨之根立破矣。

福臨對他的報告批示：「士習不端，結社訂盟，把持衙門，關說公事，相煽成風，深爲可惡，著嚴行禁止。以後再有此等惡習，各該學臣即行革黜參奏，如學臣徇隱，事發一體治罪。」清初結社風氣，從此斂跡。

用考試作弊興案，以打擊讀書人，是著名的順治「丁酉之獄」。丁酉年是順治十四年（一六五七），這一年的科場案以北闈順天和南闈江南最大，其他河南、山東、山西的闈場也出現問題，但不如南、北二闈的嚴重。

科場作弊歷代都有，清朝入關即恢復科舉制度，也有弊案發生。不過在丁酉大考前夕，福臨特別對江南鄉試主考官方猶與錢開宗二人說：「江南素稱才藪，今遣爾等典試，當敬愼秉公，儻所行不正，獨不見顧仁（按：順天巡按御史，因納賄而處死刑）之事乎？必照彼治罪，決不輕恕。爾等秉公與否，朕自聞知，豈能掩人耳目，爾其愼之。」沒有想到在放榜之日，南、北二闈都「人情大譁」。刑科右給事中任克溥首先上疏參劾說：北闈考中的舉人有用三千兩銀子「賄買得中」的，「伏乞皇上大集群臣，公同會訊，則姦弊出而國法伸矣」。吏部與都察院奉旨嚴訊相關人等，結果審查屬實。皇帝知道之後，非常惱怒，隨即於同年十月二十五日降旨：

貪贓壞法，屢有嚴諭禁飭。科場爲取士大典，關係最重，況輦轂近地，係各省觀瞻，豈可恣意貪墨行私？所審受賄、用賄、過付種種情實，可謂目無三尺，若不重加處治，何以懲戒將來。李振鄴、張我樸、蔡元禧、陸貽吉、項紹芳、舉人田耜、鄔作霖，俱著立斬，家產籍沒，父母兄弟妻子俱流徙尚陽堡。主考官曹本榮、宋之繩著議處具奏。

李振鄴、張我樸等人是考官，他們確實放肆妄爲，在李振鄴處送錢考中的就有二十五人。福臨不但處死了這批考官與少數靠賄賂考上的舉人，在一個月之後，他又降諭禮部說：「將今年順天鄉試中式舉人速傳來京，候朕親行覆試，不許遲延規避」，「如有託故規避，不赴試者，即革去舉人，永不許應考，仍提解來京嚴究規避之由」。

不少來順天府考試中舉的人已經回家，現在又命令他們入京重考，有人不知實情，就被地方衙門「拘執鎖項，押送起解，如同隸囚」，日夜兼程的趕到北京。覆試之日，「每人以滿兵一人夾之」，實在緊張萬分。第二年二月十三日，皇帝對禮部官員說：「前因丁酉科順天中式舉人，多有賄買情弊，是以朕親加覆試，今取得米漢雯等一百八十二名，仍准會試。」另外有蘇洪濬、張元生等八人，文理不通，革去舉人。

江南闈處分得很慘，先由工科給事中陰應節上奏參劾：「江南主考方猶等弊竇多端，榜發後，士子忿其不公，哭文廟，毆簾官，物議沸騰。」福臨震怒，降旨責方猶等考官「經朕面諭，尙敢如此，殊屬可惡」，俱著革職，行賄的舉人也由刑部派人「速拏來京，嚴行詳審」。江南闈所有考中的也舉行覆試，考生也是在驚恐中應試，結果將方域、林大節等十四人取消資格，革去舉人。江南闈的主考官方猶、錢開宗以及葉楚槐等十七位同考官都處死刑，和京城的北闈只殺了兩位同考官，而其主考官及副考官都蒙恩免的情形大有不同。皇帝為何如此對待江南士子呢？可能與江南人才輩出，科名很盛有關。順治年間共舉行會試八次，而狀元八人中有六人來自江南，皇帝說：「朕屢重試典，嚴除弊竇者，實欲得眞才而用之耳。」

總之福臨用文字獄、禁結社、科場案來打擊士子聲氣，收到相當的效果，明朝「官驕士橫」的現象在清代就不復重現了。

38 重設十三衙門與內閣

福臨死後，留有遺詔十四條罪己，其中一條是：「祖宗創業，未嘗任用中官，且明朝亡國，亦因委用宦寺；朕明知其弊，不以為戒，設立內十三衙門，委用任使，與明無異，以致營私作弊，更踰往時，是朕之罪一也。」當然這件遺詔是不是福臨死前親自寫製，還有問題，不過，十三衙門的設立是史實，當時滿洲守舊王公反對是事實，這些應該是無庸置疑的。

清朝入關以前，皇家雖也有供差役的「包衣」（滿語家奴、家丁之意），但未形成像漢人朝廷內有勢力的宦官群體，更無管理機構和權力制度。清朝入關之後，建立了全國政權，滿族領導人引前朝興亡史跡為鑒戒，為避免重蹈明末宦官干政，影響朝政敗壞，因此在原有的包衣制度上，成立了內務府，「凡內廷之會計、服御、物飾、宮御、武備等，皆統屬於內務府大臣」。多爾袞攝政期間，還下過命令：「朝賀大典，內監不得沿明制入班行禮。」禁止了內監參政，當時的太監員是「惟使之供給灑掃之役，毋得任事」。

福臨親政以後，從多爾袞獨攬大權的經驗中，覺得皇權大受旗權的侵犯，他爲防止宗室親貴與八旗元老重臣的干政專政，重用得力漢官，培植自己勢力。同時他又被一些漢人宦官慫恿，再加上內務府的組織簡單，不能滿足大帝國皇家的虛榮感，他以「內府事務殷繁，須各司分理」的理由，在親政後兩年多，開始計劃恢復明朝的太監制度。順治十年（一六五三）六月二十九日，他降諭內院官員說：從歷史上看皇家用宦官是不能避免的，他要「酌古因時，量爲設置」，建立十三衙門。他爲防止和消除弊端，想到種種限制措施，包括：十三衙門宦官的官階「不過四品」，「凡係內員，非奉差遣，不許擅出皇城。職司之外，不許干涉一事，不許招引外人，不許結交外官，不許使弟姪親戚暗相交結，不許假弟姪等人名色置買田屋」等等，如有違反這些規定的一律處死。諭旨降下後一個多月，即七月初四日（按：該年閏六月），都察院左都御史屠賴等人就上奏表示不妥，認爲重用宦官，「則君臣之間，恐致疏遠矣」。福臨向他們解釋說：「衙門雖設，悉屬滿洲近臣掌管，事權不在寺人，且所定職掌，一切政事，毫無干預，與歷代迥不相同，著仍遵前旨行。」十三衙門在福臨堅持下設立了，但宦官的權力大減，而且限制很多，與明末情形實在不可同日而語，可以說順治朝的十三衙門是改良型的漢化成品，不是完全仿照明朝樣式的太監機關。

福臨構想中的十三衙門是「首爲乾清宮執事官，次爲司禮監、御用監、內官監、司設監、尙膳監、尙衣監、尙寶監、御馬監、惜薪司、鐘鼓司、直殿局、兵仗局」。這是由明朝十二監、四司、八局的二十四衙門精簡而成的。不過到順治十一年（一六五四）罷內務府時，又增設了尙方司，共爲十四衙門，而且其後這些衙門的組織不斷發生變化。如順治十二年（一六五五）又將尙方司改爲尙方院；十三年（一六五六）鐘鼓司改爲禮儀監，尙寶監改爲尙寶司；十七年（一六六〇）又改內官監爲宣徽院，禮儀監改作禮儀院。隨著衙門名稱的改變，職能也不斷擴大與加強，對宮內外的政治影響也更大。

儘管福臨爲嚴禁宦官干預政事，於順治十二年六月下令立鐵牌於交泰殿，上鑄滿漢文字，警告宦官不得「犯法干政，竊權納賄，囑託內外衙門，交結滿漢官員，越分擅奏外事，上言官吏賢否」，否則「即行凌遲處死」。然而宦官有了權位，謀私舞弊之事終難避免。順治十五年（一六五八）就發生了內監吳良輔等交通內外官員，作弊納賄的不法事件。福臨因爲寵信和庇護吳良輔，竟沒有治他大罪，最後反把一些官員革職流徙了事，所以宦官弄權是防不勝防的。

福臨死後，因爲他預留所謂的責己遺詔表示設立十三衙門是一項大罪，守舊的輔政大臣們立刻以新君康熙皇帝的名義盡革十三衙門，又恢復了內務府。後來康熙皇帝又命令設立敬事房，專管太監，使得清朝太監眞正變成供使役的奴僕了。

另外一個中央衙門在順治朝進一步漢化的是內閣。

在努爾哈齊建立後金政權時，先以五大臣及十個理事官幫他佐理國事，後來明定八和碩貝勒共議國政，沒有什麼內閣名義的機關，只有以「書房」爲稱的單位負責記載政事。皇太極繼任大汗之後，設立了文館翻譯漢字書籍，並記注當時朝中大事。在後金國改稱大清的前夕，文館也改名爲內三院，即內國史院、內祕書院、內弘文院。這次改組不但增大了職掌的範圍，也更具備了明朝內閣與翰林院的實質。因爲內國史院掌記錄皇帝起居詔令，收藏御製文字，編纂史書，撰擬祝文誥命等等。內祕書院掌草擬與外國書信及敕諭，記錄各衙門奏疏與詞狀。內弘文院則掌注釋古今政事得失，爲皇帝進講，爲皇子侍講，頒行制度等等。順治元年（一六四四），清人入關，內三院制度當然隨之到北京，爲滿清政府服務。不過清廷爲了籠絡漢官，凡投降都照常錄用，當時有不少明朝內閣與翰林院的官員投降，所以在這過渡時期，內三院與內閣同時並存。第二年，清廷才下令合併這兩個機關，但仍以滿洲的內三院爲主，只在單位名稱上加了「翰林」二字，變成內翰林國史院、內翰林祕書院與內翰林弘文院。內三院的大學士官品與六部尙書同，都是正二品。

福臨親政之後，仍以內三院爲中央的重要機關，起初滿洲大學士或漢軍大學士佔多數，後來皇帝爲加強皇權，漢人大學士的人數逐漸增多，到順治十三年，滿洲、漢軍旗籍的大學士和純漢籍的大學士人數相等，有時漢人大學士還略多於在旗的大學士。順治十五年，情形更有大的改變，這年的七月二十三日，福臨下令將內三院改爲內閣，大學士加殿閣銜，稱爲中和殿大學士、保和殿大學士、文華殿大學士、武英殿大學士、文淵閣大學士、東閣大學士，品級由原來的二品改爲正五品，與明朝的大學士品級相同，原來的內三院名稱不再稱用。內閣之外又有翰林院，也是與明朝規制一樣。所以這一年的改制，事實上是徹底的漢化，仿照了明朝的制度。

順治十八年（一六六一）六月，守舊的輔政大臣們，從福臨的遺詔中找出「紀綱法度，用人行政，不能仰法太祖、太宗謨烈，因循悠忽，苟且目前，且漸習漢俗，於淳樸舊制，日有更張」等語，用小皇帝玄燁的名義降諭說：「內三院衙門，自太宗皇帝時設立，今應仍復舊制，設內祕書院、內國史院、內弘文院。其內閣、翰林院名色俱停罷。」這是滿族對漢化的反動，也代表了清朝本土制度的復興。不過，到康熙九年（一六七〇），玄燁打倒了輔政大臣的旗權勢力之後，他又下令將內三院改爲內閣，別設翰林院，照順治十五年之制。自此內閣在清廷中央眞正的成立了起來，至雍正朝軍機處設立，大權才被分奪去一部分，不過內閣機構的名稱一直存在到宣統三年（一九一一）清朝覆亡。

39 清鄭和戰

南明唐王政權在福州建立的時候，鄭芝龍、鄭成功父子都是他的擁護者。鄭成功對唐王的矢志復國、布衣蔬食非常崇敬，唐王對鄭成功也極爲賞識，賜他姓名爲朱成功（這就是後人稱「國姓爺」的由來），而且封成功爲忠孝伯，賜尚方劍，掛招討大將軍印，甚至還向成功講過：「恨朕無女妻卿。」唐王確實流露了眞感情，鄭成功日後爲感唐王知遇之恩，畢生抗清，原因多少與此有關。

鄭芝龍不聽兒子勸告，投降了清朝。唐王不久也殉國，而鄭成功的生母又在福建家鄉被南下清軍慘害，在國恨家仇的劇變下，鄭成功哭文廟、焚儒衣，棄文就武的抗清了。他起事之初，只有弱兵數千，不過各地忠義勤王之士紛紛來歸，經過幾年經營，實力大增，到福臨親政的順治八年（一六五一），他已經有廈門根據地，並在海澄、漳州等地的戰役中，幾次擊敗清軍，成爲了東南沿海的巨患。

順治九年（一六五二）九月，清朝大臣向皇帝建議對鄭成功進行招撫，因爲當時「湖南、川、廣處處用兵，力不暇及」，各地反清勢力與福建鄭氏「萬一勾連狂逞，爲禍愈大」。鄭成功的父親既已降清，若動之以親情，預料鄭成功會從命的。福臨認爲可行，便在同年十月初九日降諭給閩浙總督劉清泰，命他籌劃。皇帝的諭旨中顯然是先向鄭成功解釋多爾袞對他父親背信失言，還有清兵突攻廈門是地方武官的「行事乖張」。鄭成功只要就撫，朝廷會賞給官職，不必來京，可以在閩、浙、廣東沿海管理洋船。由於這道諭旨，清鄭雙方的和議開始了。

與此同時，鄭芝龍也在清廷的指示下，派了家人帶著親筆書信到福建會見鄭成功，希望以父子親情感動成功歸清。鄭成功在回覆父親的信中談到清廷沒有如許諾的優待父親，也對福建巡撫發兵攻打廈門，洗劫他們的財產大表不滿，同時也說「兵集難散」的善後問題。鄭成功雖是沒有拒絕降清，他似乎提出不少條件供清廷參考。福臨知道事件的發展之後，在順治十年（一六五三）五月初十日，又降諭旨，除答應封鄭成功爲海澄公、鄭芝龍爲同安侯、鄭鴻逵爲奉化伯、鄭芝豹爲左都督外，又保證說：「敕諭到日，滿洲大軍即行撤回，閩海地方保障事宜，悉以委託。」而且派專差與成功的表親攜帶公爵印信南下，以示眞心誠意。

清廷怕鄭成功拒絕接受海澄公印，又指示鄭芝龍再派家人南下廈門，告知一切。鄭成功爲了父親等家人數十口在北京的安全，又想到不如「將計就計，權措糧餉以裕兵食」，他便寫了一封回答父親的信，在這封信中，他仍然抱怨清廷對父親的沒有誠信，但也說到若與他和談成功，清廷便無南顧之憂，也免掉「勞師遠圖，空費帑金」之苦。當然他手下大軍「勢亦難散，散之則各自嘯聚，地方不寧」，有三省之地，才能安置。同時他似乎在警告清方，他已經是南明的王爵了，「人臣之位已極，豈復有加之乎？」而古代也有「大義滅親，從治命不從亂命」的事實，他在必要時是會移孝作忠的。

鄭成功給父親的回信沒有完全拒絕和談，只是條件愈開愈多，清廷經過王公大臣的會議，在同年十一月初六日，以福臨的名義又頒降了一份敕諭，給了鄭成功更優厚的條件，不說一門三個顯爵，並答應漳州、泉州、潮州、惠州四府之地讓鄭成功駐扎，又撥給弁兵錢糧，眞算是曠典殊恩。清廷爲什麼如此讓步呢？原來在這段期間，湖南戰場失利，親王尼堪在衡州兵敗被殺，大西軍又逼死了孔有德這位王爺，而「兩蹶名王，天下震動」，清軍確實面臨嚴重威脅。

在鄭成功方面，順治十年三月，鄭軍竟大舉入長江、攻崇明、破鎭江，登金山遙祭明太祖陵，掠戰船三百艘於吳淞口。又在閩南海澄戰場上，清朝平南將軍金礪率兵數萬攻鄭軍，順治十年五月初四日用大小銃槍火砲數百門攻城，最後清軍仍以慘敗收場。清廷視大西軍爲主要的敵人，對鄭成功就以和議牽制了。

順治十一年（一六五四）正月，清廷攜帶敕諭與印信的專使到了閩南，先派鄭氏家人會晤鄭成功，通報清廷遣使議和之事。鄭成功爲維護家人安全，乃派出常壽寧等爲使臣去福州與清使議和。鄭成功面囑常壽寧等：「議和之事，主宰已定，煩爾等言及應對，只是禮節要做好看，不可失我朝體統。應抗應順，因時酌行，不辱命可耳。」二月初一日，雙方專使開始議和，清方要求常壽寧等行下見上之叩拜禮，常壽寧等則堅持行賓客禮，而且提明清「兩國論」，當然這次和會沒有任何成果。後來經過多日的折衝與安排，終於在二月初六日，清使與鄭成功本人在泉州安平的東山書院中見了面，大家寒喧之後，第二天清使交給成功敕印，但成功沒有開閱，只宴請了清使一頓。經清使的一再「乞示旨意」，鄭成功才回答說：「兵馬繁多，非數省不足安插。和則高麗、朝鮮有例在焉。」並將敕印退回清使，所謂的和談就如此結束了。鄭成功在清使北歸復命之後，分派軍隊到興、福、泉、漳等邑，「派助樂捐」，取得了不少兵餉，增強自己兵力。鄭成功這次向清廷提出了新條件「兩國論」。

清廷知道鄭成功的心意之後，決定剿撫兼用的策略，一邊仍派鄭芝龍的次子鄭世忠南下作最後努力，一邊也徵調大軍備戰。福臨也再度發出敕諭，要鄭成功剃髮來歸，「順逆兩端，一言可決」，希望鄭成功「熟思審圖，毋貽後悔」。清方又派了兩位高階官員南下，帶著鄭世忠去見鄭成功。清使要鄭成功到福州來開會，鄭成功則請清使到安平來議事。清使無奈，只好在順治十一年八月二十四日來到了泉州，他們先派人告訴鄭成功：「藩不剃髮，不接詔；不剃頭，亦不必相見。」態度極爲強硬。鄭成功則叱斥了來人，雙方未見面即已形成僵局。直到九月初四日，鄭成功才派人去泉州請清使來安平見面，清方爲小心起見，先讓成功小弟鄭世忠看視兄長，希望以親情營造和談氣氛。不過據當時人的記錄，成功與世忠見面後知道「此番不就，全家難保」的嚴重性，但是他堅決的對小弟說：「我若苟且受詔、削髮，則父子俱難料也。」「箇中事，未易，未易！」顯然成功是無意接受招撫的。

九月十七日，清使到了安平，雙方都佈置了軍隊，如臨大敵的和談，但又爲了剃髮事爭執不決，清使認爲不剃髮則不能議事，成功則不同意，於是又無結果的結束了會議，清使也在不久後回京了。

福建巡撫佟國器認爲鄭成功「終無剃髮受撫之意」，因而上奏福臨說：「據臣愚見，非示之以威，則何知有恩？非迫之以剿，則何肯就撫？此不易之定理也。」他主張討伐鄭成功。清廷中央的王公大臣也覺得鄭成功「不降之心已決」，建議皇帝「即時發兵撲剿」，福臨同意他們的看法，在同年十二月十六日，特任世子濟度爲定遠大將軍，統率滿洲大軍入閩，清鄭關係進入了新階段。

鄭成功方面在清使返京，和議不成時，便積極準備攻防戰具，大整舟師，並在閩南一帶徵餉，在順治十一年底攻克了同安、南安、惠安各縣，第二年正月又打下了仙遊，省城福州都受到了威脅，情勢變得緊張了。順治十二年（一六五五）五月，世子濟度的大軍三萬多人到達了閩省，清鄭大戰一觸即發。這時新任閩浙總督李率泰剛上任，他想作最後努力，寫信到廈門給鄭成功，希望他再作考慮，接受招撫，免得戰爭，但無結果。七月間，鄭軍又入閩江口，克閩安、連江等地。八月，鄭成功親率大軍攻福州，軍事失利，乃還兵金廈。濟度率兵到了泉州，又與成功談受撫事，鄭成功還是不為所動，因此雙方只有兵戎相見了。

由於鄭成功以金廈為基地，冬季海風強勁，滿洲旗兵又不善海戰，因此大戰到順治十三年（一六五六）四月中才發生，清軍出泉州港，分三路攻金廈，結果在圍頭海上交戰，清軍在氣候惡劣、無海戰經驗、不耐眩暈之苦等因素下，潰不成軍，鄭軍於是軍威大震，繼續在閩北各地大徵餉銀、糧草。清軍在戰敗之餘，深感以戰「平海」不易，改採「禁海」政策及離間成功部眾為戰略。

順治皇帝因為鄭成功抗命不就撫，後來下命將鄭芝龍一家全部流放至東北寧古塔地方，最後依照謀叛罪名將他們「族誅」，實在淒慘。

鄭成功為矢志復明，決心發動北征行動，攻打南京。可是幾次出兵都不順利，不是後方軍事牽制，就是海上遇風。直到順治十六年（一六五九）六月，才進入長江，攻克鎮江、瓜州等地；不過此時清軍在西南戰場上已獲得大勝利，滇黔川桂湖五省都幾乎大獲全勝，所以江寧之戰可用班師軍隊來應付，因此戰局轉危爲安。鄭成功見江寧之戰失利，爲保持實力，決定轉帆返回閩南，不過他的雄心壯志也因北征不成功而受到嚴重打擊，甚至頓生「恐孤島之難居」的感傷情懷。而清廷則通令各地官員「如（鄭成功）親身剃髮，自行綁縛來降情確，准題奏」，可見態度是多麼的強硬，這都是時勢已變，清廷已操縱大局的結果。

順治十八年（一六六一）二月，鄭成功從廈門移駐金門，命其子鄭經等人留守金廈。三月二十三日，他親率將士兩萬五千多人，大小戰船數百艘，由金門出發，次日抵澎湖，隨後直駛臺灣。四月初從鹿耳門登陸，同年底逼降荷蘭守軍，結束了荷據三十八年的殖民歷史，也開啓了臺灣開府立縣的新紀元。

清順治朝福臨與鄭成功的和戰關係，前後進行十年之久，這十年正是福臨親政的全部歲月，也是鄭成功一生歷史的最重要時期。雙方在和議方面，雖然來往動作頻繁，但終無一點成就。在戰事方面，從表面看像是鄭成功在小型戰事上多勝利，但北征一類的大戰役中卻都遭逢失敗。鄭成功不顧親情、不惜大義滅親的反清復明，贏得了「創格完人」的美譽。然而就整個和戰得失來看，鄭成功僅在東南沿海小有斬獲，而輸掉了中原大戰勝利的良機。清朝則得益爲多，因爲他們利用和談扭轉了西南與東南戰局的整個大勢，同時也達到了鞏固閩、粵、浙江海防的目的。

順治十八年正月福臨去世，當時大陸絕大多數州縣已隸屬於清廷的管轄之下。不久鄭成功也東渡臺灣，第二年病逝，他也在臺灣建立了新的復明基地。兩位對抗十年的主角離開了人間，兩岸和戰事務只有留待他們的子孫解決了。

40 控制蒙古

在古代中國，很多朝代都忙著修築長城，以防塞外民族入侵。康熙皇帝曾經得意的說過：「本朝不設邊防，以蒙古部落爲之屏藩耳。」清朝確實沒有爲長城動過大工程，因爲蒙古諸部被他們控制著，不會來侵犯，當然也不需要長城抵擋了。早年控制蒙古的工作，順治朝就作了不少的貢獻。

長城以北的廣大地區，在清朝初年，大概可以分爲三大蒙古部落的游牧區；戈壁沙漠南方的稱爲漠南蒙古，漠北稱漠北蒙古或喀爾喀蒙古，戈壁西部的稱漠西蒙古或厄魯特蒙古。三大蒙古部落區內又分若干部，互不相屬，有時各部也發生攻伐。清朝在未入關前，努爾哈齊、皇太極兩代都以漠南蒙古爲主要交涉對象，最近滿洲的科爾沁部與滿洲很好，雖有戰爭，但後來以通婚、結盟成了好親家，另外察哈爾蒙古則被皇太極征服，喀爾喀蒙古也有來歸清朝的，皇太極用盟旗制度管制了他們，收到很好的效果。漠西的厄魯特蒙古因爲相隔遙遠，與清朝的關係到多爾袞入關後才逐漸建立起來，不過當時清廷忙於平定中國南方抗清勢力，厄魯特蒙古也因各部爭權而發生互鬥的紛爭，彼此關係無法進一步發展。

順治三年（一六四六），有些蒙古部落看到清朝在中國境內陷入艱苦戰爭，便萌生異心，科爾沁蒙古的蘇尼特部突然出走到喀爾喀部，脫離了盟旗控制。多爾袞怕在蒙古諸部起連鎖反應，立即調集大軍，由胞弟多鐸率領，出征塞外。同年七月間，多鐸連續大敗蘇尼特部酋長騰機思與喀爾喀部酋長土謝圖汗，班師回京，但兩部首領未被捕獲，問題因而未得徹底解決。九月間，清廷警告喀爾喀部，必將騰機思等擒獻，否則不與交往。直到順治五年（一六四八）秋天，喀爾喀部土謝圖汗向清廷「貢馬千匹，駝百隻」，蘇尼特部騰機思時已死，其弟騰機特親來北京請罪，多爾袞仍予接納，並照例賜宴，又讓騰機特承襲其兄郡王爵位，至此蘇尼特部叛逃問題得到解決。喀爾喀部的朝貢也變得比以前頻繁，順治八年（一六五一）福臨親政以後，來北京朝貢竟然遣使多達八百八十四人，可以說是少見的盛況。受到喀爾喀部影響，更遠的厄魯特蒙古也大規模的來朝貢，同年十一月貢使人數也有三百二十人之多，同時還有外藩蒙古二十七旗聽事頭目與從人等，齊聚於禮部參加宴飲，這也是一次大會。

清初對塞外蒙古的政策以懷柔爲主，以聯姻、結盟爲手段，必要時當以武力爲後盾，解決問題，以提高並穩固清廷的威望與地位。對於蒙古諸部自身的爭執，清廷多以超然的仲裁者身分，化解他們的衝突。例如喀爾喀部在順治四年（一六四七）搶掠巴林部人畜，清廷出面干預，命喀爾喀部給巴林部「照數賠補」，否則即與喀爾喀部不通好。經過多次下達敕諭，直到順治十二年（一六五五）四月，喀爾喀部首領多人才「以侵掠巴林，遵旨服罪來朝，併進歲貢馬駝」。順治皇帝也給予了「優賞」。同年五月，福臨又派出使臣到喀爾喀部，表示以往種種都不再追究，希望彼此舉行盟誓，永遠修好，並商討交還逃人、交通貿易等問題。喀爾喀部首領一度猶豫與來使舉行盟誓，因爲一經盟誓，無異就是承認與清朝的君臣關係，自己也就去了自主獨立的身分。後來經過清廷的威脅利誘，加上清朝在中國南方的戰事也能苦撐下來，到這年十一月，喀爾喀蒙古諸部乃與清朝約誓，決定按貢例規定，向清廷進「九白之貢」（白駝一，白馬八）。同年底，喀爾喀專使到了北京，福臨派多羅安郡王岳樂與他們在宗人府「酹酒約誓」，正式建立君臣關係，喀爾喀部被劃分爲八個扎薩克（蒙語，原意爲「法令」、「條例」，後引申爲「執法者」、「旗長」）。

喀爾喀蒙古雖然從皇太極時代就已經向清朝朝貢，但來貢頻率不正常。經過多爾袞攝政時代的繼續推動綏撫工作，到福臨親政後第五年即順治十二年，幾經周折，終於使強悍的這一部分蒙古部落完全臣服，實在也非易事，至此，喀爾喀蒙古也像科爾沁蒙古一樣，成爲清朝統治的一部分了。

漠西的厄魯特蒙古，由於地遠，雖有朝貢之名，但與清朝的關係並不密切。順治十二年以後，厄魯特部首領相互鬥爭，朝貢減少，而且還有該部進犯內地、搶掠人民財貨的事。順治十三年（一六五六）八月，清廷對他們提出警告，說他們前後已搶掠二十多次，又不服地方官的勸誡，大不合理，本來「分疆別界，各有定制」，希望厄魯特蒙古諸部「照舊分定耕牧，毋得越境混擾」。不過，厄魯特蒙古並未能接受勸告，雙方關係也未能獲得進一步改善。

盟旗制度是清朝統治蒙古地區的基本制度，這制度創立於清太宗皇太極時代（請參看拙作《皇太極寫眞》，遠流出版，二〇〇四），「旗」與滿洲八旗制度中的牛彔編制及旗的形成有密切淵源，「盟」起源於會盟形式，後來逐漸發展爲社會組織制度。蒙古的盟旗是基層政治組織，也是軍事組織與社會組織。盟由一旗或數旗合成，設盟長一人，率所屬三年會盟一次，「清理刑名，編審丁籍」等事。旗各有扎薩克一人總理旗務，或世襲、或簡任，由清朝中央衙門理藩院頒給印信。順治朝給盟旗制度的功能更加強了一番，使蒙古部族間的兼併、爭奪事件減少發生，對清廷更便於統治。

爲了盟旗制度的完備，順治一朝做了不少工作，例如：使會盟更爲嚴格，順治九年（一六五二）規定「會盟敕書，由內閣（院）撰書」。另外，在清初又規定蒙古地區每三年編審一次人丁，凡六十歲以下、十八歲以上者，都要寫入冊籍。隱匿人丁的，各級長官都被處罰，這樣清廷就可以知道蒙古的確實丁口數目，有利於統治蒙古各部，並調度兵員。順治七年（一六五〇）規定漠南蒙古地區每十五丁給寬一里、長二十里的土地，作爲放牧之所，如此劃分牧地，不但使彼此間衝突減少，也促進了蒙古地區游牧經濟的發展。順治十三年，福臨向蒙古王公特頒敕諭，強調「朕世世爲天子，爾等亦世世爲王，享富貴於無窮，垂芳名於不朽」，決定追隨他父親封爵、加恩以籠絡蒙古的舊規，來鞏固滿蒙間的聯盟。清初對蒙古的封爵有五等，即和碩親王、多羅郡王、多羅貝勒、固山貝子、公，此外還有較低的臺吉。順治十四年（一六五七），清廷又下令定外藩王、貝勒、貝子、公的俸銀、緞匹，後來定數爲親王俸銀二千兩（科爾沁部關係特殊，年俸銀二千五百兩），郡王一千二百兩（科爾沁郡王一千五百兩）、貝勒八百兩、貝子五百兩、公二至三百兩、臺吉一百兩。俸緞也由四十匹到四匹不等。此外，蒙古王公們的服飾也有特權。凡是蒙古首領娶清宮貴族女子的，也按貴女的身分不同而獲不同銀緞的豐厚待遇。清朝這樣籠絡蒙古貴族，使馬上民族可以不必游牧而能獲得俸祿與若干特權，蒙古的武力逐漸消失了。當然，順治朝控制蒙古成功的原因還有是得力於西藏的喇嘛教，下面就是來談談這方面的事吧。

41 羈縻西藏

順治皇帝小時候在宮中一定參加過很多薩滿教的祭典儀式。薩滿教是滿洲人的傳統宗教信仰，現在在瀋陽故宮中還可以看到很多遺跡。不過他入關以後，顯然對西洋天主教一度發生興趣，否則他不會常去湯若望的教堂，更不會讓湯若望在清宮中跟他徹夜聊天。當然他後來對漢化過的佛教最爲熱中，甚至信仰到想去出家。在他與各種宗教接觸中，可能與喇嘛教的關係最特別，而且留下最正面的歷史意義。

喇嘛教現在稱爲藏傳佛教，在努爾哈齊時代由蒙古人介紹傳入了滿洲。皇太極似乎更篤信喇嘛教，他下令屬下人在戰爭中不得毀破廟宇，不能傷害僧人，他又時常宴請喇嘛高僧，並賜給他們銀兩，以示禮敬。尤其是得到察哈爾蒙古供奉多年的嘛哈噶喇金佛之後，他建立了實勝寺，虔誠的供養，並以護法自居，成了喇嘛教的保護人。崇德四年（一六三九），皇太極還派了專使去西藏與當地的政教領袖聯絡，任務沒有達成；不過三年之後，西藏的大型特使團來到了瀋陽，皇太極非常禮貌的接待了他們，不但親自出城迎接，站著接受西藏的文書，並讓使臣與他同座。後來又聽任西藏使臣在瀋陽弘法，清廷「命八旗諸王貝勒各具宴，每五日一宴之，凡八閱月」。最後西藏使者們賦歸時，歡送的場面也很隆重盛大，皇太極「率諸王貝勒等送至演武場，設大宴餞之」，又贈送了不少禮物給他們。據《蒙古源流箋證》一書所記，皇太極似乎還拜託來使帶口信給達賴喇嘛，希望在征服明朝以後，能和達賴相見。

皇太極為什麼如此的善待西藏來使呢？為什麼如此尊崇喇嘛教呢？魏源在《聖武記》裡說：喇嘛教黃教創始人宗喀巴大師在很多年前即有預言：「黃教當漸流震旦，俟五世後，有東方聖人出主中國，大扶黃教，乃可行化。」皇太極時代的達賴喇嘛正好是第五世，而東方又有了新興的大清帝國，所以蒙古人稱皇太極為「博克達」（智勇兼備之人，或譯為聖者）。既然有此「卦驗」，當然令清人鼓舞，因而皇太極對西藏要大加扶持。也有說達賴喇嘛是觀音菩薩化身，滿洲皇帝是文殊菩薩化身，蒙古可汗是金剛手菩薩化身，因此滿蒙藏因黃教共同立場很容易集合在一起。這些宗教家的解釋也許有道理，但是政治的因素應該更為重要。順治皇帝就說過：「當太宗皇帝（按：指皇太極）時，尚有喀爾喀一隅未服，以外藩蒙古惟喇嘛之言是聽，因往召達賴喇嘛。」日後乾隆皇帝講得更清楚：「蓋中外黃教，總司以此二人（按：指達賴與班禪），各部蒙古一心歸之。興黃教，即所以安眾蒙古，所繫非小，故不可不保護之，而非元朝之曲庇諂敬番僧也。」可見清初以來，滿洲皇帝尊崇喇嘛教，聯絡西藏，確是有政治功利的目的。

西藏方面又為什麼願意對清朝示好呢？原來在皇太極繼承汗位之後，達賴喇嘛受制於當地統治者藏巴汗，達賴乃向厄魯特蒙古和碩特部酋長顧實汗求援，結果引起了顧實汗與藏巴汗的戰爭，藏巴汗戰敗死亡，顧實汗成了控制西藏軍政大權的領袖，這時已是崇德七年（一六四二），也就是西藏派大型特使團訪問瀋陽的那一年。顧實汗對達賴喇嘛很好，讓他做宗教領袖，並給他西藏地區全部稅收作為黃教寺院宗教活動的費用。顧實汗又提高班禪的地位，使之管理後藏，也用作平衡達賴的權力。顧實汗在崇德元年（一六三六）曾經派人向皇太極貢獻馬匹、白狐皮等物，當時他還沒有進據西藏，後來西藏派大型特使團到瀋陽，實際上也是由顧實汗主導而促成的。

西藏使節團到瀋陽的後一年，皇太極就病逝了，他與達賴見面的願望沒有達成。再過一年，清朝就入關做了中國的統治者。在多爾袞攝政期間，雖忙於平定南明抗清運動，但並沒有忘了與西藏的聯絡工作。順治四年（一六四七）二月，多爾袞派喇嘛侍衛格隆等赴藏，並向各宗教領袖贈送金玉器皿、緞匹、雕鞍、甲冑等物，雙方的關係很快又密切起來。順治六年（一六四九）八月，達賴的使臣也來到了北京，進貢方物，並上表說：達賴將於壬辰年夏月朝見清朝皇帝。壬辰年是順治九年（一六五二），達賴的主動提出要與清帝見面，一說是蒙古顧實汗的安排；一說是西藏宗教領袖熱情嚮往所致。但也有說是順治皇帝「敦促五世達賴速赴京師」的。

順治九年正月元旦日，西藏使臣向清廷報告達賴的行動。事實上，達賴是這一年三月十七日由西藏出發的，四世班禪曾為他舉行了六天的餞別宴會，而顧實汗也護送達賴行走了一天，後來再由蒙古軍隊護衛，一直到西寧。西寧以後的行程則由清朝方面負責。同年九月初五日，達賴喇嘛到了寧夏，改乘清朝皇帝為他特別準備的金頂黃轎代步，直到十二月中才入關與順治皇帝見面。在達賴與福臨見面之前，雙方還發生了一場見面地點的交涉。

據清代官書《清實錄》記：達賴喇嘛和隨從的三千人出發以後，曾向清廷表示要在歸化城或代噶（今地不詳，但有人認為是涼城，在今內蒙古自治區呼和浩特市東南）與清帝見面，如此對這位黃教精神領袖的地位與身分比較合適。清朝中央曾為這件事舉行會議商討，集會時大臣分為兩派，意見不同。福臨本人起初是想到關外迎接達賴的，所以他在九月初三日的諭旨中對大臣們說：

今朕欲親至邊外迎之，令喇嘛即住邊外，外藩蒙古貝子欲見喇嘛者，即令在外相見。若令喇嘛入內地，今年歲收甚歉，喇嘛從者又眾，恐於我無益，儻不往迎喇嘛，以我既召之來，又不往迎，必至中途而返，恐喀爾喀亦因之不來歸順。

可見福臨原先是從招待費用、待客禮貌以及達到喀爾喀蒙古歸降的多種原因上，決定要出塞親迎達賴喇嘛五世的。滿洲大臣們的看法是：

我等往請，喇嘛即來。上親至邊外迎之，令喇嘛住於邊外，喇嘛欲入內地，可令少帶隨從入內，如欲在外，聽喇嘛自便。上若親往迎之，喀爾喀亦從之來歸，大有裨益也。若請而不迎，恐於理未當。我以禮敬喇嘛而不入喇嘛之教，又何妨乎？

滿洲大臣們可以說與皇帝有志一同，從現實利益的觀點出發。不過，漢人大臣卻有不同想法，他們以爲：

皇上爲天下國家之主，不當往迎喇嘛。喇嘛從者三千餘人，又遇歲歉，不可令入內地，若以特請之故，可於諸王大臣中遣一人代迎，其喇嘛令住邊外，遺之金銀等物，亦所以敬喇嘛也。

另外據說西洋傳教士湯若望也「特上一很長的諫書，並且又親自向皇帝面奏」，「他諫皇帝不要自失尊嚴引招這一種恥辱，因爲這是歷史上的大污點，人們永遠不會忘掉的」。他也是反對福臨出迎的。

由於漢人大臣洪承疇、陳之遴等再三諫阻，福臨最後在十月十二日改變心意，派了和碩承澤親王碩塞代表他去代噶迎接達賴喇嘛五世來京。十二月十五日，福臨在北京南苑會見了達賴，賜坐、賜茶、賜宴，極爲優禮，同時又命戶部撥出九萬兩供養銀。五世達賴留居北京期間，一直住在專爲他建造的定安門外西黃寺中，福臨又在太和殿中設專宴款待過達賴，也讓他和自己一同登朝登座，位於群臣之上。

順治十年（一六五三）二月十八日，達賴喇嘛離京返藏，福臨在太和殿設宴爲他餞別，並賜黃金五百五十兩、白銀一萬一千兩、大緞一千匹，以及鞍馬、珠玉等珍貴物品。皇太后也賞給黃金一百兩、銀一千兩和其他物品，可謂滿載而歸。同年四月二十二日，福臨又命禮部尙書覺羅郎球、理藩院侍郎席達禮等，專送冊封達賴與顧實汗的金冊金印，前往代噶冊封。加封達賴的金冊金印用滿漢藏三種文字書寫，金印的文字爲：「西天大善自在佛所領天下釋教普通瓦赤喇怛喇達賴喇嘛之印」。另外給顧實汗的印文爲「遵行文義敏慧顧實汗印」，冊文中則有「爾尙益矢忠誠，廣宣聲教，作朕屛輔，輯乃封圻」。從頒給二人的冊文與印文中可以看出：順治皇帝封達賴爲西藏的宗教領袖，而管轄西藏地區的軍政大權則授與了顧實汗。

順治皇帝給達賴與顧實汗如此冊封，表明了清朝與西藏之間已經是君臣關係，而且西藏是政教分離的，這爲日後西藏直隸清朝中央政府，營造了有利條件。

福臨與達賴喇嘛五世的會見，是滿、藏兩大首領空前的大事。由於會見的成功，也進一步爲解決漠北蒙古問題奠定了基礎。順治十二年（一六五五）十月，喀爾喀部土謝圖汗等與大清政府和好約誓，恢復向清廷進「九白之貢」，都是與這次會面有關的。

42 擊敗羅刹

羅刹，是早年俄國（Russia）的中文譯名，又作羅禪。按：羅刹一詞，源自梵文Raksa，意爲「邪氣」、「惡鬼」。在印度神話中有男性惡魔羅刹，是可怕的食人夜鬼。後被佛教吸收，引申爲惡人。清朝初年的文獻中稱從西伯利亞來的俄國人爲「羅刹」或「羅禪」，是指一批常騷擾蹂躪中國黑龍江地區的哥薩克人。後來俄國有使臣來清廷交往，爲作區別，並爲表示尊重，清代官書與檔案裡稱使節爲鄂羅斯來使。

俄國本是歐洲國家，和中國相隔很遠。到十六世紀初年，他們形成國家後乃向外擴張。十六世紀下半葉越過了烏拉山以後，僅僅幾十年間，便在西伯利亞建立了據點，其後更向東發展，到十七世紀三十年代其勢力就逼近了中國。

明崇禎十六年，清崇德八年，西元一六四三年，沙皇支持的第一支遠征軍一百多人來到了黑龍江地區，他們帶有槍支火器，目的是向居民徵收毛皮實物，同時尋覓金屬礦產。同年十一月間闖入精奇里江中游達斡爾人的聚居地，四處綁架人質，強徵實物，激起當地居民的反抗，因而發生流血戰鬥，俄國人在死傷多人後逃歸。這是黑龍江地區人民第一次自發性抗暴，政府沒有參與任何行動。

被打敗的俄國人回去向當局報告，說黑龍江地區人口稠密，盛產糧食和貂皮，認爲只要有三百人的隊伍可以征服這個地區。富商出身但也是臭名昭彰的哈巴羅夫（Khabarov）自告奮勇，組織軍隊來到遠東。西元一六五〇年（順治七年），他們越過外興安嶺侵入中國，進入達斡爾人的居地。達斡爾人探聽到羅刹人要來，便堅壁清野的將居民遷離城堡。哈巴羅夫一無所獲，又聽說中國皇帝有強大的軍隊，於是他留下斯捷潘諾夫（Stepanov）一伙人駐守，自己回去向總部求援。西伯利亞的總部只給了他二十一名軍人和三門大砲。後來他與留守的人合力攻下了雅克薩城，佔據了這個戰略要地。哈巴羅夫乃向黑龍江中游進發，不久就發生了古伊古達爾村的大屠殺事件。西元一六五一年（順治八年）六月，哈巴羅夫的遠征軍攻打古伊古達爾村，達斡爾人群起抵抗，當時村中約住有一千多人，他們安置好了婦幼，藏好了糧食，並燒掉村外住屋，準備決一死戰。俄人用槍砲攻村寨，村民萬箭齊發，俄國人描寫說：城外落下的箭，好像「田野裡長滿了莊稼一般」。堅守了一天一夜之後，敵人因火力強大，終於攻進村子，二百多位守城的村民全被打死，入村後凡被俘的也都被殺光，搶走婦女二百四十三人，兒童一百一十八人，還有牛羊馬匹四百多頭，這是俄國記錄的戰勝成果。

哈巴羅夫乘勝於同年八月進攻精奇里江口的多倫禪屯，這是一個富庶的村子，結果在武器懸殊下，俄國人又攻據了該村，殺死不少村民，並俘獲了二百七十多人。十月間，哈巴羅夫又前進到了在伯力以東約六百里的烏扎拉村，這裡是赫哲人的居地，居民當然敵不過俄國人的火器，乃向清朝駐守在寧古塔的清軍報警求救，當時清軍多已入關，關外留守的人不多，不過得到外國人入侵的消息，當然立即出動軍隊，保衛居民。

寧古塔章京海色，對外情知之無多，又低估了俄國人的力量，所以派出的軍力有限。順治九年二月二十五日（一六五二年四月三日）黎明到達了烏扎拉村，海色先行施放大砲，讓敵軍有所警覺，戰鬥時又下令要生擒敵人，清軍進攻受到不少限制，結果反被俄國人打敗。不過，哈巴羅夫發現有中國軍隊前來，他知道事態嚴重，於是急向黑龍江上游撤退。後來哈巴羅夫奉命回國，接受獎賞，沙皇賜封他為貴族，並得到大片土地，俄國御用文人稱讚他為「開發新土地」的英雄。

哈巴羅夫回國之後，接替侵華任務的是斯捷潘諾夫。

由於俄國人的騷擾，黑龍江流域居民離散，田園荒蕪，斯捷潘諾夫的部下缺糧嚴重，加上清軍對東北邊區戰事也密切關懷，並徵集軍隊，加強軍備，情勢得到改變。

順治十年（一六五三），大清政府任命沙爾虎達爲第一任寧古塔昂邦章京，專職對付俄軍侵略。第二年，沙爾虎達率領滿洲軍人三百、虎爾哈部兵弁三百以及前來助戰的一百朝鮮火器兵，與斯捷潘諾夫所帶領的三百七十名俄軍在松花江口發生激戰。清軍引誘俄軍登陸，設置埋伏，戰敗俄軍，據斯捷潘諾夫自己說：「許多軍役人員受了傷，他們已經不能與博克多人（按：指中國人）作戰了。」

順治十一年（一六五四）底，清廷「命固山額眞明安達理統率官屬兵丁，往征羅刹於黑龍江」，斯捷潘諾夫退守呼瑪爾等處。明安達理的部下在城外擊斃俄軍二十人，接著又打死企圖突圍的八十七人，不過俄軍仍堅守城池頑抗。清軍因攜帶的糧草不多，攻打十天還不能克城，明安達理乃下令撤圍，清朝官方記載說：「旋以餉匱班師。」

順治十四年（一六五七），清廷再派寧古塔昂邦章京沙爾虎達征伐羅刹。第二年秋天，斯捷潘諾夫率領五百名軍士竄到松花江上，沙爾虎達率清軍分乘四十七艘小船，在松花江與牡丹江會流處嚴陣以待，清廷又向朝鮮徵調二百六十名火器手來助戰，俄軍不久陷入重圍，頓時大亂，一百八十名士兵臨陣脫逃，斯捷潘諾夫率領殘隊應戰，經過一場激戰，清軍生擒或殲滅了敵軍二百七十多人，並繳獲貂皮三千多張，斯捷潘諾夫在是役中戰死。清朝官方記載說：「鎭守寧古塔昂邦章京沙爾虎達等疏報：擊敗羅刹兵，獲其人口、甲仗等物，命兵部察敘，以所俘獲分賜有功將士。」

順治十六年（一六五九），清軍先後攻克雅克薩城，並拆毀了俄國人的據點呼瑪爾堡。

順治十七年（一六六〇）七月，鎮守寧古塔總管巴海等上奏稱：

> 臣等率兵至薩哈連（滿語，意爲黑龍江）、松噶里（滿語，意爲松花江）兩江合處，偵聞羅刹賊衆在費牙喀部落西界，隨同副都統尼哈里、海塔等，領兵前進，至使犬地方，伏兵船於兩岸。有賊艘奄至，伏發，賊即回遁，我兵追襲，賊棄舟登岸敗走，斬首六十餘級，淹死者甚衆。獲婦女四十七口，并火礮、盔甲、器械等物。

至此，流竄於黑龍江中下游的俄軍全部肅清，東北邊疆得到了一時的安靜。

俄國一邊用哥薩克軍人遠征中國東北，一邊又遣使來北京試探建立外交與商業關係。順治十一年（一六五四）先派出巴伊科夫（Buikov）使節團來，兩年後到北京，俄使盛氣淩人，拒絕叩頭，結果清廷官員認爲「不宜令朝見」，不接受他們的貢物，「遣之還」。順治十五年（一六五八），俄國又派出佩爾菲利耶夫（Ivan Perfiliev）使節團，十七年抵華，又因爲「語多不遜」而「逐其使，卻其貢物」。順治年間，俄使來華雖然沒有達成外交目的，但是每團都在商業方面獲得厚利而歸，據說至少都有百分之百的利潤，甚至有利潤高達百分之三百十五的。

43 立后又廢后

自從努爾哈齊創建龍興大業以來，就對蒙古科爾沁部極爲重視，因爲若將科爾沁蒙古聯絡好，即無後顧之憂，所以努爾哈齊家族與科爾沁部之間，嫁娶頻傳，締結了很多次政治婚姻。就以皇太極來說，他在明萬曆四十二年（一六一四）與科爾沁貝勒莽古思的女兒博爾濟吉特氏成親，這位夫人後來成了盛京五宮之首的中宮皇后，死後諡爲孝端文皇后。後金汗國天命十一年（一六二五），皇太極又娶了科爾沁貝勒塞桑的女兒布木布泰，她是孝端文皇后的親姪女，也是日後大大有名的孝莊文皇后。布木布泰的親姊姊海蘭珠在天聰八年（一六三四）再嫁給了皇太極，可見在清人入關之前，在皇太極的五宮之中，有三位后妃來自科爾沁部。多爾袞攝政時，同樣爲了維持與科爾沁部的關係，又從博爾濟吉特氏家中，爲順治皇帝選出一女，這位女子是吳克善的女兒，也是布木布泰的親姪女，福臨的親表妹，兩家可謂親上再加親。

順治八年（一六五一）正月十七日，也就是福臨舉行親政大典後的第五天，他的親舅舅也是準岳父科爾沁國卓禮克圖親王吳克善帶著女兒來到北京，準備福臨的結婚大典。據當時在中國的西洋人描述，新娘是「在全部軍隊和無數騎兵的陪同下來到的」，他驚嘆的說道：「世上竟確實有如此無邊無際的騎兵隊伍！我親眼看見過西韃靼給中國皇帝八萬匹馬作爲禮物。」由此可知科爾沁部對嫁女的重視。可是小皇帝似乎對這件事不熱心，當清廷主事大臣們上奏章建議在二月間舉行大婚禮時，福臨竟在奏章上批了：「大婚吉禮，此時未可遽議，所奏不准行。」

本來親政與大婚是有關連的，大婚表示一個人成年，成年人親政是合情理的。福臨現在只以時間不當推遲婚禮，實在不成理由，從氣氛上看，多少透現了這門婚事從開始就不順當。不過，四個多月之後，清宮突然傳出制訂大婚禮品詳細清單的事，規定行納采禮、行大徵禮以及賜后父母、兄弟各種禮物的名稱與數目，禮品的價値雖不是非常貴重，但項目相當齊全，也算是豪華了。同年八月十二日，滿清皇家舉行大婚禮，先遣官祭告天地、太廟，第二天再「冊立科爾沁國卓禮克圖親王吳克善女爲皇后」，一切都按隆重的大典儀注進行，場面盛大而熱烈。冊封皇后時也頒降了冊文，還讚美了新皇后，說一些「毓秀懿門，鍾靈王室，言容純備，行符圖史之規，矩度幽閒，動合安貞之德」的話。不僅如此，福臨爲這次大婚還替母親加了徽號，以示感恩。又對王公大臣、內外官員、八旗士卒、一般人民施加恩惠，大赦天下，甚至還豁免了很多地方的錢糧，實在是曠典殊恩，也說明了政府與皇家對此次大婚的講究與重視。

福臨爲什麼在短短的幾個月內會有如此的改變呢？清朝官修史書裡沒有記錄，皇帝自己也是沒有對婚姻的由冷變熱提出過任何解釋。不過，內外情勢對這場婚事的發展是有必然影響的。福臨的生母一定會對兒子施加壓力，不然對不起自己的娘家。朝廷主事的王公大臣們也會給皇帝一些勸告，因爲科爾沁蒙古是可靠的支持者，當時清朝的統治地位尚未穩固，中國各地反清勢力仍多，不能再不顧蒙古的後顧之憂，這些現實的問題必然對大婚的完成有催化的作用。

不過，福臨是個有個性的皇帝，也是要作爲乾綱獨斷的皇帝，在大婚後兩年，也就是順治十年（一六五三）八月下旬，他竟降諭命禮部、內三院察閱前代廢后的事例，顯然他與博爾濟吉特氏的婚姻亮起了紅燈。

大學士們看到情形不對，便由馮銓、陳名夏、成克鞏、張端、劉正宗等人於八月二十四日聯合上奏說：「臣等不勝悚懼！竊惟皇后母儀天下，關係甚重。前代如漢光武、宋仁宗、明宣宗皆稱賢主，俱以廢后一節，終爲盛德之累，望皇上深思詳慮，愼重舉動，萬世瞻仰，將在今日。」

福臨看了奏章，立即降旨批駁說：「據奏皇后母儀天下，關係至重，宜愼舉動，果如所言，皇后壼儀攸係，正位匪輕，故廢無能之人；爾等身爲大臣，反於無益處具奏沽名，甚屬不合，著嚴飭行。」第二天命將皇后降爲靜妃。

在衆大臣尚未作再一步反應時，他在八月二十六日頒發了第三道諭旨，約略說明了他要廢后的原因，如「今后乃睿王（多爾袞）於朕幼沖時因親定婚，未經選擇」，還有「自冊立之始，即與朕志意不協」，「宮闈參商，已歷三載，事上御下，淑善難期」等。《清史稿》又引伸爲「上好簡樸，后則嗜奢侈，又妬，積與上忤」。

在古代宮廷，廢后是何等大事，「無能」，志趣「不協」，即使是多爾袞代爲定親，都稱不上正當理由。浮奢、善妒等事亦無實據。皇后如無重大「失德」之處，怎能隨便廢后呢？所以朝廷的官員們發動再一波的「護后」行動了。

八月二十七日，禮部尚書胡世安率侍郎呂崇烈、高珩首先上奏說：「臣等思八年冊立之初，恭告天地、宗廟，布告天下。今二十五日奏聞皇太后，即日降爲靜妃，聖諭中未言及與諸王大臣公議及告天地、宗廟。臣等職司典禮，所奉敕諭，若不傳宣，恐中外未悉。若遵奉傳宣，恐中外疑揣。伏願皇上愼重詳審，以全始終，以篤恩禮。」禮部官員是以廢后事不同一般家務事，不能說廢就廢的，要合乎典禮、合乎程序，才能辦理，才能生效。福臨無話可說，只好下令王公大臣們儘速「會議具奏」。開會之後，官員議論沸騰，不少人都上了奏章，其中尤以禮部儀制司員外郎孔允樾措詞激動，而且尖銳，他說：

……皇后正位三年，未聞顯有失德，特以無能二字，定廢謫之案，何以服皇后之心？且何以服天下後世之心？臣考往古，如漢之馬后、唐之長孫后，敦樸儉素，皆能養和平之福。至於呂后、武后，非不聰明穎利，然傾危社稷，均作亂階。今皇后不以才能表著，自是天姿篤厚，亦何害乎爲中宮，而遄議變易耶？……臣思皇上天下之父，皇后天下之母，父有出母之議，爲人子者即心知母過，尚不免涕泣以諫，況絕不知母過之何事，又安忍緘口嚴父之側，而不爲母一請命乎？

孔允樾知道這些話是皇帝不中聽的，所以他在奏章的末尾加了幾句：「臣忝承聖裔，兼任禮官，值此職掌所在，安敢存畏斧鉞、顧身家之心，一念孤忠，伏祈聖鑒。」福臨可能感於他的忠心，把他的奏章「下諸臣議」，未予處分。

八月二十九日，又有御史宗敦一等十四人聯名上書，他們也說未聞有皇后失德之事，請皇帝「收回成命」。福臨裁示：「宗敦一等明知有旨會議，瀆奏沽名，下所司議處。」

九月初一日，王公大臣們集會討論，大家仍以胡世安與孔允樾的說法爲基調，強調「禮難輕易」，希望皇帝不要廢后，可以「選立東西兩宮」，佐理內政，「則本支日茂」。

皇帝聽不進他們的建議，仍堅持「志意不協」，長達三年，不能忍耐，命眾大臣們「再議具奏」。由於福臨心意甚堅，王公大臣們知道「護后」的希望已經渺茫，九月初五日，由叔王濟爾哈朗爲首，代表會議人員上奏說：「所奉聖旨甚明，臣等亦以爲是，無庸更議。」這樣的報告充分的表示了大家的無奈。福臨更厲害的不想個人揹上廢后的責任，他對濟爾哈郎的奏疏批示：

廢后之事，朕非樂爲，但容忍已久，實難終已，故有此舉。諸王大臣及會議各官，既共以爲是，著遵前旨行。

皇后博爾濟吉特氏就這樣的被廢了。可能爲了顧慮到科爾沁蒙古的關係，順治十一年（一六五四）五月又下聘該部貝勒綽爾濟的女兒爲妃，這位仍姓博爾濟吉特氏的女子，論輩分是布木布泰的姪孫女，婚後也被冊立爲皇后。但是福臨與這位新皇后並沒有成爲恩愛夫妻，反而在不久之後，他又娶了董鄂氏，把新皇后也打入感情的冷宮。

44 鍾情董鄂妃

順治八年（一六五一），福臨舉行大婚禮，娶科爾沁蒙古博爾濟吉特氏爲妻，並封爲皇后。兩年之後，他以各種不成理由的理由，廢了這位皇后。第二年，他又娶了第二任皇后，還是從科爾沁蒙古來的少女，比第一任皇后晚一輩。不過被眾人羨煞的皇家夫妻並不如意想中的生活愉快，福臨在第二任皇后進宮之後，連續兩年的故意找她的毛病，以失禮事、擅自破壞宮中禮儀等等，給予皇后一些處分，使她難堪，顯然他們的結合仍是一場政治婚姻，愛情是談不上的。到了順治十三年（一六五六），皇帝無法再廢第二任皇后，突然想起當年王公大臣們建議他「選立東西兩宮，則本支日茂」的事，於是他下令冊立妃嬪。六月初七日，皇帝批示：「今先冊立東西二宮皇妃。」六月二十六日諭禮部：立定南王孔有德女孔四貞爲東宮皇妃。八月二十五日又諭禮部：

立內大臣鄂碩女董鄂氏爲賢妃。不過，孔四貞因爲已有婚約在先，許嫁給了孫延齡，因而東宮之事作罷。董鄂氏則於傳諭之日就冊立爲賢妃了。三十多天之後，即九月二十八日，董鄂氏又被升爲皇貴妃，升級的原因只是「式稽古制，中宮之次，有皇貴妃首襄內治，因愼加簡擇，敏慧端良，未有出董鄂氏之上者，應立爲皇貴妃」。董鄂妃入宮不久，即逾越宮規的往上竄升，升遷之快，歷史上罕見。

同年十二月初六日，舉行冊封皇貴妃大典，典禮之隆重，令人驚奇。同時還頒降大赦詔書，列恩赦條目十項，這也是歷代封皇貴妃不見的事，就整個清朝三百年享國期間，從未見有封皇貴妃而頒恩赦詔的，董鄂妃可算是空前絕後的得到了隆恩。不僅如此，當時後宮雖有廢后、第二任皇后以及其他妃嬪，但福臨認爲董鄂妃「才德兼備，足毗內政」，而且又爲皇太后所喜愛，所以宮中的庶務，都給董鄂妃經理，「雖未晉后名，實后職也」。董鄂妃已是實際上後宮的主宰。此外，董鄂妃的家人也得了不少曠典殊恩，她的父親鄂碩在他冊封皇貴妃時也被賜爵三等伯，鄂碩不久病死，又被追封爲三等侯，諡剛毅。她的伯父羅碩也受到皇恩，在順治十七年（一六六〇）授予一等阿思哈尼哈番。

董鄂妃被冊封爲皇貴妃之後，不久便懷了龍種，順治十四年（一六五七）十月初七日，她爲福臨生下一子，皇帝內心愉悅非常。不過，好景不常，這位小皇子出生不到四個月，連名字都還沒有取好就病逝了，當然福臨和董鄂妃都是悲痛萬分的。儘管福臨對大臣說人生「死生有定數」，但他的心情決不是那麼輕鬆。在小皇子死後兩個多月，他命令禮部將他兒子追封爲「榮親王」，這是超出一般常理的做法，而更特別的是爲榮親王大辦喪禮，建築寢園，「安設神牌，遣官諭祭」。榮親王的墓地是塊風水寶地，在北京城郊的黃花山，順治十五年（一六五八）八月二十七日，按親王級舉行葬禮，這也是少見的。

更不幸的事是董鄂妃因喪子之痛，精神一直沒有能復原，到順治十七年八月十九日她也仙逝了，離榮親王夭折只有兩年六個月。福臨連遭喪子喪妻之痛，精神也有些不正常了，他下令超乎一切規格的爲董鄂妃辦喪事，傳諭親王以下，滿漢四品官員以上，並公主、王妃以下命婦等，都集於景運門內外，集體「哭臨」，他自己也「輟朝五日」，忙著爲亡妻寫追悼的祭文等事。同時他又在董鄂妃死後的第三天傳諭禮部，說皇貴妃董鄂氏「淑德彰聞，宮闈式化」，應當褒崇，「宜追封爲皇后」，並賜謚號爲「孝獻莊和至德宣仁溫惠端敬皇后」。禮部當然遵辦，並在兩天後（八月二十三日）完成了追封典禮的手續。

八月二十七日，將董鄂氏的皇后梓宮移放於景山觀德殿，「致祭如前」。福臨自己也爲董鄂氏服喪十二天，到九月初二日釋服。眾官員與命婦都到九月十七日，滿二十七天後，才「俱釋服」。

另外還有兩件事也是特別的：一是朝廷公文用藍墨批，這不是皇貴妃死亡應行的事；二是福臨將「太監與宮女三十人，悉行賜死」，免得愛妃在陰間缺乏伺候她的人。

皇帝對董鄂妃確實表現了多情而又眞情，他愼重的爲亡妻寫祭文、寫行狀，他也命令內閣中書的學士們協助起草祭文，但多數他看了不滿意，最後他用中書舍人張宸的文章，這篇祭文的末聯有「渺茲五夜之箴，永巷之聞何日；去我十臣之佐，邑姜之後誰人？」據說福臨讀後「亦爲墮淚」。而董鄂氏的「行狀」則是由福臨親自撰寫，也是一字一淚，他讚美了董鄂氏的很多美德，諸如：

㈠奉養皇太后與伺候皇帝起居，無微不至。

㈡有治國安邦之志，襄助福臨勵精圖治。

㈢勸諫福臨勤政、愛民、認眞閱讀奏章，特別愼重處理刑案。

㈣董鄂妃在宮中守分，「命共餐則辭」，「令同閱」奏章則「起謝不敢干政」。

福臨爲她寫的「行狀」令人感動，全文充滿深情與對愛妃早逝的惋惜之嘆！董鄂妃接受過漢文的教育，她「所誦《四書》及《易》已卒業」，對儒家學術思想頗有興趣。據說每當日講課程之後，她必請皇帝講述所講的內容。皇帝如對她「與言章句大義」，她「輒喜」，間有遺忘，她必進諫說：「妾聞聖賢之道，備於載籍，陛下服膺默識之，始有裨政治，否則講習奚益焉？」蒙古來的兩任皇后，以及其他的滿漢嬪妃，顯然都沒有具備如董鄂妃的這優點和長益，難怪福臨對她鍾情獨繫了。

愛妃死後，福臨必然悲不欲生，當時在京城居住而且與皇帝有特別關係的西洋人湯若望說：「皇帝陡爲哀痛所攻，竟至尋死覓活，不顧一切。人們不得不晝夜看守著他，使他不得自殺。」也有說皇帝因情緒低落而看破紅塵，頓生出家之念。據說他任情任性的剪了髮辮，準備出家當和尙了，幸虧皇帝最尊敬的高僧玉林琇來到了北京，再加上皇太后竭力阻止，才讓福臨放棄爲僧逃禪的想法，而命令一個太監爲他去作替身出家，如此才結束這段想當和尙的鬧劇。

董鄂妃究竟是何等樣的一個人物呢？她如何能令皇帝愛得如此瘋狂呢？

一說董鄂妃就是江南秦淮名妓董小宛，她被南下的清軍所俘，輾轉入宮，被福臨看中，而特加寵愛，給她改用滿洲姓氏董鄂（Donggo）。這種說法如《清朝野史大觀》卷一就言之鑿鑿，除引吳梅村〈清涼山讚佛詩〉爲證外，又用冒辟疆《梅影庵憶語》「追述小宛言動，凡一飲食之細、一器物之微，皆極意縷述，獨至小宛病時作何狀，永訣作何語，絕不一及；死後若何營葬，亦不詳書」爲證，認爲小宛未死。冒辟疆，即冒襄，官宦子弟，明末清初江南名士。據《梅影庵憶語》等資料可知：冒襄於明崇禎十二年（清崇德四年，一六三九）與董小宛相識，十五年娶小宛爲妾，第二年同返江蘇如皋老家。清軍南下後，冒家避難流離，冒襄重病幾死。順治四年（一六四七），冒襄又被仇家誣陷，事解之後，又生大病，小宛侍病解危，身心交瘁，於八年正月初二日與世長辭，享年二十八歲。根據以上冒襄與他們友人的記事，至少有三點可以證實董小宛不是董鄂妃：㈠董小宛比順治皇帝大十四歲，當小宛在歡場芳名遠播時，福臨才兩歲多；小宛死時，福臨只有十三歲。㈡按清代官書所記，福臨納董鄂氏爲妃，事在順治十三年，當時已是董小宛魂歸天國後之第五年，皇帝如何與一個死人結婚？㈢事實上在《梅影庵憶語》中詳記了冒襄與小宛相識、完婚、蒙難、侍夫及勞病而死的一切情形，可以說是一位夫君憶妻、悼妻的長篇佳作。另外又有當時好些文人學士對小宛的悼念詩詞，都可證明小宛死於夫家冒府，顯然她是沒有北上京城被冊封爲皇貴妃的可能。所以董鄂妃即是董小宛一說是不可信的。

另一說是董鄂妃原是順治皇帝的弟媳婦，被福臨橫刀奪愛搶來的。這一說現代學者也有不同的看法。李治亭先生認爲有此可能，他所持的理由有：

㈠湯若望這位與福臨關係不淺的傳教士記述：皇帝「對於一位滿籍軍人之夫人，起了一種火熱愛戀」。當軍人申斥自己的妻子時，皇帝知道後竟打了這位軍人一耳光，逼得軍人怨憤致死，也許是自殺而死。皇帝遂將軍人的遺孀收入宮中，封爲貴妃。這位貴妃於西元一六六〇年產下一子，皇帝要規定他爲皇太子，但數星期之後，皇子竟而去世，而其母亦於其後不久薨逝。李治亭先生在史料裡查到福臨的同父異母弟襄親王博穆博果爾死於順治十三年七月，正是董鄂氏入宮爲妃的時候。同時《清史稿》中又記董鄂氏「年十八入侍」，命婦入侍的一定有相當的身分，而且是已婚的婦女，董鄂氏既已入宮服侍過后妃，她一定是已婚的有地位的人。襄親王又死於這一年，諸多事實與湯若望所記相合。

㈡博穆博果爾死時年僅十六歲，順治皇帝特給亡弟優厚待遇，除定例外加祭一次，又爲他營造墳祠。這是意味著補償對亡弟的虧欠嗎？當年乾清宮新居落成，皇帝也因亡弟而不行慶賀禮。董鄂氏在這年八月間原應舉行「冊妃」典禮的，皇帝說：「襄親王薨逝，不忍舉行。」命在八月以後再擇吉日。按一般常情來說，皇弟的死不會影響國家事務正常的運行，「不忍舉行」是不是心中有愧呢？

㈢福臨不但在弟弟死後按親王禮儀加祭一次，其後又不斷的命令大臣爲亡弟致祭，如八月十一日派內大臣公額爾克戴青往祭，此時距博穆博果爾死亡一個月另七天。八月二十五日降諭禮部冊封董鄂氏爲賢妃時，又派內大臣公鰲拜「祭和碩襄親王」。九月二十五日，皇帝命禮部將冊封董鄂氏爲皇貴妃時，又命索尼去祭襄親王。此外在舉行冊封皇貴妃大典的十二月初六日前三天，皇帝又派專人去祭亡弟。如此頻繁的祭祀亡弟，而且時間都在董鄂妃的封典前後，是不是與奪妻致弟於死的歉咎有關呢？

李先生的這些理由很有說服力，不過，周遠廉先生則有另外一些想法，如：

㈠他通讀《湯若望傳》，發現湯若望對滿洲「軍人」與「王公」的用詞有分別，而且十分嚴格。湯若望是清廷官員，與宮廷關係也深，熟諳政局與官場，因此很難同意「滿籍軍人」就是指襄親王博穆博果爾。

㈡博穆博果爾封爲襄親王是在順治十二年（一六五五）十二月，當時封王的冊文中很清楚的說了他是「太宗文皇帝之子，朕之弟也」，因皇帝「用展親親之誼」而被封的，與以前多鐸、阿濟格等人因軍功而封王的情形完全不同。再說清人入關時博穆博果爾才兩歲多大，入關後從未參加過任何戰役，他根本不是「滿籍軍人」。

其實除了這兩點以外，湯若望是在欽天監做官的人，他的專業是天文曆法，在《湯若望傳》一書中，談到不少宮廷盛典的事，所記時間都與清代官書記錄的相同，可是他記董鄂氏生子是在西元一六六〇年卻是不正確的，一六六〇年是董鄂妃辭世的年代。書中又說小皇子「數星期之後」去世，榮親王死時已有近四個月大，不只「數星期」了。湯若望應該不致犯這類的錯誤，除非另有其人。還有董鄂妃是「年十八入侍」，即算當年就被福臨看上，納爲妃子，其時博穆博果爾才十六歲，在一般滿洲家庭，特別是皇族家庭，早婚有之，男小女大的婚姻是比較少見的，也值得專家們再思考。

董鄂妃的父親叫鄂碩，入關前就任職護軍參領，入關後更因軍功升護軍統領，他女兒被冊封爲皇貴妃時，他已是一品內大臣的大官了。他家是元老重臣，絕對有機會入侍皇太后，不必非想到因嫁給襄親王才能入侍。

董鄂妃是不是博穆博果爾的王妃，還需要史料的證實，我自己如此想。

45 順治與湯若望

湯若望（一五九二～一六六六）字道未，德國人，耶穌會傳教士。他在羅馬學院研究神學與數學，有良好堅實的天文曆算基礎。

明天啓二年（後金天命七年，一六二二），湯若望來到廣東，第二年赴北京，當時中國需要曆法改革人才，湯若望等備受朝野人士的重視。特別是得到徐光啓等人的賞識，後來由徐推薦，便參加明朝修曆書的工作。在曆局任職期間，湯若望還曾爲明廷造過西洋式的戰砲，崇禎皇帝因而屢賜匾額給他。崇禎十三年（一六四〇）升任北京教區區長，並能到宮中「舉行彌撒，施行聖事」。在當時的北京，他是有名望、有地位的西洋人之一。

清人入關之後，他最初對滿洲政權沒有好感，也沒有任何關係。多爾袞將北京城內居民南北分居，以防滿漢雜居不便時，湯若望的教堂本來也應該遷到城南，他乃上奏書給多爾袞，請求免於遷出。沒有想到清廷竟對他禮遇，同意他不搬家，這使他對清廷有了好感。不久他自薦曾爲明廷製造過測量星晷的儀器，後被李自成毀壞，他可以爲新朝再製。多爾袞知道西洋曆法優於中國的，乃命令他修正曆法，定名「時憲曆」，並命令順治二年（一六四五）頒行天下。不久湯若望就成爲欽天監監印官，後來還因爲「創立新法，勤勞懋著」，獲得了太常寺少卿銜。

順治八年（一六五一），福臨親政以後，湯若望與皇帝、宮廷的關係變得更好了，這其中原因之一是因爲皇太后布木布泰對他的尊重，也導致小皇帝對他禮敬。據說這一年小皇帝迎娶第一任皇后時，新皇后從蒙古來京後一直生病，御醫不能治好，皇太后派人請湯若望幫忙，結果湯若望以聖藥神奇的治好了即將成婚新娘子的病，令皇太后萬分感激，甚至有傳說太后自願以義女身分對待湯若望。福臨稱這位西洋神父爲「瑪法」（Mafa，滿語，有祖先、老祖、老長輩等意），表示對湯若望的尊敬。另一個原因可能是小皇帝對西洋科學與宗教知識非常有興趣，而對湯若望所談的做人處事道理以及治國方法等等至爲欽佩。特別是湯若望暗示他多爾袞專權的可怕，但也向皇帝說明多爾袞壽命不會太長，給福臨帶來無限欣喜的希望。從皇帝親政後不久到順治十五年（一六五八），確實是福臨與湯若望二人相處歡愉的蜜月期。順治八年八月，皇帝加封他爲通議大夫，又封他的父祖二人爲通奉大夫，祖母與母親爲二品夫人。既而又加湯若望太僕寺卿，不久又改爲太常寺卿。順治十年（一六五三）三月，皇帝認爲湯若望修時憲曆有功，賜號「通玄教師」（康熙皇帝名玄燁，爲了敬避御名，後來改作通懸教師），加俸一倍。順治十一年（一六五四），皇帝賜湯若望地畝，作爲日後「窀穸（墓穴）之所」。順治十四年（一六五七），又爲教堂御筆親書「通玄佳境」匾額（爲避康熙皇帝名諱，後來改作通微佳境），並撰寫碑文一篇，表揚湯若望「事神盡虔，事君盡職」，同年十月又授湯若望通政使司通政使。順治十五年（一六五八）正月，加封他爲光祿大夫，恩賞其三代祖先一品封典。對於一個西洋人來說，眞可謂曠典殊恩了。

除了這些封賜之外，皇帝還在其他地方表示對湯若望的極爲尊崇，例如免除他行跪拜禮，欽天監監正這樣五品小官可以免跪拜，眞是破天荒、絕無僅有的事。皇帝又經常去湯若望的教堂，無拘無束的彼此暢談，順治十三年至十四年間，竟有到湯若望教堂二十四次的紀錄。同時皇帝也偶而請他來宮中聊天，可見二人相談的投機。特別是順治十四年元月三十日，福臨十九歲生日，第二天群臣趨朝拜賀，皇上竟當眾宣佈，他要去教堂慶生，湯若望魔力之大，由此可見一斑。順治皇帝爲什麼對湯若望如此寵眷呢？有西洋傳教士的書中記：皇帝曾對左右大臣說：「汝曹祇知語我以大志虛榮，若望則不然，其奏疏語皆慈祥，讀之不覺淚下。」又說：「瑪法爲人無比；他人不愛我，惟因利祿而仕，時常求恩；朕常命瑪法乞恩，彼僅以寵眷自足；此即所謂不愛利祿而愛君親者矣！」據湯若望自己說，他前後給皇帝上過三百多道奏章與稟帖，對國事民生與皇帝的言行，無不提出意見、建議、請求與勸諫。湯若望最得意的是：㈠阻止皇帝去迎接達賴喇嘛，他認爲這樣出塞外迎喇嘛是恥辱，是歷史上的污點。㈡順治九年（一六五二），敬謹親王尼堪被大西軍李定國埋伏斬殺後，福臨原本要將二百多名軍官處死。湯若望毅然上書，請求改變對諸將的懲罰，皇帝後來免了這批將領的死刑，改罰爲降級革職。㈢皇帝有一次心血來潮，想在長城北邊組織一個大規模如同打仗一樣的遊戲，這遊戲如果眞的舉行了，貧民將受到最大傷害，甚至多傷人命。湯若望又見了皇帝，說出了弊端，福臨後來果然接受諫言，停辦遊戲。㈣順治十六年（一六五九），鄭成功圍攻南京，福臨驚慌失措，「欲作逃回滿洲之思想」，後來又要御駕親征，連皇太后勸阻都無效。湯若望最後應群臣請求，冒死向皇帝進言。福臨知道他是忠於職守，聽了他的奏諫，下令停止親征。

湯若望對順治皇帝直言相諫，指點迷津，應該是確有其事，因爲漢人名臣龔鼎孳爲湯若望所寫的〈湯道未七十壽序〉中，就讚揚湯若望「睹時政之得失，必手疏以祕陳，舉凡修身事天，展親篤舊，恤兵勤民，用賢納諫，下寬大之令，愼刑獄之威，磐固人心，鏃厲士氣，隨時匡建，知無不言」。甚至「最後則直陳萬世之大計，更爲舉朝所難言」，這是指立皇三子玄燁爲嗣君的事，可見湯若望是以正直的動機、善良的目的、勇敢的作風，不斷的向皇帝進言。求知求才若渴的福臨當然倚重他爲導師、賢臣了，雙方的關係與情誼也就變得深厚。

不過，湯若望的一些目的最終還是沒有達到，例如他想福臨信奉天主教，甚至以天主教爲國教，這個希望是落空了。湯若望十分厭惡太監，排斥喇嘛教，但皇帝又仿明制建置了十三衙門；與西藏的關係加強了，清朝中央對喇嘛教的重視更過於天主教。更讓湯若望不堪的，是皇帝與他的私人關係逐漸疏遠，皇帝不信天主而轉信了佛祖。這箇中的主要原因可能是福臨喜歡逢迎的政治和尚更勝於守清規、禁淫樂的清教徒吧！

46 順治與佛教高僧

順治皇帝親政之初，受到儒家學術影響，想以文教治天下，對佛教並不崇信，甚至還有排斥的意思。順治十年（一六五三）正月三十日，福臨與大學士陳名夏談論天下治亂之因與國祚長久時，他說：「喇嘛豎旗，動言逐鬼，朕想：彼安能逐鬼，不過欲惑人心耳。」但是到了順治十四年（一六五七），皇帝卻先後宣召了一批高僧到京，有人說這或許是福臨受了太監的影響，這種看法很有可能，因為一般儒家知識分子的官員與篤信天主的湯若望都不會引導皇上信佛，相反的，禪師通過太監而接近順治皇帝，憨璞性聰就是重要的一位。這位禪師是福建人，順治十三年（一六五六）他住在北京城南海會寺。第二年初，皇帝駕幸南海子，途經海會寺，召見了憨璞性聰，同年十月他又被召入宮中，於萬善殿與皇帝對話。福臨問他：「從古治天下，皆以祖祖相傳，日對萬機，不得閒暇，如今好學佛法，從誰而學？」憨璞回答說：「皇上即是金輪王轉世，夙植大善根、大智慧，天然種性，故信佛法，不化而自善，不學而自明，所以天下至尊也。」憨璞如此巧言相諛，當然獲得了皇帝的歡心，被認為「奏對稱旨」，不久被皇帝封為「明覺禪師」。我們現在看到《憨璞性聰語錄》裡有不少他贈太監的詩，也是歌頌內官的，所以這是一位政治和尚，他逢迎皇帝，廣交太監，進而得到福臨的寵信。不過，他跟福臨結緣的時間不長，只是他推薦了不少南方高僧給順治皇帝。

在順治晚年，影響福臨最深，也是與他交往最密的約有三位高僧：

玉林琇（明萬曆四十二年至清康熙十四年，一六一四～一六七五），臨濟宗著名禪僧，他是江蘇人，俗姓楊，出身於「名門巨族」。他受父親影響從小就虔誠奉佛，十八歲時入磬山寺，矢為「高僧名衲」。五年後當了浙江湖州報恩寺住持，時年二十三歲，為禪門罕見。他「道風嚴峻」，受大家讚揚。

順治十五年（一六五八），一方面是玉林的聲名遠播，一方面是憨璞的推薦，皇帝派人到南方來宣召他。他先是辭謝不應，表示自己有遺民風格。經福臨三次邀請，他才決定赴京，「到天津，欲餓死不來」，仍以清高自持。一直到隔年二月十五日始入京見到皇帝。玉林琇同樣的也施展他的奇特之才和高深哲理，巧妙奏對，得到福臨的推崇。皇帝常去玉林的館舍請教佛理，並以禪門長輩相待。據說皇帝曾要取個法號，「要用醜些的字眼」，玉林爲他選了十多個字，皇帝「自擇癡字」，取了法名「行癡」，事玉林爲師輩，自稱弟子，「即璽章亦有癡道人之稱」。福臨也給他「師父」玉林賜了「大覺禪師」的稱號，後來晉升爲「大覺普濟禪師」，最後加封爲「大覺普濟能仁國師」。玉林之所以得到皇帝如此優渥待遇，當然是有原因的，例如有一次皇帝問他：「悟道的還有喜怒哀樂否？」玉林答：「喚什麼作喜怒哀樂。」又問：「山河大地從妄念而生，妄念若息，山河大地還有也無？」答：「如人睡夢中之事，是有是無。」福臨聽了這些佛語，據說神情大悅，敬佩異常。玉林第二次入京正是董鄂妃仙逝、皇帝萬念俱灰的時候。他到北京後，聽說他的弟子茆溪森已爲皇帝落了髮，他大怒下令叫徒弟們取來柴薪，準備把茆溪森燒死，福臨又在母后的大力反對下，不得不再蓄髮而打消出家的念頭。而玉林的一番話「皇上應永居正位，上以安聖母之心，下以樂萬民之業」，讓福臨「欣然聽決」，不再逃禪，可見玉林琇確有一套手法，使皇帝受他擺佈。據說玉林爲人「陰鷙」，平常寡言多思，但野心極大，「陽爲忘榮謝寵，而實陰行其沽名釣譽之術」。他晚年因弟子仗其勢強佔地產與鄰近民人祠堂，他的善權寺被焚燬，自己則在北遁中「終日危坐」而死。他著有《大覺普濟玉林國師語錄》（附年譜）等。

比玉林琇與福臨交往更久、影響皇帝更大的是名僧木陳忞。木陳是廣東人，也出身於書香世家，明崇禎十五年（一六四二）即當了寧波天童寺的住持。清順治十六年（一六五九）九月應召入京，第二年五月南返。清兵入關前，他原先是對明朝深懷故國之思的，甚至還不怕文字獄而編過《新蒲綠》詩文集，不滿清朝統治。後來他「參之運會，酌諸時宜」而聯絡清廷，有人還寫詩諷刺他說：「從今不哭新蒲綠，一任煤山花鳥愁。」所以他也算是一位政治和尙了。

木陳忞在北京住了八個月，極受皇帝尊崇，賜封「弘覺禪師」尊號，以師禮事之，尊稱他爲「老和尙」。木陳與福臨除參禪問佛之外，他們還暢談古今、臧否人物。又從經史談到《西廂記》、《紅拂記》，難得的是看法相同，話語投機。當然他經常稱讚皇帝「虛懷好學」，御下「能通天下之情」。甚至跡近拍馬屁的說：當今皇上「夙世爲僧」，是和尙轉世來的，所以能「尊崇衆教，使忞與天下僧侶得安泉石」。皇帝也對他講過不少心底話，如想出家、身體瘦弱、終宵失眠等等。雍正皇帝本來對他的作品言論還批評爲「亦具正知正見，於法門尙無大過」；不過木陳的記事文字中有不少漏洩順治宮廷的事務，頗爲雍正深惡，因而說「木陳忞即係宗門罪人，伊之法派何足爲貴」。這是木陳一支後來被打壓而漸次衰落的原因。

木陳的書法不錯，順治皇帝讚美他是「僧中右軍」。他的著作有多種，其中《弘覺語錄》、《百城集》、《北遊集》都是可以參考研究清初史事的書。

玉林琇的弟子茆溪森跟順治皇帝在北京相處了一年半的時間，是當時衆高僧中陪伴福臨最久的一位，也是爲皇帝與皇家做事最多的一位。他也是廣東人，父親曾任明朝刑部侍郎。福臨很寵眷他，要賜他禪師封號，他以師父玉林爲禪師他不能有同樣稱號爲由拒絕，皇帝曾爲他的廟題了「敕賜圓照禪寺」的匾額，以示榮寵。順治十七年（一六六〇）八月，福臨的愛妃董鄂氏歸天，相傳臨終時囑咐將其「所服簪珥衣裘及諸王勳戚賻葬之物，作大道場莊嚴極土」。當時茆溪森正好在北京，所以一切火化事宜全由他辦理。董鄂妃死後，皇帝精神無寄託，從該年九月到十月兩個月中，福臨曾先後訪問茆溪森的館舍三十八次，有時徹夜談心，最後命令茆溪森爲他剃度，決心去「披緇山林，孑身修道」。後來經母后與玉林琇的阻止才再蓄髮。福臨死後，茆溪森又來京城爲皇帝主持火化大典，這位高僧也算有幸爲福臨夫婦處理了後事。有人說他「大清國裡度天子，金鑾殿上說禪道」，倒是符合事實的。茆溪森死後，弟子爲他編輯語錄，題名《敕賜圓照茆溪森禪師語錄》。雍正皇帝對順治時代的幾僧獨喜茆溪森，曾追賜他「明道正覺禪師」尊號，認爲他有「卓識高見」。

順治晚年確實信佛崇佛，所幸沒有媚佛佞佛之事，沒有大興寺廟、沒有濫施國帑，也算是福臨的一項優點了。

47 順治之死

《清實錄》中記順治之死的文字非常簡單，只說在順治十八年的正月丁巳（初七）日夜子刻，「上崩於養心殿」。福臨六歲繼承皇位，十八年正月死亡，一般史書都說他活了二十四歲，不過若按實際年齡來看，他的眞正壽命只有二十二歲十一個月。

這正是一個人生青壯年的開始，福臨怎麼就這樣離開人世呢？所以他的死亡在當時就有人發生了疑問。有一位名叫吳偉業、號梅村的著名文學家，他在清初的國子監裡也當過官，著作很多，文詞清麗，他曾寫了一首〈清涼山讚佛詩〉，是敘史式的長詩，其中有不少文句讀來讓人想到弦外有音。例如詩句中有「可憐千里草，萎落無顏色」，大家就認爲這是影射董鄂妃之死的，因爲「千里草」三個字是「董」拆開的意思。又如「南望蒼野墳，掩面添悽惻」則是指福臨與董鄂妃所生小皇子榮親王早夭的傷心事。至於「房星竟未動，天降白玉棺。惜哉善財洞，未得誇迎鑾」四句，似乎是說順治皇帝並未歸天，而「嘗聞穆天子，六飛騁萬里」即明白的指出福臨「西行」到西天出家了。吳梅村既在清朝中央做過官，他以見聞入詩，應該可以相信，當時與後世有不少人都這麼想的。

吳梅村暗示皇帝未死而出家的說法可能與福臨生前有一度虔誠信佛有關。皇帝與幾位佛教高僧都有親密的交往，隨他們參禪學佛。大約在順治十六年底至十七年春間，他曾對木陳忞表示過有出家之念。他說：「朕想前身的確是僧，今每當到寺，見僧家明窗淨几，輒低回不能去。」又說：「財寶妻孥，人生最貪戀擺撥不下底。朕於財寶固然不在意中，即妻孥亦風雲聚散，沒甚關情。若非皇太后一人罣念，便可隨老和尚出家去。」這位少年天子，身體並不強健，國事操勞，加上愛子夭折、愛妃仙逝，這一切讓他看破紅塵是有相當可能的。事實上，據玉林琇大法師的《年譜》中的記事，福臨確曾找了另一位高僧茆溪森為他落了髮，玉林琇在皇太后的緊急命令下趕到北京，聽說他的弟子茆溪森「為帝淨髮」，立即命僧人們「聚薪燒森」，準備燒死為福臨剃度的徒弟。後來老和尚與光頭皇帝相見，據說二人「相視而笑」。玉林琇向福臨說：皇帝不能出家，「若以世法論，皇上宜永居正位，上以安聖母之心，下以樂萬民之業；若以出世法論，皇上宜永作國王帝主，外以護持諸佛正法之論，內住一切大權菩薩智所住處」。順治皇帝被他說服了，於是「欣然聽決」，斷了當和尙的念頭。當時北京的西洋傳教士也有記皇帝曾有削髮出家之意，但後來被母后嚴斥阻止了。總之，福臨是有逃禪求解脫的念頭，但最後被皇太后或高僧阻勸而作罷。

另外還有一些令人聯想到皇帝出家的原因如：他死後留下的遺詔竟是如此的條理清楚，語氣從容，從國家大事到家庭個人小事，逐一列舉，決不像一個病危快死之人的談話，「非生別似不能若此之深憾也」，因而有人懷疑這份罪己詔書是皇帝生前經長時間思考寫成的，不是死別的留言。還有爲福臨寫遺詔的大臣王熙，爲什麼後來他把在皇帝病榻前的談話「終生不以語人，雖子弟莫得而傳」呢？除非遺詔有問題，或者根本皇帝沒有遺詔，否則有什麼駭怕的呢！此外康熙皇帝幾次奉皇祖母布木布泰上五臺山，也是後人認爲福臨未死而在五臺山出家的另一個理由，相信此說的人多少與吳梅村的詩有關，因爲清涼山就是五臺山，福臨若不在此山爲僧，這對祖孫爲什麼屢幸五臺呢？

以上種種都是多年來流傳的順治皇帝可能出家爲僧的原因：不過，經過前輩孟森、陳垣等名家考證，福臨剃髮是有可能，但出家未死絕無其事。而目前已發現不少文字史料可以證實皇帝當年是死於痘症，就是天花傳染病，同時也有關於他死後火化與安葬的一些記事。以下幾點可作說明：

㈠《玉林國師年譜》中記：「順治十八年正月初三，中使馬公二次奉旨至萬善殿云：『聖躬少安。』師集眾展禮御賜金字楞嚴經，遶持大士名一千，爲上保安。初四，李近侍言：『聖躬不安之甚。』初七亥刻，駕崩。初八日，皇太后慈旨，請師率眾即刻入宮，大行皇帝前說法。……二月初二，奉旨到景山，爲世祖安位。……」

㈡《敕賜圓照茆溪森禪師語錄》卷六佛事門記：辛丑（順治十八年）二月初三日，欽差內總督滿洲大人通議鑾儀正堂董定邦奉世祖遺詔到圓照（按：指杭州圓照寺），召師進京舉火，即日設世祖升遐位。……四月十六日，茆溪森奉旨至京，表賀康熙皇帝。過了幾天，「詣世祖金棺前秉炬」火化。同書卷二又記：火化時，茆溪森在景山壽皇殿「秉炬，曰：釋迦涅盤，人天齊悟，先帝火化，更進一步。顧左右曰：大眾會麼，壽皇殿前，官馬大路，遂進炬」。

以上兩則是高僧們的有關記事。

㈢王熙《王文靖集·自撰年譜》中記說：「辛丑（按：指順治十八年），三十四歲。元旦，因不行慶賀禮，黎明入內，恭請聖安，召入養心殿，賜坐，賜茶而退。翌日，入內請安，晚始出。初三日，召入養心殿，上坐御榻，命至榻前講論移時。是日，奉天語面諭者關係重大，並前此屢有面奏，及奉諭詢問密封奏摺，俱不敢載。……初六日，三鼓，奉召入養心殿，諭：『朕患痘，勢將不起，爾可詳聽朕言，速撰詔書，即就榻前書寫。』恭聆天語，五內崩摧，淚不能止，奏對不成語。……遂出至乾清門下西圍屏內撰擬，凡三次進覽，三蒙欽定，日入時始完。至夜，聖駕賓天，泣血哀慟。……」

(四)張宸《青瑣集・雜記》：「辛丑年正月，世祖皇帝賓天，予守制禁中，凡二十七日。先是正月……初四日，九卿大臣問安，始知上不豫。初五日，又問安，見宮殿各門所懸門神、對聯盡去，一中貴向各大臣耳語，甚愴惶。初七晚，釋刑獄，諸囚獄一空。……傳諭民間毋炒豆、毋燃燈、毋潑水，始知上疾爲出痘。初八日，……二鼓餘，宣遺詔，淒風颯颯，雲陰欲凍，氣極幽慘，不自知其嗚咽失聲矣。……十四日，焚大行所御冠袍器用珍玩於宮門外。時百官哭臨未散，遙聞宮中哭聲，沸天而出，仰見皇太后黑素袍，御乾清門臺基上，南面，扶石欄立，哭極哀。諸宮娥數輩，俱白帕首白衣從哭，百官亦跪哭。所焚諸寶器，火燄俱五色，有聲如爆豆，人言每焚一珠，即有一聲，蓋不知數萬聲矣，謂之小丟紙。……又幾日，移殯宮於景山壽皇殿，先一日，陳鹵簿隊、象輦。……予是時始見鹵簿之全。……隊中有散馬……八十餘匹，有鞍馬數十匹……，背各負數枕，備焚化，枕頂亦刻金爲龍銜珠，如鞍首，共百餘。駝數十匹，繁纓垂貂，極華麗，皆負綾綺綿繡，及帳房什器，亦備焚。……近靈輿，各執赤金壺、金瓶、金唾壺、金盤、金碗、金盥盆、金交床椅杌等物，皆大行曾御者，亦備焚。靈輿黃幔軟金簷、紫貂大坐褥，其後即梓宮，用朱紅錦袱蓋，諸王大臣乘馬執紼，蓋至是不覺哭聲之愈高矣。……其後，皇太后黑緞素服，素幔步輦送殯。……各官隨至景山，梓宮啓東牆入，命婦在壽皇殿門內，百官在殿門外，擗踊奠楮，焚前所載諸物，謂之大丟紙，禮畢而散。……」

以上是兩位清朝中央官員的記述，尤其是張宸這位內閣中書舍人的文字，寫得逼眞而傳神，使人有親臨現場的感覺，他們的說法當然不會是編織的謊言。

(五)《湯若望傳》裡也寫出福臨死前的一些情況，例如：「如同一切滿洲人們一般，順治對於痘症有一種極大的恐懼，因爲這在成人差不多也總是要傷命的。在宮中特爲侍奉痘神娘娘，是另設有廟壇的。或許是因他對於這種病症的恐懼，而竟使他眞正傳染上了這種病症。在這個消息傳出宮外之後，湯若望立即親赴宮中，流著眼淚，請求容許他覲見萬歲。……順治病倒三日之後，於一六六一年二月五日到六日之夜間崩駕，享壽還未滿二十三歲。」《湯若望傳》中還提到順治皇帝原先想要次子福全（一說某一位堂兄弟）繼承大位的，但後來因爲皇太后等人不同意，才由已經出過天花的第三子玄燁即位，這就是日後中外聞名的康熙大帝。

據上可知：當時的中央官員與出家人，或者可以說中國人與外國人，都一致的說皇帝死於天花，而出殯、火化等情形也有人記述。同時這些人都是當時代的人，並與皇帝有相當關係的人，他們的記述教人不信也難。湯若望又說了，順治皇帝原擬選擇的接班人被皇太后等人給否定了，更改爲康熙皇帝玄燁，顯然王熙等人奉命寫下的遺詔確實是被改了，繼承大位的人也不是順治皇帝心想的，你說王熙後來還敢對人談起嗎？「終生不以語人，雖子弟莫得而傳」就理所當然了。皇太后等人既然能更改皇位繼承人，更改遺詔內容就更不算是什麼重大之事了，遺詔像是「母責其子之言」，原因也許就在於此。

順治皇帝就算沒有出家當和尙，一個二十剛出頭的靑年怎麼就輕易的死於痘症呢？現在再引高僧等人的一些記事，也許能解開大家的疑團。

木陳忞《北遊集》中記：

上一日語師：「老和尚許朕三十歲來爲祝壽，庶或可待。報恩和尚（按：指玉林琇）來祝四十，朕決候他不得矣。」師曰：「皇上當萬有千歲，覆幬生民，何出此言？」上彈頰曰：「老和尚相朕面孔略好看。」揣懷曰：「此骨已瘦如柴，似此病軀，如何挨得長久。」師曰：「皇上勞心太甚，幸撥置諸緣，以早睡安神爲妙。」上曰：「朕若早睡，則終宵反側，愈覺不安，必譙樓四鼓，倦極而眠，始得安枕耳。」

由此可知：福臨自董鄂妃死後，已經骨瘦如柴，夜夜失眠，體弱病多已透現在木陳忞的文字之中，而且求生意志不強，自己對活到四十歲已沒有信心，當他知道感染天花之後，在極度恐懼中就更難存活了。

福臨死後，王公大臣們爲他定了一個謚號爲「章」，廟號世祖，所以清代官書裡稱呼他「大清世祖章皇帝」。

48 順治遺詔

如前所述，順治皇帝在死前已寫好了一份遺詔，而且內容是開列了十四條責備自己的文字，這是空前絕後的文獻，不能不看一看他列舉了那十四條「罪狀」。現在就把大要略述如下：

(一)在用人行政上沒有效法祖先努爾哈齊與皇太極，而且漢化日深，改變不少滿洲淳樸舊制，「以致國治未臻，民生未遂」。

(二)聖母皇太后布木布泰的養育大恩，未能報答，有虧孝道。

(三)現在反而先於聖母離世，「反上廑聖母哀痛」。

(四)對宗室諸王、貝勒接觸太少，頒恩不多，以致「情誼睽隔」。

(五)滿洲八旗諸臣，歷世盡忠，竟不予信任，反偏用漢人文臣，以致「滿臣無心任事，精力懈弛」。

（六）自己個性好高，不能虛己延納，不少有用人才未被任用。

（七）對某些大臣優容姑息，見不肖而不能退，沒有做到惟德是用。

（八）國用浩繁，兵餉不足，而宮中奢侈浪費，「厚己薄人，益上損下」，實屬不該。

（九）經營殿宇，造作器具，務極精工，而不自省察，罔體民艱。

（十）不能以禮止情，董鄂妃之喪禮過分隆重。

（十一）仿明制設立太監的十三衙門，明知其弊，不以爲戒。

（十二）自己性耽閒靜，常圖安逸，與廷臣接觸少，以致「上下情誼否塞」。

（十三）自恃聰明，不能聽言納諫。

（十四）既知有過，未能反省，以致「過端日積，愆戾愈多」。

除了這十四條之外，還有兩點非常重要的大事，在此遺詔的結尾處說明，一是立皇三子玄燁爲皇太子，繼承皇位；一是特命索尼、蘇克薩哈、遏必隆與鰲拜四人爲輔政大臣。由於這份詔書不像一般皇帝的遺詔，說些歌功頌德的事，反而一再的反悔自責，可以說不合常規，所以後世的人有懷疑其眞實性的。清史大家蕭一山先生就說：「通觀此詔，並非遺囑口吻。從容自責，而又切切以子道不終，上廑母慮爲言，非生別似不能若此之深憾也。」

不過，也有清史大家不作如是想，如孟森先生就認爲遺詔爲大臣在皇帝臨終時撰寫，「大半爲太后、輔臣之指，不言溫樹，情勢宜然」。他還分析出遺詔中以重用漢官罪己，應出於滿洲輔臣之意。至於自咎宮中奢侈與疏遠宗親則是爲「平議者之心，而弭其氣」等等。

贊成遺詔經皇太后布木布泰與輔政大臣修改過的學者，還有清史名家周遠廉先生，他甚至還列出以下幾條可能是被修改了：

第一條「漸習漢俗，更張舊制」，恐非福臨原意。順治最後十年取得很大成就，就在於政策漢化，用漢人大臣，他不應該引爲罪狀。

第四條只說對宗室親貴情誼隔絕，友愛不周，這不是什麼大罪。福臨對宗室削弱大權才是嚴重的事，爲什麼不列爲罪狀呢？

第五條不信滿洲諸臣，致滿臣無心任事一點，也不是福臨應該自責的。因爲倚任洪承疇等漢官，對平定南方貢獻很大，如何能視爲大罪？

第十條董鄂妃之喪禮辦得太隆重一事，更不像福臨的眞心話。他幾乎爲董鄂妃拋棄了江山，怎麼能依宮規料理其後事，對愛妃視如敝履呢？

周遠廉先生認爲「這四條可能係太后受輔政大臣之影響，共同商議後添寫的」，或是「輔政大臣之意，得到太后批准」的。

另外一位清史大家李治亭教授，他不認爲順治遺詔是「母責其子之言」。他相信「順治帝還是以佛家的心性看待人生，舉凡不足，皆稱『罪過』。他按佛法時時檢討自己，敢於說出自己的不足，佛教宗旨，是勸人爲善，凡於人不善之行爲，都被視爲罪惡。順治帝信佛，崇尚佛家清淨、無欲、與人爲善的信條，這反映在他多次下詔自責」。「作爲母親不可能向自己的兒子身上潑髒水，污損其子的名聲。……況且在起草遺詔時，有滿漢兩臣邊聽邊記，整理成稿後，又經順治帝親自改過，其眞實性，是無須過疑的」。

周、李兩位先生的說法都很有見地，雖有一些不同分析，但基本上他們相信遺詔內容大部分是福臨的心意。

順治遺詔應該是可信的，現在我們再來深入的探究一下遺詔的重要意義與對日後清朝政治的影響。

首先，在遺詔裡福臨談到宮中奢侈浪費、董鄂妃之喪禮過分隆重等事，坦承這些是罪過，應以爲戒。清朝皇帝最重「敬天法祖」，順治皇帝既把宮中花費過多當大罪，他的子孫確實多是節省的帝王，大家視儉樸爲美德，這是很好的事。

太監的十三衙門也是福臨自責的一大重點，他確認這些中央政府單位是有害的，後世子孫當然必以爲戒。這也是福臨死後，輔政大臣立即廢掉十三衙門，而終清之世不再復設的原因。

再說，這份遺詔清楚的告訴我們：清朝剛入關就改變了國家首領的繼承制度。在努爾哈齊時代，曾經想試行嫡長繼承制，但是立褚英、代善都沒有成功，因而產生了八旗親貴共商推舉制，規定新的大汗由八位和碩貝勒推選，不合適時還可以依眾意罷黜；不過皇太極的繼承並沒有按照努爾哈齊的理想，只是他與其他三大和碩貝勒共治了一段時期，最後他一人「南面獨坐」了。福臨的繼承是黃、白兩旗爭鬥後妥協的結果，根本還是八旗領旗貝勒的實力左右著最高領導人誰屬。福臨的遺詔裡卻清楚的說明了皇帝是決定未來皇位繼承人的人，不再由宗室親貴決定，這是滿洲舊俗的一項大改變、大突破，值得我們注意。

還有，自從滿族興起以後，努爾哈齊家族是天生的貴族，八旗全是他們的，即使是一位領兵官，甚至是固山額眞這樣的高職人員，都還是領旗貝勒的奴隸。宗室親貴的權力極大，「家奴」是無權干預大政的。福臨繼承大位時，因年幼由叔父多爾袞、濟爾哈朗攝政，他們都是宗室親王，一般大臣是絕無可能得到理政的地位。可是這次福臨卻在遺詔中交代由索尼等四大臣輔政，他們沒有一個是宗室之人，可見這又是制度上的一大改變。所以難怪四大輔政大臣奉詔時，即向諸王貝勒等說：「今主上遺詔，命我四人輔佐沖主。從來國家政務，惟宗室協理，索尼等皆異姓臣子，何能綜理？今宜與諸王、貝勒共任之。」諸王、貝勒等曰：「大行皇帝深知汝四大臣之心，故委以國家重務，詔旨甚明，誰敢干預？四大臣其勿讓。」索尼等奏知皇太后，乃誓告於皇天上帝、大行皇帝靈前，然後受事。以上是清代官書中的記事，可知當時宗室旗權已被削弱，皇太后與權臣可以主其事了。

總而言之，順治遺詔是福臨大部分想說的話，其中有部分是皇太后與輔政大臣商量後增刪的，或是輔政大臣修改後經皇太后批准的。這份遺詔的修改增刪，應該是對後世清朝有功有過、有利有弊的。所幸繼承順治的是康熙，他在滿漢的政策上拿捏得很好，在漢化與歐化程度上也運用得宜，他在實現父親福臨的遺志上算是很成功，這也是清朝能步上盛世的一大原因。

49 順治皇帝的妻妾子女

福臨的妻妾子女比起他父親皇太極與兒子玄燁來說，數目上是較少的。根據《清史稿》的記載，他的妻妾共有：

㈠廢后博爾濟吉特氏：她是蒙古科爾沁部人，是福臨的生母布木布泰的姪女，和福臨算是表兄妹的關係。當年滿蒙人士的婚姻不講究近親不婚，對優生學也知道不多，所以在滿蒙聯合的政治大環境下結了親。順治八年（一六五一）八月，福臨與她舉行大婚禮，並冊封爲皇后。他們的婚姻只維持了兩年多，到順治十年（一六五三）八月底，皇帝以「嗜奢侈」、「無能」種種原因廢了這位皇后。有關這件事我已在本書〈立后又廢后〉一節中詳述，這裡不再贅談。

㈡孝惠章皇后博爾濟吉特氏：她也是科爾沁蒙古嫁來的女子，順治十一年（一六五四）五月聘爲妃，六月冊封爲皇后。後因皇帝寵幸董鄂妃，與她的關係變壞。順治十五年（一六五八）正月，皇太后布木布泰生病，福臨借故責斥她奉侍婆婆禮節不周，下令暫停她的中宮皇后地位，三月間布木布泰病癒，下令又恢復她的地位，「如舊制封進」中宮箋表。這位皇后一直活到七十七歲，到康熙五十六年（一七一七）才病逝。她對布木布泰在康熙年間極盡孝道，康熙皇帝對她也尊敬有加，算得上是位有福氣的皇后了。

㈢孝康章皇后：是康熙皇帝的生母，她母以子貴，到康熙即位後被尊爲皇太后；初入宮時爲福臨的妃子。她家原屬漢軍八旗，地位不高。據說在順治十一年春向婆婆皇太后布木布泰請安時，皇太后發現她「衣裾有光若龍繞」，一問之下才知道她已懷孕，皇太后就對近侍們說：「朕妊皇帝（按：指福臨）實有斯祥，今妃亦有是，生子必膺大福。」同年三月就生了康熙皇帝。這位皇后家本姓佟，是漢軍固山額眞佟圖賴的女兒。佟家在康熙年間改姓佟佳氏，並升格變爲滿洲八旗人，這就是因與皇家結親被「擡旗」的例子，皇后家族被擡旗以示尊貴也是從他們開始的。可惜孝康后是位短命福薄的人，她在兒子登基後二年（一六六三）就辭世了。

㈣孝獻皇后：姓董鄂氏，又作棟鄂氏，是滿語Dongga漢譯的同音異字。她是內大臣鄂碩的女兒，具有滿洲八旗實力派家族的背景。她十八歲入宮，福臨對她「眷之特厚，寵冠後宮」；順治十三年（一六五六）八月先立爲賢妃，十二月升皇貴妃，死後進封爲皇后，她的父親也進爵爲三等伯。福臨對她鍾愛異常，可惜紅顏薄命，她在順治十七年（一六六〇）八月病死，皇帝爲她哀痛逾恆，輟朝五日，甚至要出家爲僧。福臨也因董鄂妃之死精神大受打擊，第二年正月就歸天了。有關她的事蹟請參看本書〈鍾情董鄂妃〉專節。

㈤貞妃：她的事蹟不多，只知道她是董鄂氏家人，父親是頗有軍功的巴度（又作巴都，《清史稿》作巴「慶」，可能是「度」字之誤）。不過她是爲福臨殉葬的妃子，所以到康熙朝追封她爲貞妃。

㈥淑惠妃：也是來自科爾沁蒙古博爾濟吉特氏家族，是孝惠章皇后的妹妹，順治十一年冊立爲妃，康熙十二年（一六七三）尊封爲淑惠妃，她活到康熙五十二年（一七一三），也是順治皇帝的妃子當中長壽的一位。

福臨另外還有兩位蒙古小妾恭靖妃與端順妃，她們都沒有爲福臨生兒育女，所以史料裡幾乎不見她們的記事。另有滿族董鄂氏與漢族石氏，先後被封爲寧慤妃與恪妃。其他穆克圖氏、巴氏、陳氏、唐氏、鈕氏、楊氏、烏蘇氏、納喇氏也是福臨的小妾，有的還爲福臨生過子女，但未被鍾愛寵幸。總之，福臨的婚姻生活不美滿，妻妾雖有十多人，但他最愛的卻早死於花樣年華，令他悲傷不已。

順治皇帝的子女也不多，《清史稿》中只記他有子八人，即孝康章皇后生康熙皇帝玄燁、孝獻皇后生榮親王、寧慤妃董鄂氏生裕憲親王福全、庶妃巴氏生牛鈕、庶妃陳氏生恭親王常寧、庶妃唐氏生奇授、庶妃鈕氏生純靖親王隆禧、庶妃穆克圖氏生永幹。其中牛鈕、奇授、永幹都早死，沒有封爵。

玄燁（一六五四～一七二二），福臨的第三子，八歲時繼承皇位，改年號爲康熙，俗稱康熙大帝，他在位六十一年，文治武功兩盛，爲清朝開創了盛世。有關他的生平事功不能在此詳述，請參看拙作《康熙寫眞》（遠流出版，二〇〇〇）。

福全（一六五三～一七〇三），福臨的第二子，康熙六年（一六六七）封裕親王，參與議政。康熙二十九年（一六九〇）授撫遠大將軍，與安北大將軍常寧聯軍大敗蒙古噶爾丹於烏蘭布通，後因未能窮追敵軍而被奪爵，罷議政，罰俸三年，撤三佐領。康熙三十五年（一六九六）再獲起用往征噶爾丹，四十二年（一七〇三）病死，卒諡憲。

常寧（一六五七～一七〇三），福臨的第五子，康熙十年（一六七一）封恭親王。康熙二十九年授安北大將軍，領兵出喜峰口，會同福全大軍敗噶爾丹於烏蘭布通，亦因未能窮追敵軍議罪，罷議政，罰俸三年。康熙三十五年亦參與征討噶爾丹戰役，四十二年薨，未得諡。

隆禧的史料缺乏，無法介紹其生平。

另外，在此附帶要談的一件事，就是滿漢不通婚的問題。一般說法，清朝入關後爲防止漢人奪權，嚴禁滿漢通婚，皇家當然格外嚴厲執行此一政策。不過，事實上在順治朝福臨就娶了「河北灤州石氏女」，可能庶妃當中的唐氏、陳氏、楊氏等等都是漢族。《清史稿》中說：「世祖（按：指福臨）嘗選漢官女，備六宮。」可見當時皇家也不是滿漢不婚的。《清宮詞選》一書中談到「禁漢女入宮」是清朝的定制，甚至還說孝莊后布木布泰下令在紫禁城神武門上掛牌子，上書「有以纏足女子入宮者斬」，似乎禁止綁小腳的漢族女子（滿蒙婦女不纏足）入宮，顯然不符歷史事實。

50 順治皇帝的學養

順治十六、七年間，廣東籍的高僧木陳忞與福臨交往甚密，對福臨的影響也深，他從北京南返後，著有《北遊集》一書，敘述了很多有關皇帝與宮廷之事，其中有一段記皇帝的談話說：

> 朕極不幸，五歲時先太宗早已晏駕，皇太后生朕一身，又極嬌養，無人教訓，坐此失學，年至十四，九王（按：指多爾袞）薨，方始親政，閱諸臣奏章，茫然不解。

這段記事應該是可信的，因爲福臨年少時確實沒有念好書。根據史書記載，在福臨繼承大位以後不久，就有都察院的長官滿達海等人上書給多爾袞與濟爾哈朗兩位攝政王，提到「今皇上聰明天縱，年尚幼沖，若不及時勤學，則古今興廢之道，無由而知，宜慎選博學明經之端人正士，置諸左右，朝夕講論，以資啓沃」。多爾袞等雖同意他們的看法，但仍回答說：「以上（按：指福臨）方沖幼，尚須遲一二年。」後來多爾袞帶著清兵入關，順治元年（一六四四）九月也把小皇帝請來了北京；十月初，戶科給事中郝傑又奏請爲皇帝開設經筵講學，「擇端雅儒臣，日譯進《大學》衍義及《尚書》典謨數條」，讓皇帝接受儒家教育。多爾袞又以順治皇帝的名義降旨說：「請開經筵……有俾新政，俟次第舉行。」再次的推延，不讓福臨讀書。第二年三月間，大學士馮銓、洪承疇等又奏請皇帝讀書事，認爲自古帝王「必以修德勤學爲首務」，而且「必習漢文曉漢語，始上意得達，而下情易通」。希望快些愼選滿漢詞臣，朝夕進講。多爾袞對他們的奏章根本沒有批示，福臨讀書之事就這樣一拖再拖的延誤了下來。由此可知，福臨在親政之前，很少讀書，沒有接受正規有系統的教育。

不過，自從他十四歲親政以後，顯然勤奮的向學。木陳忞也說過：皇帝親政後，「由是發憤讀書，每晨牌至午理軍國大事外，即讀至晚，然頑心尚在，多不能記。逮五更起讀，天宇空明，始能背誦。……計前後諸書，讀了九年，曾經嘔血」。木陳忞還記道：有一次侍臣抱了一堆書，約十幾本，皇帝對他說：「此朕讀過底書，請老和尚看看。」木陳忞細看之下，都是《左傳》、《史記》、《莊子》、《離騷》以及先秦、兩漢、唐宋八大家，還有元明著作，「無不畢備」。

我們從福臨親自理政的十年間所頒降的諭旨、奏章上的批答以及對大臣的若干談話等方面來看，他確實對中國諸子百家有了相當的了解，他也確實具備了解決國家軍政財經問題的各項知識。現舉一例，以爲說明：順治十年（一六五三）正月，他到內院巡視，「閱《通鑑》至唐武則天事，謂大學士范文程、額色黑、甯完我、陳名夏等曰：『唐高宗以其父太宗時之才人爲后，無恥之甚，且武則天種種穢行，不可勝言。』又問：『上古帝王……其自漢高以下、明代以前，何帝爲優？』對曰：『漢高、文帝、光武、唐太宗、宋太祖、明洪武俱屬賢君。』上曰：『此數君者，又孰優？』名夏曰：『唐太宗似過之。』上曰：『豈獨唐太宗，朕以爲歷代賢君，莫如洪武。何也？……洪武所定條例章程，規畫周詳，朕所以謂歷代之君不及洪武也。』」可見他對歷史是非常熟悉的。

木陳忞在《北遊集》裡還特別告訴後人順治皇帝對中國文學極爲愛好，而且有精深的研究。請看：

> 上一日與師廣譚（談）古今詞賦，謂：「詞如楚騷，賦如司馬相如，皆所謂開天闢地之文。至若宋臣蘇軾前後〈赤壁賦〉則又獨出機杼，別成一調，尤爲精妙。老和尚看者（這）兩篇，前後孰優？」師曰：「時人多謂前賦『自其變者（而）觀之』下，不合說道理，不如後賦命意更覺渾肰（然）無迹。據道忞看來，蘇軾自以才高忤世，不得於

君，謫遷散（散）地，遠竄江湖，一切牢騷不平之氣，付諸水月夢幻之觀，前來江山難再，風月無窮，即後來涉險歸休，萬緣一夢。非前篇之遊神道妙，無由知後篇之寓意深長。前賦即後賦，難置優劣其間也。」上曰：「老和尚論得極當。」乃通誦前賦一篇，問師曰：「念得不錯麼？」師曰：「不錯。」上復言：「晉朝無文字，唯陶潛〈歸去來辭〉獨佳。」亦爲師誦之。又誦《離騷》，至中間覺齟齬，乃曰：「久不經理，竟忘前失後矣！」

《北遊集》中又記述以下一則有關福臨了解詩詞音韻的事：

上一日持一韻本示師曰：「此詞曲家所用之韻，與沈約詩韻大不相同。」師爲展閱一過。上曰：「北京說話，獨遺入聲韻，蓋凡遇入聲字眼，皆翻作平上去聲耳。」於是上親以喉脣齒舌鼻之音調，爲平上去入之韻，與師聽之，又言：「《西廂》亦有南北調之不同，老和尚可曾看過麼？」師曰：「少年曾繙（翻）閱，至於南北《西廂》，忞實未辨也。」上曰：「老和尚看此詞何如？」師曰：「風情韻致，皆從男女居室上體貼出來，故非諸詞所逮也。」師乃問上：「《紅拂記》曾經御覽否？」上曰：「《紅拂》詞妙，而道白不佳。」師曰：「何如？」上曰：「不合用四六詞，反覺頭巾氣，使人聽之生趣索然矣。」師曰：「敬服聖論。」

木陳忞又說福臨雖身居宮中，但對地方名家作品有些竟能如數家珍。有一天，皇帝問木陳忞：「蘇州有個金若采，老和尚可知其人麼？」木陳忞答稱：「聞有個金聖嘆，未知是否。」上曰：「正是其人。他曾批評得有《西廂》、《水滸傳》，議論儘有遐思，未免太生穿鑿，想是才高而見僻者。」可見皇帝對出版界的消息很靈通，而且還眞的讀了新書，並作出有深度的評論。

說到《西廂》一書，順治皇帝對此書顯然十分愛讀。順治十五年（一六五八），學士王熙侍經筵，福臨竟在嚴肅的討論經史專書的場合，談起有一寺廟牆壁上盡畫《西廂》的事，尤其對張生初見雙文時那句「怎當他臨去秋波那一轉」竟令老僧能悟禪尤感驚奇。王熙回奏說大文豪尤侗曾以此句作爲八股題目，按八股體制，戲作一篇。皇帝立即「索覽，親加批點，稱（尤侗）才子者再」。這一故事足以說明福臨對《西廂》內容理解頗深，而對佛家悟禪公案也有相當了解。

福臨除了對中國經史文學的很多著作有硏究外，他在書法與繪畫方面也有頗深的造詣。木陳忞就跟他談論過書道。福臨說：「揮毫時若不膽大，則心手不能相忘，到底欠於圓活。」這實在是名言。木陳忞曾向皇帝請賜御筆墨寶，福臨即席濡毫，書一「敬」字，後又寫了幾幅小品，有些贈送給了木陳忞。木陳忞得到的福臨墨寶還有「敬佛」二大字及唐代詩人岑參的〈春夢詩〉一幅。其詩爲：「洞房昨夜春風起，遙憶美人湘江水。枕上片時春夢中，行盡江南數千里。」據清初名士王士禎在《池北偶談》一書稱：這些墨寶後來存放在北京西山新法海寺及前門善果寺中，御書「筆勢飛動」，很有美感。

王士禎在同書中還說：康熙六年（一六六七）元宵夜，他在禮部尚書王崇簡家看到了福臨畫的山水小幅，「寫林巒向背水石明晦之狀，眞得宋、元人三昧」。他更讚美順治皇帝的畫藝說：「上以武功定天下，萬幾之餘，游藝翰墨，時以奎藻頒賜部院大臣，而胸中丘壑又有荆（按：指荊浩）、關（按：指關仝）、倪（按：指倪瓚）、黃（按：指黃公望）所不到者，眞天縱也。」

順治皇帝還從湯若望處學到不少西洋天文知識以及一些物理學方面的問題。這在《湯若望傳》一書中可以看得出來。

據上可知：福臨雖是滿族入關後的第一代君主，但他決不是胸無點墨的「夷人」，相反的，他漢化的程度很深，漢人的古籍他都通曉，書法繪畫他也兼通。我同意周遠廉教授稱讚他的話：「福臨這位少年天子，眞是書畫雙妙，文史兼優的罕有奇才。」

〈結語〉

我評順治

清朝入關後的第一位皇帝姓愛新覺羅，名福臨，年號順治，廟號世祖，他在位表面上共十八年，其實前七年是他叔叔多爾袞攝政，多爾袞專政威權，福臨只是「拱手以承祀」而已。他統治的最後一年，即順治十八年（一六六一），正月初七日他就病逝，所以從他順治七年（一六五〇）底親政到他死亡，眞正享國的時間是十年又一個月。在他統治期間，國家尚未完全統一，可以說還是多事之秋，不但各地兵災天災不斷，國庫與人民都窘困異常，生產尚未恢復，社會呈現不安，從即位到他病逝之日，政府仍是入不敷出，戰火也未全部熄滅，好像他對國家的治理貢獻不多。加上他無端的廢后，專寵皇貴妃，與和尚們過從親密，甚至演出要出家的鬧劇，一般人都對他的看法不佳，評價不好。福臨究竟是怎麼樣的一位君主呢？他的施政得失功過如何呢？他的私人生活與感情世界是不是都如野史八卦報導的那樣呢？我覺得有進一步探討的必要。

從本書前面各節的敘述中，相信大家已經了解福臨在親政之初，實在做了一番傑出的表現。例如在平定抗清的戰爭中，順治九年（一六五二）是極爲不順利的一年，定南王孔有德與敬謹親王尼堪二人相繼戰敗身亡，前線又喪師失地，可以說是清人入關以來在軍事上遭到的最大的挫敗。福臨當時剛從多爾袞手裡接過政權，他與王公大臣們反覆籌商，決定攻變戰略，實行招降弭亂的懷柔手段，以俟局勢穩定之後，再行進取。對各地「土寇」與小股武裝反抗人士，諭令自首投誠，既往不究，「盡赦前罪」。對鄭成功等大勢力集團，則以土地官爵誘惑。對湖廣、廣東、廣西、雲南、貴州五省，則讓老謀深算的洪承疇「便宜行事」。這種改剿爲撫或撫剿兼施的手法，使當時全國戰局轉向有利方向發展，爲日後進取雲貴、統一全國，奠定了基礎。

明清之際，由於戰爭連年，破壞了各地生產事業，造成農田荒蕪，流民遍地，也影響到國家財政。福臨深知改善國計民生是帝王治國的首要任務，因此他採納了范文程、孟喬芳等人的建議，先在北方推行屯田開荒。這一措施，實在一舉多得，既可增加糧食，解決賦稅虧絀，又能讓人民參與生產行列，有助於「弭盜安民」。有的地方政府貸給農民牛隻種子，有的地方官獎勵鄉紳、富人招民墾荒。這樣確實做到了「不煩帑金之費，而坐收額課之盈」的效果。在另一方面，政府又命令編印《賦役全書》，以防止各級官員的加徵和私派。這項墾荒政策，對當時國家財政大有裨益。

順治皇帝也知道明末因增餉加派，弄得民不聊生，他親政後立即停止避暑之城的興建，免除各地的貢物，減少宮中用度，甚至蠲免人民的錢糧等等，這一切都是為了給人民有個休養生息的環境。皇帝又為了穩定社會秩序，大力清除地方惡勢力，消滅盜匪，並打擊土豪劣紳。另外他又認為「朝廷治國安民，首在嚴懲貪官」，因而不斷降諭，痛斥刻剝民財的各級官員，除以大計制度甄別考核之外，更以嚴法制裁貪官污吏，甚至明令官員犯贓十兩白銀的就家產沒官，犯人流徙或予處斬，藉此達到止貪與整飭吏治的目標。他在每次大赦詔書都會列出很多罪人得赦，但貪官例外，足見他懲貪的決心。

順治皇帝當然知道要統治好那麼廣大的中國、那麼眾多的漢族人民，非重用得力的漢人文官武將不可。他打破祖先的傳統，提升了漢官的地位與權力，儘管他背上了「沾染漢俗」的罪名，但對清朝在中原穩固立足與皇權的加強都有絕對的益處。

福臨親政十年期間，政府的行政與他個人的行事也並非無懈可擊、樣樣都好的。就以「漢化」與重用漢官來說，他被後人評論的地方就有很多，例如仿照明制恢復太監的十三衙門，雖然他作了一些改進，限制了太監的權限與活動範圍，但是既是明朝的規制，必然產生明朝的若干發生過的弊端。太監仍然是外官聯絡的對象，連高僧們都得設法打通太監的關節來接近福臨，其他如太監引導皇帝不務正業更是難免。福臨確實比較尊重漢官，重用漢人，但是在他心裡仍是首崇滿洲，對漢人也加重提防的。尤其中國南方是人文淵藪，反清意識較濃，皇帝對南方官員的防範更嚴更多，陳名夏的被處死以及「南人」官員的受壓抑就是明證。就連南方的科場案處理得也比北方的嚴厲，可見福臨對漢人、漢化也不是盲目有好感的，他還是以現實利益作考量的。

首崇滿洲的政策特別在圈地、逃人法等等表現得突出。在福臨親政時代，圈地沒有完全停止，而逃人法則是愈訂愈嚴，是入關後歷朝中推行逃人法最為嚴厲的時期，帶來的惡果十分嚴重，的確是禍國殃民，福臨難辭其咎。

順治皇帝嚴懲貪官是獲得大家讚賞的，但是他的懲貪竟有雙重標準。十三衙門成立之後，如前所述，太監與外官交結難免，後來更發生不少外官「壞法通賄」福臨的心腹太監吳良輔。順治十五年（一六五八）案發，當過大學士的陳之遴與前任漕運總督吳惟華等不少人，都花錢走吳良輔的門路，皇帝大怒之下，將陳之遴革職，父母兄弟妻子流放瀋陽，家產籍沒，吳惟華也打了四十大板，和家人一同流徙寧古塔，家產也被充公。可是受賄的太監吳良輔則沒有受到任何處分，待他如初，寵他依舊。周遠廉先生說假如福臨不是英年早逝，太監在清朝的危害可能更大更多，我很同意這種看法。

不過，順治皇帝倒也為他的子孫立下不少榜樣，現在列舉大者如下：

第一，勤奮讀書：福臨從小未受正式的有系統教育，親政後靠經筵和自己苦讀對學問才大有精進，他對中國經史有相當研究　尤其對中國古典文學的造詣頗深。日後皇家子弟有制度的接受教育，朝廷裡認眞的舉辦經筵，應該都是受福臨影響的。

第二，崇儒國策：雖然多爾袞入關後就強調尊孔，相信這是降清漢人大臣們建議的，多爾袞本人對儒學的了解不多，自己讀的漢書很少。福臨對尊孔崇儒可以治理中國的道理絕對比多爾袞知道得多，因此他在漢文化的薰陶下，領悟了儒家「文教治天下」的奧祕，他利用漢人生活方式與倫理觀念加強他的統治，在這方面，他確實遠遠勝過他的父祖，也深深影響到他的後代。

第三，提倡行圍：福臨從小就像一般滿族少年一樣，喜歡騎射。即至成年，仍樂此不疲。他除了在南苑游獵外，順治四年（一六四七）和八年（一六五一），他先後兩次在眾多扈從保護下，出張家口、獨石口等地舉行圍獵；他的兒子康熙皇帝更在熱河一帶開闢圍場，每年「塞外行圍」，後來更增加了籠絡蒙古等族的政治作用，木蘭「秋獮」被變成制度化的行事了，而開端者是順治皇帝。

第四，崇佛不佞佛：福臨在統治後期，與佛教高僧們交往頻繁，甚爲親密，甚至一度因愛妃去世而意志消沉，有出家之念；但是他把信佛事與國事分開，從未動用過國帑爲高僧蓋大廟，也沒有向人民公開提倡信佛，或以佛教爲國教等的政治行爲，信佛只是他個人的宗教信仰而已。這一傳統，顯然也被他的子孫傳承了，盛世的康雍乾三帝，都對佛教有精深的研究，但都不迷信佛教，只把宗教作爲他們統治國家的輔助工具罷了。

最後，我們來討論一下福臨的私人問題吧。

福臨曾對木陳忞禪師說：「皇太后生朕一身，又極嬌養。」「嬌養」的結果當然就有個性上的一些特別現象，或者可以說是缺陷。高僧說「龍性難攖」，湯若望說他「有一種火烈急暴的脾氣」。順治皇帝個性的形成，我自己以爲也可能與他幼年受到多爾袞及其黨羽人等對待他的態度有關。舉例子來說，多爾袞的心腹鞏阿岱、錫翰、席訥布庫等人，陪福臨出獵時，讓皇帝走「險峻崎嶇」的路，而他們自己則走「平坦之路」，當皇帝不得不下馬步行時，鞏阿岱等就奚落和諷刺的說：「年少不習騎射，似此路徑，遂下馬步行耶？」鞏阿岱與錫翰二人又在夏獵時「身穿金黃號衣，騎射於皇上之前，僭越已極」。錫翰當班的日子，他常常「未奉上命，私自回家」。這一切「肆意譏諷，無人臣之禮」的表現全都是多爾袞的爪牙們知道他們主子對福臨的態度，才敢有如此的行徑。福臨看在眼裡，記在心中，惱怒不已，但又無可奈何，這當然對他性格的養成有重大的影響。由此看來，獨生子福臨在「嬌養」下具有了任性、霸道的個性，而在多爾袞的淫威下，又使他心懷報復，並產生獨裁專權的野心。親政後他鬥爭多爾袞，整肅其餘黨，力排眾議的復派巡按，雷霆天威的梟斬李三，不懼一切的廢黜皇后，堅持己見的設立十三衙門……這些都多少與他的個性有關。

由於福臨雅愛中國文學，對《西廂記》等書尤有研究，他與木陳忞爲「怎當他臨去秋波那一轉」討論過很久，他也爲木陳忞的弟子天岸升說出「不風流處也風流」而捧腹大笑過，可見他的感情世界很豐富，而且多愁善感，他可以被視爲浪漫性的文人。他不顧一切的寵愛董鄂妃，甚至想演出「不愛江山愛美人」的戲目，都是與他任性、浪漫個性有關的。

不過，福臨是個本性善良的人，也是富有責任感的人，特別是他受到宗教的感染之後，性格上有些表現確是不同凡響的。

福臨不喜歡人家對他過分獻諛稱頌，有一次工科都給事中姚延啓向他上疏，讚美他「文德武功，史不勝書」，祈請他「加聖號，宣示中外」，被他痛斥了一頓。順治十六年（一六五九）正月，南下清軍三路會師雲南省城，全國統一工作接近完成了，有人主張應加慶祝時，他卻冷淡的回答：大業一統，「非朕德威所能自致，何敢居功，宣捷表賀等禮俱不必行」。第二年正月，祭告天地、宗廟時，他發表的文告仍是低調的，沒有自矜自誇的文詞，相反的，他下令：「自今以後，元旦、冬至、壽節，天下慶賀表章，皇太后前照常恭進，朕前表章暫行停止。」可見他具有謙虛的胸懷。

順治皇帝也像宗教家們一樣，常常喜歡懺悔自責。例如順治十一年（一六五四）冬，因爲地震頻繁發生，水旱疊告，他「省躬自責」的說：「皆朕不德之所致也。朕以藐躬，托於王公臣庶之上，政教不修，經綸無術，一夫不獲，咎在朕躬，而內外章奏文移，動輒稱聖，是重朕之不德也，何以自安。自今以後，朕痛自修省，悉意安民。……」順治十三年（一六五六）三月，他又因天象不正，「冬雷春雪，隕石雨土」而下詔罪己，說這些災異都是因爲他「不德所致」，他「有負於上天作君之心」、「有負於祖宗付託之心」、「有負於百姓望治之心」，罪過多多。順治十七年（一六六〇）正月，正是全國基本上都在清廷控制之時，可以說是入關以來最值得歡欣慶祝的時刻，他卻在大赦詔書裡又引咎自責，他說：「反覆思維，皆朕不德，負上天之簡畀，愧祖宗之寄託，虛皇太后教育之恩，孤四海萬民之望，每懷及此，罔敢即安。」臨終前留下的遺詔，也是有同樣的基調內容。這也是可以說明福臨性格上的一項優點。

總之，順治皇帝不是荒君，他在位十多年間，爲大清皇朝作了不少貢獻，康乾盛世，清朝國祚長達二百六十八年，都與他的奠基工作有關。當然他也有很多政策上與行爲上錯誤的地方，但是他的功應該是大於過的，若與明末的帝王相比，他可以被列爲上乘君主了。